ヴァージニア大学 認知心理学者
Daniel T. Willingham［著］
恒川 正志［訳］

教師の勝算

勉強嫌いを好きにする9の法則

Why Don't Students Like School?

東洋館出版社

謝辞

著作権代理人のエズモンド・ハームズワースは最初の構想から、すべての段階で力になってくれた。レスリー・イウラ、エイミー・リードをはじめ、ジョシー＝バス社のチーム全体が編集と製作の全過程を通してすばらしい専門的意見を出し、プロ意識を示してくれた。アン・カーライル・リンジーには挿絵で大変世話になった。原稿全体に目を通し、期待をはるかに上回る詳しく有益な意見を寄せてくれた二人の匿名の校閲者にも心から感謝する。

最後に、惜しげもなく考えやアイディアを提供してくれ、子どもや教育についていろいろと教えてくれた大勢の友人と同僚、特にジュディー・デローチ、ジェイソン・ダウナー、ブリジェット・ヘイムリ、リサ・ハンセル、ヴァーカム・ジャスウォール、エンジェル・リラード、アンディー・マッシュバーン、スーザン・ミンツ、ボブ・ピアンタ、ルース・ワッテンバーグ、トリーシャ・トンプスン＝ウィリンガムに感謝を捧げる。

はじめに

この宇宙最大の謎は、ほぼ間違いなく私たちの頭蓋骨の中にある細胞の塊に秘められている。それはオートミール（脱穀したオーツ麦を調理しやすく加工したもの）ほどの柔らかさで、およそ3ポンド（1．4kg）の重さをもっている。

その細胞の塊（脳）の仕組みはあまりにも複雑で、人間がいくら賢いとはいえ、その賢さの理由までは突き止めることができないと考えられていた。つまり、脳は「知性」に関して非常に巧妙にできているため、脳自身でも到底理解できないということだ。

ところが、今ではこれは正しくないことがわかっている。

長年の研究により、ついに知性の秘密が明かされようとしているのだ。この25年で知性のはたらきについて解明された量は、その前の2500年分の量を上回っているほどだ。

知性に関する知識が増えれば、教育にも重大な恩恵がもたらされることになる。教育は子どもの知性の成長に応じて行われるため、子どもの認知機能を正確に理解すれば、従来よりも容易に、効果的に教育が行えるようになるからだ。

しかし、私の知りあいの教師を見ていると、心理学者らが「認知革命」と呼ぶものから恩恵を受けているとは到底思えない。学習や問題解決の研究で飛躍的な進歩があったという新聞記事には目を通していても、その進歩によって教師の月曜日の朝の行動は何も変わらないのだ。

研究と実践の間にギャップがあるのはわかる。認知科学者は知性について研究するとき、研究をしやすくするため、知的プロセス（たとえば、「学ぶ」と「注目する」）を意図的に実験室で切り離して研究する。しかし、教室では知的プロセスが分離されることはない。すべてが同時に機能し、予測困難な形で作用しあうことが多い。

わかりやすい例を挙げると、実験室の研究では反復練習が学習に役立つことが示されている。だが、教師はみな知っているとおり、反復練習をそのまま授業に取り入れてもうまくはいかないのだ。

たとえば計算の手順を習得するまで、割り算の筆算を反復させることはできない。反復は学習において有益ではあるが、子どものやる気を著しく阻害する。反復をしすぎると、やる気が急激に低下し、子どもは挑戦をやめ、学習は停止してしまうだろう。

研究結果を教室に適用しても、実験室での結果どおりにはならないのである。

本書はまず、九つの「原理」のリストとして始まった。この原理は知性の根幹となるので、状況が変わっても変化しないものだ*。実験室だけに当てはまるものではないため、安心して教室の状況に合わせて応用することができる。

とはいえ、この原理の多くは驚愕するようなものではない。たとえば、事実的な知識が重要、練習が必要、といったものである。驚くとすれば、それに続く指導への応用の部分である。ここでは、人間が認知的に高い能力をもっているというよりも、考えることが苦手であると捉えるべき理由を知ることになるだろう。

本書のあらすじを概観しておこう。

まず、作家が書く文章は伝えたいことのごく一部であり、それは読解のための指示としては非常に少ないが、子どもが習得しなければならない事実的な知識としてはかなりの量になるということを示す。

そして、『スター・ウォーズ』のあらすじはなぜ覚えようとしなくても覚えられるのかについて考え、その覚えやすさを教室で利用するにはどうすればよいかを明らかにする。

また、テレビ・ドラマに登場する医師グレゴリー・ハウスが問題を解決するときの優れた知性をもとに、なぜ子どもたちに本物の科学者のように考えさせるべきでないかについて解明する。

そのほか、「子どもが両親から知能を受け継ぐ」という真理を心理学者が分析するために、メアリー＝ケイトとアシュレーのオルセン姉妹のような人たちがどう役立ってきたのかを知ることになる。ただし、結局これは真実でないことがわかり、その事実を子どもに伝えることがなぜそれほど重要であるかを理解することになる。

本書ではさまざまテーマを扱うが、それは直接的でありながら単純ではない二つの目標を追求するためだ。その二つとは、子どもの知性の働きを示すことと、より良い教師になるためにその知識をどう生かすかを明確にすることである。

注

＊原理に加えるには、実際にそのほかにも三つの基準があった。その三つとは、①原理を採用するか排除するかが子どもの学習に大きな影響を及ぼす必要があったこと、②この原理を支えるためにいくつかの研究だけでなく、大量のデータが必要であったこと、③原理は教師にまだ知られていない教室への応用方法を提案するものでなければならなかったことである。そのため、原理は十個という切りのいい数ではなく、九つという数になっている。私が知っているのは九つだけだ。

目次

第1章

なぜ子どもは学校が好きでないのか？

Question

知りあいの教師には、子どものころ学校が好きだったので教師になったという人が多い。彼らは自分と同じように、子どもたちにも学ぶことの楽しさや情熱を感じさせてあげたいと願っている。

しかし、学校をあまり好きではない子どももいて、そんな子どもをやる気にさせるのが非常に難しいことだと気づくと、当然、落胆してしまう。

学校を子どもにとって楽しい場所にすることが難しいのはなぜだろうか。

Answer

一般的に信じられていることとは逆に、脳は「考える」ようにはデザインされていない。脳は考えるのがあまり得意ではなく、なるべく考えるのを避けるようにできているのだ。「考える」というのは時間がかかり、不確かなことだからだ。

それでも、達成が見込めるときは人はその知的活動を楽しむことができる。つまり問題を解くのは好きだが、解けない問題に取り組むことは好きではないということだ。学校の課題がつねに子どもにとって難しすぎると、学校が嫌いになったとしても不思議ではないだろう。

この章の核となる認知的原理は次のとおりである。

Principle

人間は生まれながら好奇心が強い生き物だが、もともと考えることが得意なわけではない。認知的な条件が整わなければ、考えることを避けようとするものだ。

この原理が示しているのは、どうすれば子どもに思考を促すことができるか、教師は考えなおす必要があるということだ。それによって、思考がうまくいく楽しさを子どもがより多く感じられるようになるだろう。

頭は考えるようにはできていない

人間であることの本質は何か。人間を別の種から隔てているものは何か。多くの人は論理的に考える能力だと答えるだろう。

鳥は飛び、魚は泳ぐように、人間は考える。（ここでは「考える（思考）」という言葉を、問題を解き、論理的に考え、複雑なものを読み、労力を要する知的活動を行うという意味で使う。）

シェイクスピアは『ハムレット』の中で認知能力を称賛した。「人間はなんとすばらしい自然の傑作だろう。その理性の気高《けだか》さたるや」。

しかし、約300年後、ヘンリー・フォードは皮肉のこもった言いかたをした。「考えることはもっともつらい仕事で、おそらくそのために、まともに取り組む人は稀である」と。*

どちらももっともだ。人間は特にほかの動物と比較して、ある種の論理的な思考は得意であるが、その能力を発揮できることはめったにない。さらに、認知科学者によると、人間の脳は考えるようにではなく、考えることを避けるようにできており、極力考えないようにするものなのだ。ヘンリー・フォードが言うように、考えることは労力を要するだけでなく、時間がかかり、不確かだからだ。

脳にはさまざまな役割があるが、「考える」ことは脳がもっとも得意とすることではない。たとえば、脳には見たり動いたりする能力を支える役割もあるが、これらは考える能力よりも、はるかに効率的に確実に機能している。

しかも、脳の大部分の領域がこういった活動のために割り当てられているのは、決して偶然ではない。「見る」ということは、実際にはチェスをしたり計算問題を解いたりすることよりも難しく、特別な脳の力が必要となるものなのだ。

人間とコンピューターの能力を比べると、人間の視覚がコンピューターよりもいかに優れているかわかるだろう。だが、数学や科学、そのほかの従来の「思考」を要する処理では、人間は機械には到底かなわない。

5ドルあれば、単純な計算をどんな人間よりも速く、正確にこなすことができる計算機が手に入る。50ドルあれば、全人類の99%を負かすことのできるチェスのソフトウェアが手に入る。

しかし、最高性能のコンピューターでも、まだトラックを安全に運転することは難しい。なぜなら、コンピューターには〝見る〟ことができず、特に運転中に目の前に現れる、刻々と変化する複雑な環境を正確に捉えることができないためだ。

また、ロボットは動きにも限界がある。人間は作業に応じて柔軟に姿勢を変えることができる。たとえば、本棚の本の裏側についたほこりを払うために、上体をひねり、腕をねじるというような複雑な姿勢を取ることもできる。

それに対して、ロボットは新しい動きを自分で見つけ出すことが得意でない。そのため、力を発揮できるのは、自動車部品の塗装のように、つねに同じ動きだけが求められる反復的な作業である。

ごく普通の動作、たとえば、でこぼこした磯を歩くことなどは、トップレベルのチェスの対

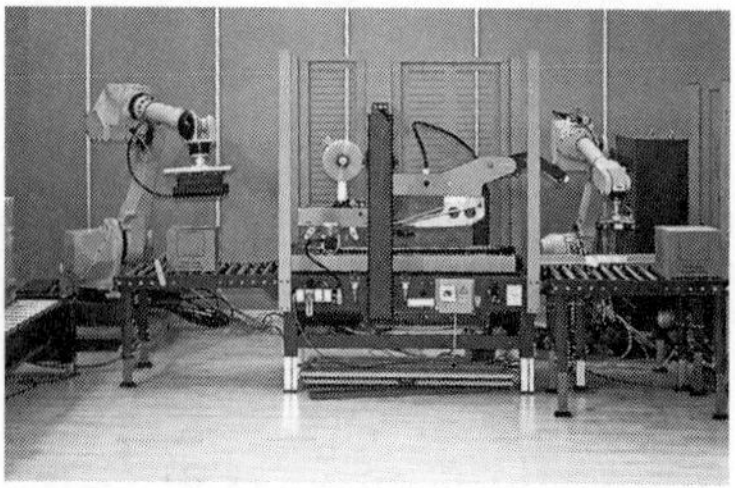

図1：ハリウッドのロボット（左）は人間のように複雑な環境で動くことができるが、これは映画の中だけの話である。大部分の実際のロボット（右）は予測可能な環境の中でしか動かない。見て動くという人間の能力は、並外れた認知的能力である。

戦よりもはるかに難しいことなのだ。コンピューターにはお手上げだ（図1）。

見たり動いたりする能力と比べて、考えることは時間と労力を要し、不確かだ。このことを実感するため、次の問題を解いてみてほしい。

何もない部屋に、ロウソク、マッチ、箱入りの画びょうだけが置かれている。課題は、ロウソクに火を灯して床から約五フィートの高さのところに保持することである。これまでに、ロウソクの底のロウを溶かして壁に接着することを試みたが、うまくいかなかった。手でもっているという方法以外で、火のついたロウソクをその場所に保持するにはどうしたらよいか。

制限時間は20分だが、時間内に問題を解ける人はほとんどいない。ただ、一度答えを聞くと、特に難しいものではないことがわかる。画びょうを箱から出し、その箱を画びょうで壁に留め、それを台にしてロウソクを立てればよいのだ。

この問題は思考の三つの性質を示している。

一つめは、思考には時間がかかるということだ。視覚であれば複雑な場面を瞬時に把握できる。友達の家の裏庭に入ったときに、いちいち「ああ、植物があるな。たぶん芝生だけど、それ以外の草である可能性もあるな。それから、あそこから突き出ている茶色いのはなんだろう。フェンスかな」と考えたりはしない。一目で全体――芝生、フェンス、花壇、あずま屋――が把握できる。見たものが瞬時に把握できる視覚とは違い、思考は問題の答えを瞬時に計算することができない。

二つめは、思考は労力を要するということだ。見るのに労力は必要ないが、考えるには集中力が必要だ。何かを見ながら別の作業をすることはできるが、問題を解きながら別のことを考えることはできない。

三つめは、思考は不確かだということだ。視覚には誤りがほとんどない。あったとしても、普通は見ているると思っているものと実際にそこにあるものに大きな違いがなく、そっくりそのままではなくてもそれに近い。

思考の場合には、近づけることさえ難しく、問題の答えが正解からは程遠いこともある。ロウソクの問題を解こうとしたときのように、そもそも答えることすらできない場合もある。

では、私たちの誰もがそれほど考えることを苦手としているなら、どうやって一日一日を生き抜いているのだろうか。働いたり、食料品店で特売品を手に入れたりする方法をどうやって見つけているのだろうか。教師は、一日を切り抜けるのに必要な何百回もの意思決定をどうやってしているのだろうか。

その答えは、「避けて通れるのであれば、考えない」ということである。考える代わりに、記憶に頼るのだ。

私たちが出会う問題は、その多くは前に解いたことがあるものであるため、過去にしたことをするだけでよい。たとえば、来週、友達からロウソクの問題を出されるとする。あなたはすかさず、「ああ、それなら知ってる。箱を画びょうで壁に留めればいいんだ」と答えるだろう。

視覚が、すぐに場面を把握し、なんの苦もなく環境内にあるものを伝えてくれるのと同様に、記憶もその問題を聞いたことがあるとすぐに認識し、答えを示してくれる。自分では物覚えが悪いと思っているかもしれないし、記憶が視覚や動作ほど確実なものでないことは確かだが——ときどき忘れることもあるし、覚えていると思っていても忘れていることもある——記憶は思考よりもはるかに確実で、難なくすぐに答えを示してくれる。

一般的に、記憶とは個人的な出来事（自分の結婚式の思い出）と事実（アメリカの初代大統領はジョージ・ワシントン）を保持しておくことだと考えられている。しかし、それだけではない。記憶にはいろいろなことへ対処する方法も保持される。

たとえば、車を運転して帰宅するときにどこで曲がるか、休憩時間の監視中に小競りあいが発生したらどう対処すればよいか、コンロにかけた鍋が噴きこぼれそうになったらどうすればよいか（図2）などである。決定するときにはほとんどの場合、いちいち立ち止まって何をするかを考えたり、論理的に考えたり、起こりうる結果を予測したりしない。

たとえば、夕食にスパゲティを用意することにした場合、料理本を熟読して、レシピごとに味、栄養価、作りやすさ、材料費、見栄えなどを比較するようなことはせず、いつもどおりの方法でスパゲティ・ソースを作るだろう。

とある心理学者が言っていることだが、「大部分の時間、何をしているかというと、私たちが大部分の時間していること」なのだ。学校から自動車を運転して帰宅するというような、どちらかというと複雑なことをしている場合でも、「無意識に」しているように感じるとすれば、それは記憶に従って行動しているからだ。

記憶に従っていれば、それほど注意している必要はないため、自由に空想しながらでも赤信

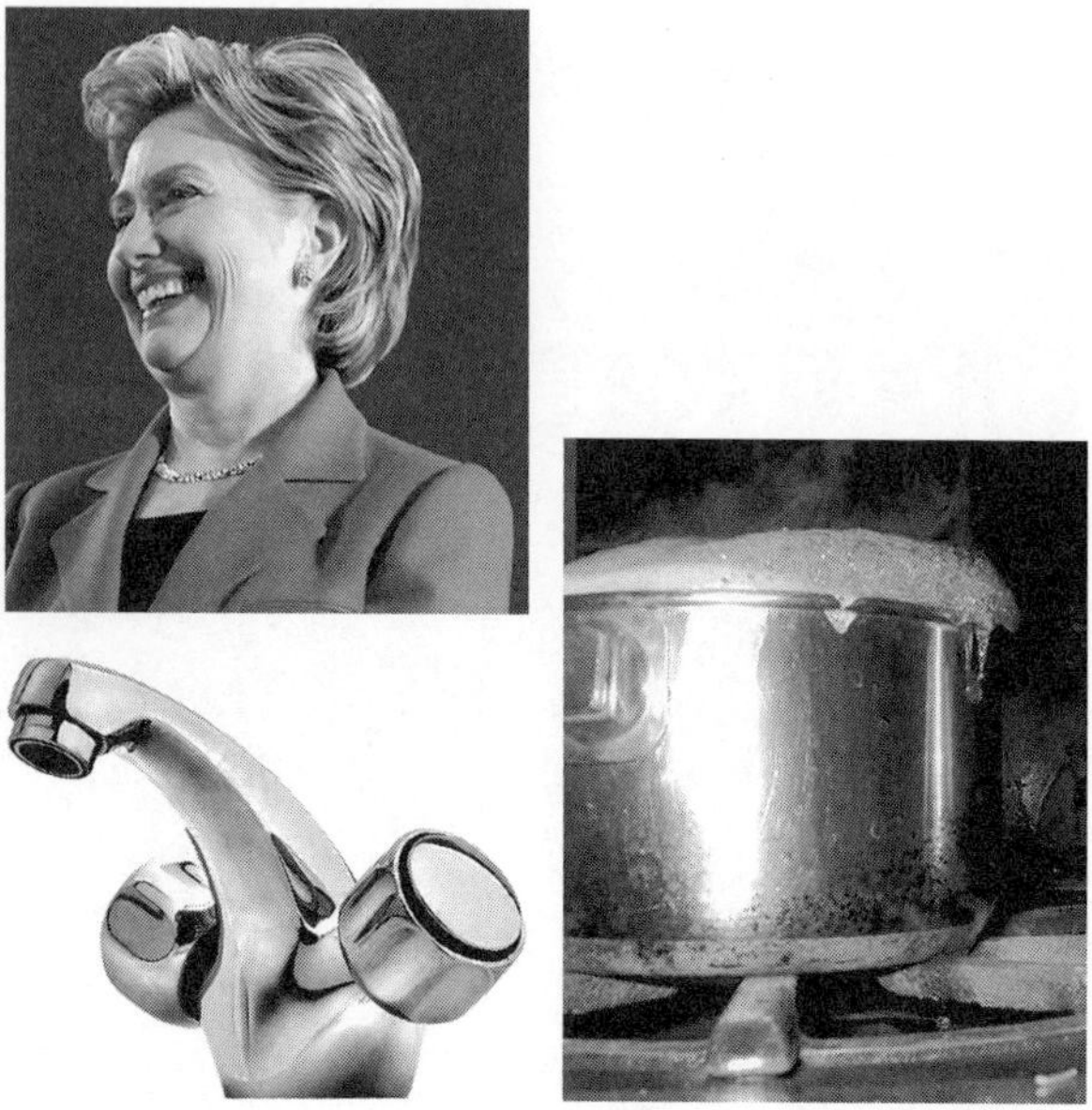

図２：記憶は瞬間的に無意識に機能するため、そのはたらきにほとんど気づかないほどだ。たとえば記憶には、物の見え方（ヒラリー・クリントンはどんな顔か）、物の操作の仕方（お湯を出すには左の蛇口、水を出すには右の蛇口をひねる）、前に遭遇したことのある問題に対処するための方法（なべの噴きこぼれなど）に関する情報が保持されている。

号で停止し、別の車を追い越し、歩行者に注意を払ったりすることができる。

もちろん、すべての決定を慎重に、よく考えて行うこともできる。人から「既成概念にとらわれずに考える」ように言われた場合、それは無意識に何かをするな、(あなたや別の人が)いつもやっているとおりにするなということを意味する。

つねに既成概念にとらわれずに考えるよう努めていたら、日々の暮らしがどんなものになるか考えてみよう。

図３：スーパーマーケットでパンを選ぶというような日常的な作業についても「既成概念にとらわれずに考え」ていては、おそらく精神的な労力に見合わないだろう。

玉ねぎを切ることでも、オフィスビルに入ることでも、昼食用のソフト・ドリンクを買うことでも、ごく日常的なすべてのことに新鮮な気持ちで取りかかるのだと考えて、そのあらゆる可能性に目を向けてみる。目新しいことというのはしばらくの間は楽しいかもしれないが、すぐにへとへとになってしまう(図3)。

旅行したときにも同様のことを経験してい

るかもしれない。特に、言葉の通じない外国に行った場合がそうだ。馴染みのないことばかりで、ちょっとしたことをするにも頭をフル回転させなければならない。露天商からソーダを買うだけでも、見慣れないパッケージからどんな味かを想像し、店の人とやりとりし、どの貨幣や紙幣で支払いをするかを考えるといった作業が必要となる。

旅行が非常に疲れるのは、それが一つの要因である。家にいれば無意識にしている些細なこと一つひとつにも、細心の注意が求められるのだ。

ここまで、脳は極力考えないようにできていることを次の二つの点から説明してきた。

一つは、もっとも重要ないくつかの機能（見る、動くなど）は思考を必要としないことだ。見えるものについては、論理的に考えなくても、目の前にあるものが何であるか瞬時にわかる。

もう一つは、人間は考えるよりも、記憶に従って行動するよう方向づけられているということだ。

しかし、それだけではない。極力考えなくて済むようにするため、脳は変化することができる。思考の求められる同じ作業を何度も繰り返すうちに、しまいには無意識にできるようになる。考えなくても作業を遂行することができるように、脳が変化するのだ。

このプロセスについては第5章で詳しく説明するが、このことがよくわかる例をここで紹介しておこう。

みなさんも自動車の教習を受けたときのことを振り返ってみてほしい。精神的に非常に大変だったのではないだろうか。私が思い出せるだけでも、アクセルをどれくらいの強さで踏むか、赤信号に近づいたらどのタイミングで、どのようにブレーキを踏むか、曲がるにはどれくらいハンドルを切るか、いつミラーを確認するかなどに集中しなければならなかった。気が散るので、運転中はラジオもつけなかった。それが、練習を重ねるうちに、無意識に運転できるようになり、今では歩くのと同じぐらい、何も考える必要がなくなっている。運転しながら友人とおしゃべりし、片手でジェスチャーをし、フレンチ・フライを食べることができる。見た目の善し悪しはともかく、ちょっとした離れ業だ。

要するに、最初は頭をフル回転させないとできなかった作業も、練習を重ねるうちに、ほとんど何も考えなくてもできるようになる。

これが教育にどのように応用されるかは明白だろう。人間が考えることを苦手としていて、それを避けようとしているなら、このことは学校に対する子どもの態度にどう関係してくるだろうか。

さいわい、人間は考えることを頑なに拒むというところで話が終わるわけではない。人間は考えることが得意でないにもかかわらず、考えることが実は好きなのだ。もともと好奇心が強く、場合によってはじっくり考える機会を求めている。

しかし、考えることは大きな苦痛を伴うことなので、条件がそろってはじめてこの好奇心を満たすことができる。条件がそろわないと、考えることを簡単に放棄してしまう。

次のセクションでは、どんな場合に考えることが好きで、どんな場合に好きでないのかを説明しよう。

人間はもともと好奇心が強いが、好奇心ははかない

脳は効率的に考えるようにできていないが、人間は状況によっては実際に知的活動を楽しんでいる。趣味としてクロスワード・パズルを解いたり、地図を読んだりする。情報の詰まったドキュメンタリーを見る。たとえ給料が少なくても、別の職業よりもやりがいを感じられる職業（教師など）を選ぼうとする。考えることを厭わないだけでなく、考えることの求められる状況を意図的に求める。

問題を解くことは喜びをもたらすのだ。

なお、本書で「問題を解く」と言うとき、首尾よく運ぶ認知的作業のことを指す。たとえば、難しい散文の一節を理解することだったり、庭園の計画だったり、投資の機会を判断することだったりする。首尾よく考えられれば、満足感や達成感が得られる。

神経科学者はこの十年間に、学習するうえで重要な脳の領域や化学物質と、脳の自然な報酬系で重要となる脳の領域や化学物質が重複していることを発見した。つまり、彼らは二つの体系（「学習」と「喜び」）に関連があると考えているのだ。

わかりやすく言うと、迷路の中のネズミは、チーズのご褒美があるほうが学習の成果が大きい。人間も問題を解くとき、脳が報酬として少量のドーパミンを分泌することがある。これは脳が喜びを感じるために重要な、自然に発生する化学物質だ。

ドーパミンが学習と喜びの両方において重要であることは、すでに神経科学者が明らかにしているが、両者の明確な関連性についてはまだ解明できていない。完全には解明できていないが、人間が問題を解くことで喜びを感じるということは否定できないようだ。

喜びは問題を解くことによっても得られるということも注目に値するだろう。

成長しているという感覚がなければ、問題に取り組んでいても喜びは感じられない。実際、フラストレーションがたまる。また、単に答えがわかるだけでも喜びは少ない。

ロウソクの問題の答えを示したが、喜びは感じられただろうか。自分で答えを見つけていたら、どれほど楽しかっただろうか。問題はより気の利いたものに感じられただろう。説明の必要な冗談よりも、説明のいらない冗談のほうがおもしろいのと同じだ。問題の答えを人から聞いたのでなくても、ヒントが多すぎれば自分で問題を解いたという感覚が失われ、答えがわかったとしても満足感が得られない。

脳が知的活動を魅力的に感じるのは、成功したときに喜びを感じる機会が得られるからなのだ。

しかし、どんな思考でも等しく魅力的なわけではない。クロスワード・パズルは好まれるが、代数の問題は好まれない。ロックバンド・U2のボーカル、ボノの伝記はキーツ（詩人）の伝記よりも売れる可能性が高いのはそういうことだ。

では、おもしろい知的活動の特徴とはどういうものだろうか（図4）。多くの人から返される答えは疑いの余地がないように思える。

それは、「クロスワード・パズルは楽しいし、ボノはクールだけど、数学もキーツも退屈だ」という答えだ。つまり、肝心なのは内容だということだ。誰にでも、興味のもてることと興味のもてないことがある。

	6		1		4		5	
		8	3		5	6		
2								1
8			4		7			6
		6				3		
7			9		1			4
5								2
		7	2		6	9		
	4		5		8			7

それぞれの列、行、3 ×3のボックスに1～9の数字が入るように、9×9のマスを埋めなさい。

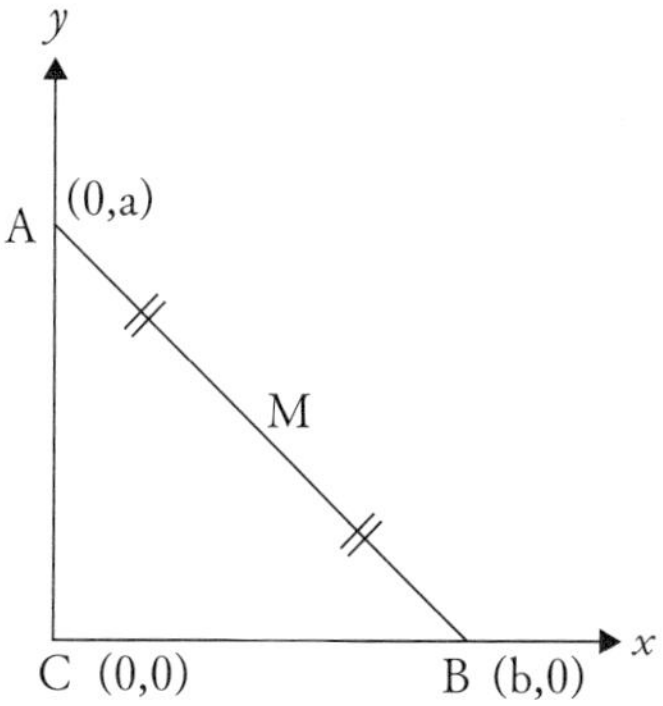

直角三角形の斜辺の中点が三角形の頂点から等距離であることを証明しなさい。

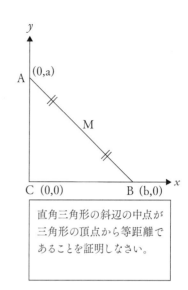

図4：左のような問題には多くの人が惹かれるのに、右のような問題に喜んで取り組む人が非常に少ないのはなぜだろうか。

自分の興味を示すとき、「切手の収集が趣味だ」とか「中世の交響楽が好きだ」という言い方をするだろう。しかし、私は内容によって興味が強くなるとは考えていない。みなさんも、ただ感銘を受けるためにだけ、興味がないとわかっているテーマに関する講演会に参加したり、テレビ番組を見たりした経験があるだろう。

そして話題が気に入ったとしても、すぐに退屈してしまう。

私にも忘れられない思い出がある。中学のころ、性教育の授業があるという日、私はとても楽しみにしていた。1970年代の旧弊な郊外の文化の中で育った思春期の少年として、私はつねに性的な話題への期待に胸をときめかせていたのだ。

しかし、待ちに待ったその当日、私も友達も退屈で気を失わんばかりになった。花と受粉の話だったわけではない。たしかに人間の生殖の話だった。それでも、つまらなかった。残念ながら具体的な話は覚えていないのだが、ホルモンの塊と言っても過言ではないティーンエイジャーの集団を性的な話題で退屈させるとは、天晴《あっぱれ》としか言いようがなかった。

私は以前、動機づけと認知に関する講演をしたときに、教師のグループにこのことを強調したことがある。

話を始めてから約5分後に、図5に示す動機づけのモデルを描いたスライドを映写した。スライドに関してなんの予備知識も与えずにいきなりスライドを映し、説明をはじめた。15秒ほど説明したところで話をやめ、参加者に向かって「まだ話を聴いている人がいたら、手を挙げてください」と言った。

手を挙げたのは1人だった。それ以外の49人も自分の意思で参加している人たちであり、話題もおそらく興味のあるもので、話も始まったばかりだというのに、15秒で頭の中は別のところに飛んでいた。問題の内容は――性的な話題でも人間の動機づけでも――興味を高めるには十分かもしれないが、興味を持続させるだけの力はない。

では、内容によって注意力を維持できないとすると、好奇心が維持されるのはどんなときだ

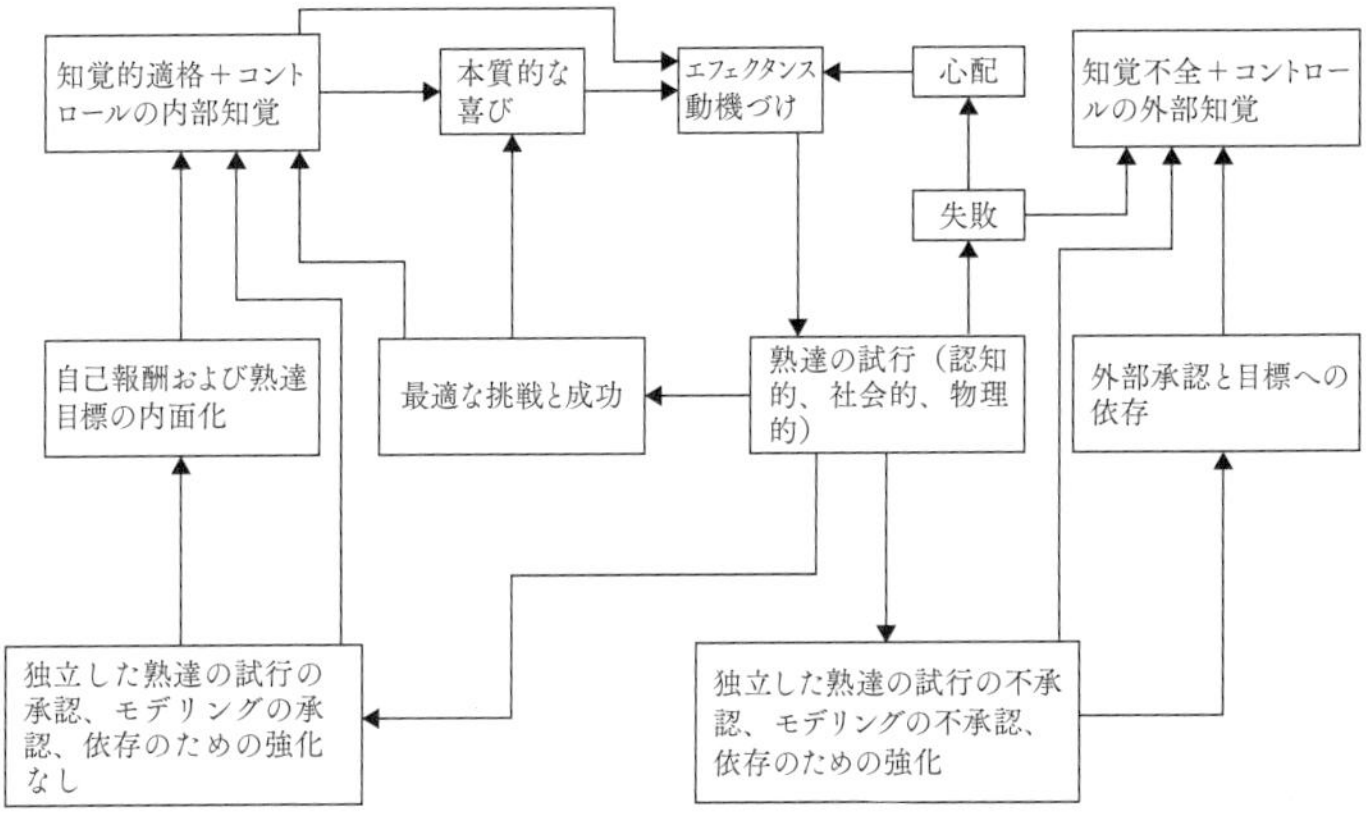

図５：理解しにくい図は、適切な説明がないと多くの人を退屈させる。

ろうか。

答えは、問題の難易度にあるのかもしれない。問題を解くことで喜びが得られるとするなら、簡単すぎる問題に取り組んでも意味がない。そもそも、問題とすら感じられないぐらいなのだから、解いたところで喜びは得られない。

また、問題が非常に難しいと感じられる場合、解けそうになく、問題を解くことによる満足も得られそうにないと判断している。

簡単すぎるクロスワード・パズルでは頭が活発に働かない。ほとんど考えなくてもマスが埋まり、答えが全部わかったとしても、満足感は得られない。

しかし、難しすぎても長時間は取り組めないだろう。ほとんど答えられないことがわかっているので、フラストレーションが溜まるばかりだ。図5のスライドは情報が多すぎて、短い説明では消化しきれない。参加者たちは早々に自分では到底理解できないと見切りをつけ、話を聴くのをやめてしまったのだ。

ここまでの話を要約しておこう。考えることは時間と労力を要し、不確かであるということだった。それでも、人間は考えることが好きだ。もっと正確に言うと、問題を解くときに知的活動に見合うだけの満足感が得られると判断できるのであれば、考えることが好きだ。

つまり、「人間は考えることを避ける」という主張と、「人間はもともと好奇心が強い」という主張は矛盾していない。

好奇心は新しい概念や問題に取り組むための推進力となるが、このとき、脳は問題を解くのにどれくらいの知的活動が必要かをすばやく計算する。それが多すぎても少なすぎても、やめることが可能であれば、問題に取り組むのをやめてしまうのだ。

人がどんな知的活動を求め、どんな知的活動を避けるかという分析は、「なぜ子どもは学校を好きではないのか?」という問いに対する一つの答えを示してくれる。適度な難しさの問題に取り組むことは励みになるが、やさしすぎる問題や難しすぎる問題に取り組むことでは喜びは得られない。

大人と違って、子どもたちはこのような問題から逃れることができない。日常的に難しすぎる課題を与えられ続けていれば、学校が嫌いになっても不思議ではない。私なら、ニューヨーク・タイムズ紙の日曜版に掲載されるクロスワード・パズルを毎日何時間も解きたいとは思わない。

では、どうすればよいのだろうか。子どもにやさしい課題を与えればよいのだろうか。そうすることもできるが、当然、子どもが退屈してしまうほど問題が簡単になりすぎないよう注意しなければならない。

それなら、子どもの能力を少し高めたほうがよいのではないか。課題をやさしくする代わりに、考えが浮かびやすくすることはできるだろうか。

思考はどう働くか

思考がどのように生まれるのかを理解できれば、「考える」ことを難しくしている原因が理解しやすくなる。それがわかると、どうすれば子どもを考えさせられるのかがわかる。そして、子どもの学校生活をより楽しいものにすることにつながる。

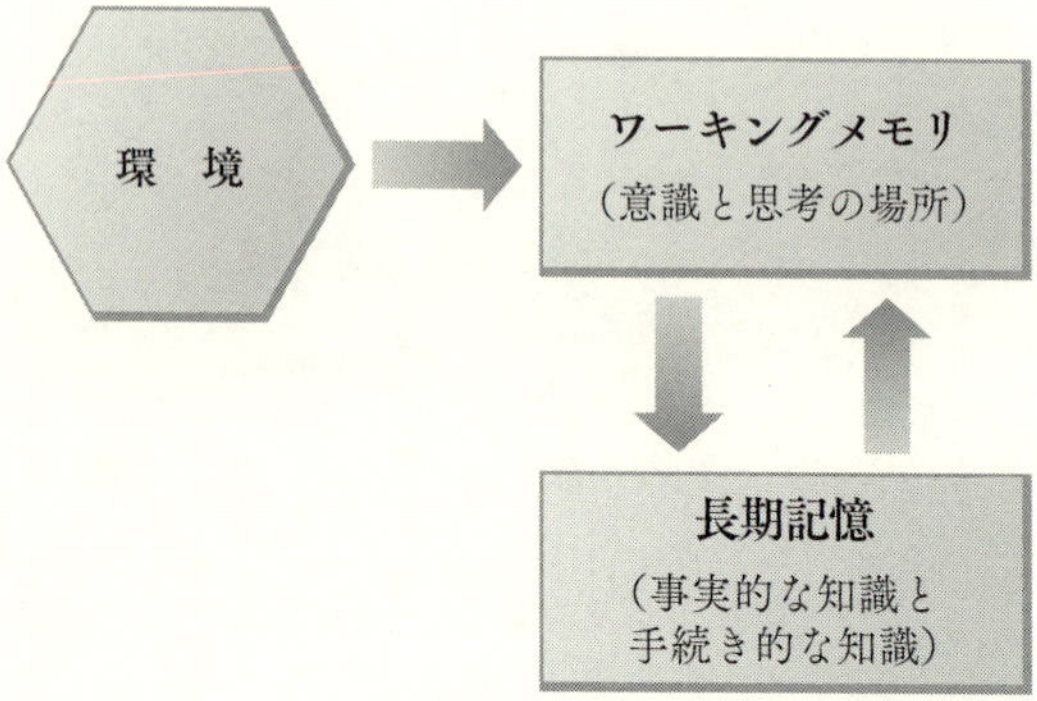

図６：できる限り単純化した頭脳のモデル

最初に、頭の働きを大幅に単純化したモデルを示す。

図6の左側に示すのは「環境」で、見聞きするもの、解くべき問題などが含まれる。右側に示すのは、科学者がワーキングメモリと呼ぶ頭脳の一つの要素である。当面の間は、「意識」と同義だと考えてもらいたい。ここには、考えていることが保持される。

環境からワーキングメモリへの矢印は、ワーキングメモリが頭脳の一部であり、ここで自分のまわりにあるもの、たとえばほこりのかぶったテーブルに光が射している光景や、遠くで吠えている犬の声などを認識することを示している。

もちろん、今は環境内にないものを認識することもできる。たとえば、母親が部屋にいなくても（あるいはもう生きていなくても）、声を思い出すことができる。長期記憶はこの世界の事実的な知識を保持する巨大な倉庫である。てんとう虫には斑点があるとか、好きなアイスクリームの味はチョコレートであるとか、3歳になる自分の子どもが昨日キンカンと言って驚いたといったことが保持されている。事実的な知識は抽象的なものの場合もある。三角形は三つの辺をもつ閉じた形であるという概念や、一般的に犬の見た目がどういうものであるかという知識などだ。

長期記憶のすべての情報は意識の外側にある。必要になるまでは静かに休んでいて、ワーキングメモリに入ってはじめて意識されるのだ。たとえば、私が「北極グマは何色ですか」と質問したとすると、あなたはすぐに「白」と答えるだろう。この情報は30秒前には長期記憶の中にあったが、私の質問によって考えていることと関連づけられ、ワーキングメモリに入ってはじめて認識された。

思考が生まれるときには、(環境と長期記憶から)情報が取得され、新しい方法で結合される。この結合はワーキングメモリ内で起きる。

このプロセスを実感するには、図7に示す問題を解いてみるとよい(肝心なのは問題を解くことよりも、思考とワーキングメモリがどういうものかを経験することである)。

根気よく取り組むことでこの問題を解けるかもしれないが†、肝心なのは、問題のためにワーキングメモリが使用されるのがどんな感じなのかをつかむことである。

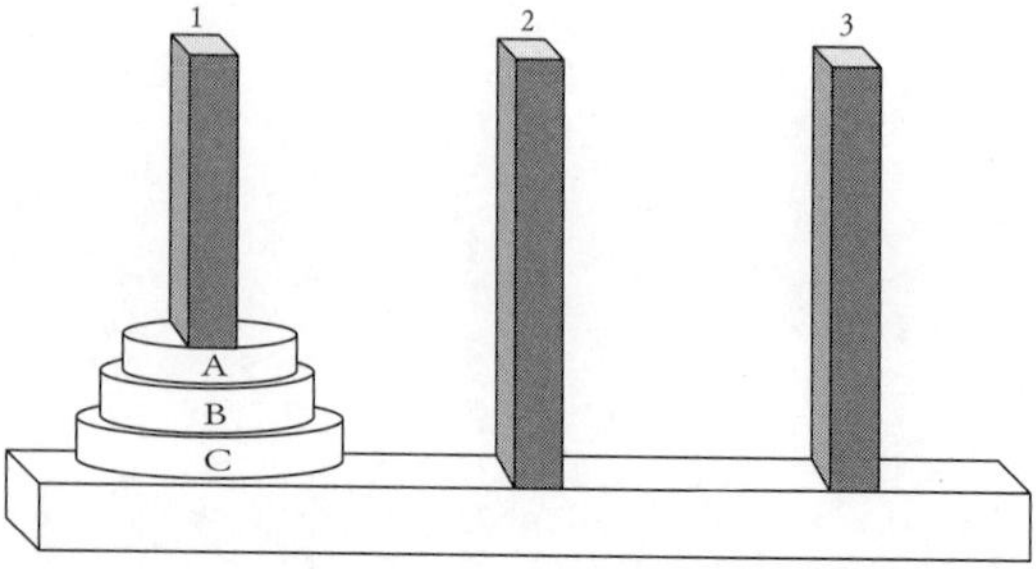

図7：3本の棒のついたゲーム・ボードを示す。一番左の棒には、3枚の円盤が下から大、中、小の順に重なって刺さっている。これから、3枚のすべての円盤を最終的に一番左の棒から一番右の棒に移す。円盤を移す方法についてのルールは2つだけ。一度に1枚ずつしか円盤を動かせないことと、小さな円盤の上には大きな円盤を重ねられないことだ。

まず、環境から情報を取得し（ルールとゲーム・ボードの構成）、頭の中で円盤を動かして目標を達成しようと試みる。ワーキングメモリにパズルの現在の状態（円盤のある場所）を保持し、動かしかたを想像し、判断する必要がある。同時に、図8に示すように、正しい動きに関するルールを覚えておく必要がある。

思考のメカニズムがわかると、正しく考えるにはワーキングメモリ内で概念を結合し、整理しなおす方法を知る必要がある、ということが明確になるだろう。

円盤と棒の問題では、円盤をどこに動かせばよいのか、どうやってわかっただろうか。前にこの問題を見たことがなければ、当てずっぽうに考えているようにしか感じ

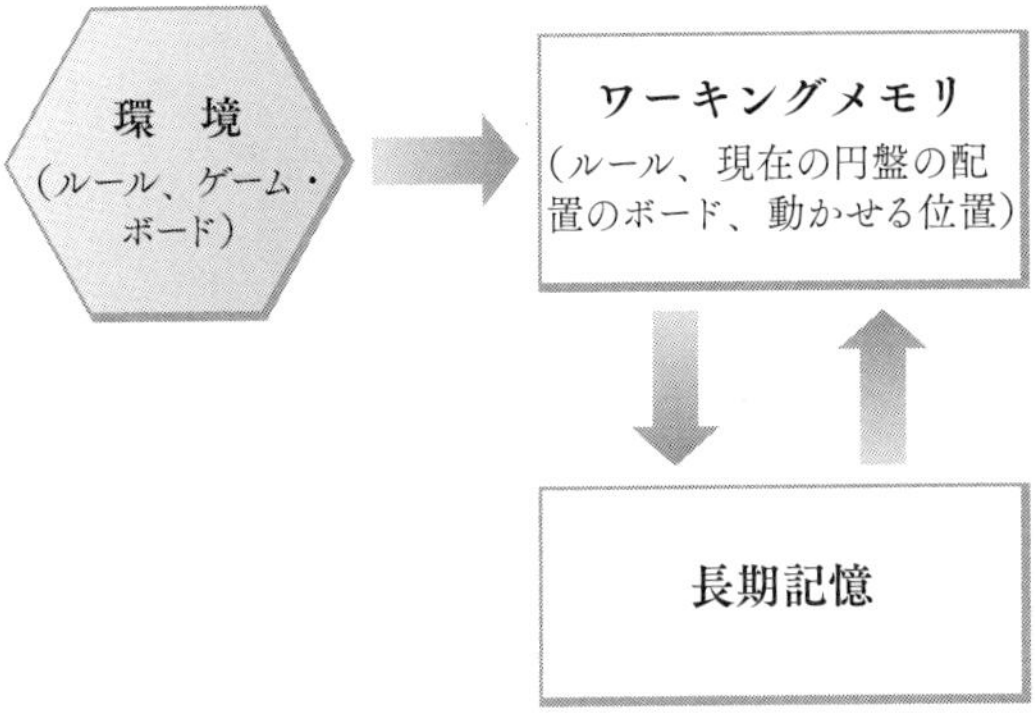

図８：図７に示したパズルに取り組んでいるときの頭脳の図

られないかもしれない。図8に示すような、導いてくれる長期記憶の情報はなかった。しかし、このような問題を解いたことがあれば、確実なものではないとしても、解きかたの情報が長期記憶内にある可能性が高い。

例として、次の算数の問題を暗算で解いてみよう。

18×7

この問題を解くために何をすればよいかはわかっている。頭の中での処理の手続きは、だいたい次のようなものだろう。

①7と8をかける。
②8×7＝56という情報を長期記憶から取り出

す。

③6が解の一部であることを覚えておき、5を保持する。

④1と7を掛ける。

⑤1×7＝7という情報を長期記憶から取り出す。

⑥保持しておいた5と7を足す。

⑦5＋7＝12という情報を長期記憶から取り出す。

⑧12に6を付加する。

⑨解は126となる。

長期記憶には、北極グマの色、8×7の値などの「事実的な知識」だけでなく、「手続き的な知識」と呼ばれるものも保持されている。

これは、作業を行うために必要な思考の手続きに関する知識である。考えることがワーキングメモリ内で情報を結合することであるなら、手続き的な知識は何をいつ結合するかというリストのようなものである。特定の内容を考えるためのレシピのようなものと言ってもよい。

たとえばここには、三角形の面積を求めたり、Windowsを使用してコンピューター・ファイルをコピーしたり、家から職場まで車を運転したりするために必要な手続きが保持されている。

適切な手続きが長期記憶に保持されていれば、考えるときに大いに役立つ。それは間違いない。算数の問題を解くのが簡単で、円盤と棒の問題を解くのが難しかったのはそのためだ。

しかし、事実的な知識はどうだろうか。これも考えるのに役立つだろうか。

答えは、「いろいろな場面で役立つ」。これについては、第2章で説明する。現時点では、算数の問題を解くには8×7＝56という事実的な情報を取り出す必要があることを覚えておいてほしい。

ここで、考えるにはワーキングメモリの中で情報を結合する必要があることを思い出してほしい。問題を解くには環境から得られる情報だけでは不十分で、長期記憶から取り出した情報で補完する必要がある場合もあるのだ。

そしてもう一つ、考えるために必要なものがある。まずは例を見たほうがわかりやすいだろう。次の問題を考えてみよう。

あるヒマラヤの村の宿屋で洗練された茶会が行われている。この茶会に出席できるのは亭主一人と客二人だけで、客はそれより多くても少なくてもいけない。客がやってきて席

につくと、亭主は三つの所作をしてみせる。

ヒマラヤの人たちが重視している高貴さの低いほうから並べると、火を熾《おこ》す、炎をあおり立てる、お茶を淹《い》れる、という順になる。茶会の間、出席者の誰でも別の人に、「あなたのされている所作をかわりに行ってよろしいでしょうか」と聞くことができる。ただし、相手から受け継ぐことができるのは、相手のしている動作の中でいちばん格の低い所作だけである。しかも、自分が何か所作を行っている場合には、それより格の高い動作を受け継ぐことはできない。

作法によると、茶会が終わるまでに、すべての所作を亭主から年長のほうの客に引き渡すことになっている。さて、この茶会を完了するにはどうすればよいだろうか。

この問題を読んですぐに頭に浮かんだのは、「何だって?」という言葉ではないだろうか。問題を解くどころではなく、意味を理解するだけでも、何回も読み返さなければならなかったかもしれない。

どこから手をつければよいか見当もつかないように感じられたのは、問題のすべての要素を保持しておけるだけのワーキングメモリの容量がないからだ。ワーキングメモリの容量は限られているため、容量に余裕がなくなってくると、考えることがますます難しくなる。

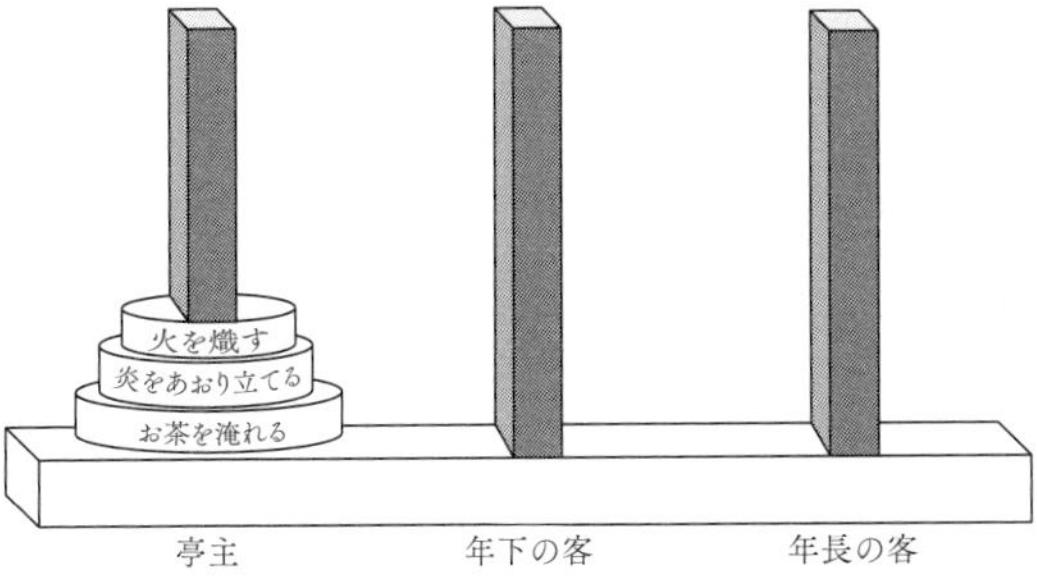

図9：茶会の問題と、円盤と棒の問題との類似点

実はこの茶会の問題は、図7に示した円盤と棒の問題と同じである。

図9に示すように、亭主と二人の客は3本の棒のようなもので、所作はその間で動かす3枚の円盤と同じだ。（この類似性と、教育の場でのその重要性に気づく人は非常に少ないということは第4章で述べる。）

この問題のほうがはるかに難しく思えるのは、図7に示す問題を新しいバージョンとして頭の中でとらえなおす必要があるからだ。図7の問題には棒の絵を示し、動きを考えるときに円盤のイメージを頭の中に保持しておきやすいようにしている。そうしなければ、問題の複雑なルールによってワーキングメモリの多くの容量が占められてしまうため、答えを導きだすための動きを考えることが難しくなるのだ。

要するに、正しく考えるには環境からの情報、長期記憶に保持された情報、長期記憶に保持された手続き、ワーキングメモリの容量という四つの要素が不可欠なのだ。これらの要素のうちの一つでも不十分だと、正しく考えることはできない。

ここで、この章の内容をまとめておこう。

人間の頭は考えることに特に適しているわけではない。考えることは時間と労力を要し、不確かである。そのため、多くの場合、よく考えながら行動しているわけではない。それよりも、記憶を頼りにして、前にとった行動に従っているのだ。

それでも正しく考えることには喜びを感じることができる。問題を解いたり、新しい概念を理解したりすることが好きだ。そのため考える機会を求めているが、問題ならなんでもいいというわけではない。選ぶのは、簡単ではないが解けそうな問題だ。それこそが喜びや満足をもたらしてくれる問題だからだ。

問題を解くには、環境からの適切な情報、ワーキングメモリの空き容量、長期記憶に保持された情報と手続きが必要となる。

教室への応用

では、この章の最初の質問に戻ろう。なぜ子どもは学校が好きではないのか。もっと現実的に言うと、なぜ学校が好きではない子どもが多いのか。

教師なら誰もが知っているとおり、子どもが学校生活を楽しんでいること、楽しんでいないことにはさまざまな理由がある。(私の妻は学校が好きだったが、主にそれは社交的な理由によるものだった。) 認知的な観点から見て重要な要素は、問題を解くことの喜びを子どもが継続して経験できるかどうかである。

子ども一人ひとりがその喜びを感じられるようにするため、教師には何ができるだろうか。

解くべき問題を用意する

「問題」という言葉は、教師が教室で投げかける質問や数学の問題という意味だけで使っているのではない。ここでは、適度な挑戦が求められる認知的な課題、たとえば詩を理解することや、再利用可能なものの新しい使用法を考えることなどを意味している。

当然、このような認知的な活動は教育の中心に位置するもので、教師は子どもに考えることを求めている。しかし、十分に注意しないと、授業が教師の長々とした説明だけで終わり、子どもが問題を解く機会がほとんどなくなってしまう可能性がある。

そのため、子どもが取り組む認知的な課題に目を向けて、授業計画を見なおすことが大切だ。そのような課題はどのくらいの頻度で行うのか。認知的な中断をはさむのか。課題が明確になったら、それが悪い結果に結びついていないかどうかを考える。

たとえば、何をすればよいかを子どもが理解できないとか、子どもが問題を解けそうにないとか、子どもが教師の望む言動を勘ぐろうとしているだけといったことである。

子どもの認知能力の限界を大切にする

子どものために効果的な思考の課題を用意しようとするとき、この章で説明した認知能力の限界を考慮する必要がある。たとえば、歴史の授業をはじめるにあたって、「みなさんは〝ボストン茶会事件〟という言葉を聞いたことがありますね。植民地の人はどうして、インディアンに紛争してボストン港に紅茶の箱を投棄したと思いますか」という質問をするとする。

子どもたちは、この質問について考えるのに必要な背景知識を備えているだろうか。1773年当時の植民地と英国王室の関係について何を知っているだろうか。紅茶の社会的、経済的な重要性を理解しているだろうか。

背景知識が不足しているとしたら、教師の質問はたちまち〝退屈〟なものとなってしまう。

問題に取り組むための背景知識が不足しているなら、子どもがその知識を身につけてからその質問をするほうがよい。

ワーキングメモリの限界も同じように重要な要素である。人間が一度に頭に留めておける情報の量は非常に限られている。それは、円盤と棒の問題の茶会バージョンについて考えたときに経験したとおりだ。

ワーキングメモリに負担がかかりすぎるのは、指示が入り組んでいて、関連性のない事実が羅列され、いくつもの論理が連鎖していて、（概念が非常に単純でなくても）学習したばかりの概念を新しい事柄に適用しなければならないためだ。

だから、ワーキングメモリの負担を軽減するための対応策は単純だ。速度を落とし、黒板のような記憶を助ける手段を用いればよい。板書すれば、子どもはワーキングメモリの負担を軽減することができる。

解くべき問題を分類する

問題を子どもにとって興味がもてるものにするにはどうすればよいだろうか。

一般的な方法は、題材と子どもの「関連づけ」を試みることである。この方法は功を奏することもあるが、題材によっては適用が難しいこともある。

その要因の一つは、クラスにはさまざまな子どもがいることである。フットボールのファンが二人、人形好きな子が一人、自動車レースのファンが一人、乗馬の選手が一人といった具合だ。容易に想像がつくだろう。歴史の授業の中で有名な歌手の話をすれば教室で笑いが起きるかもしれないが、それ以上の効果はない。

ここまで強調してきたように、好奇心に火がつくのは解けそうな問題を出題されたときなのである。

では、子どもの興味を引き、答えを知りたいと思わせるのはどんな質問だろうか。学業の捉えかたとして、一連の「答え」として見るのも一つの方法である。

教師はボイルの法則、アメリカの南北戦争の三つの原因、ポーの大鴉《おおがらす》が「ネヴァーモアー（もう二度とない）」と言いつづける理由を子どもに理解してほしいと考えているとしよう。私はときどき、教師が急いで答えにたどりつこうとするあまり、質問を十分に考えていないのではないかと思うことがある。

人の興味を引くのは〝問い〟なのだ。答えだけを聞いても、役には立たない。

おわかりかもしれないが、本書を認知心理学の原理を中心として構成するという方法もあった。しかし私が教師の興味を引きそうな〝問い〟を中心として本書を構成したのもそういう意味がある。

授業の計画を立てるとき、教師は最終的に子どもに知ってほしい内容を最初に考える。その次に、その授業の鍵となる質問と、その質問を組み立てる方法を考える。このとき、子どもの興味を引きやすい難易度にし、子どもの認知の限界を尊重するように配慮することが重要だ。

子どもを面食らわせるタイミングを考慮する

教師はしばしば、子どもを授業に引き込むために、子どもが興味をもちそうな問題を出したり（たとえば、「なぜ通学を義務づける法律があるのか」という問いかけにより、法律が可決される過程を紹介することができる）、子どもが驚きそうな事実を示したり、実演をしたりする。

どの場合も、目的は子どもを面食らわせ、興味をもたせることである。これは有益な方法だが、授業の最初だけでなく、基本的な概念を学んだ後にもこれらの戦略を利用できるかどうか検討してみる価値がある。

たとえば、昔ながらの理科の実演には、牛乳瓶の中で紙片を燃やして、牛乳瓶の口にゆで卵を置くというものがある。火が消えると、卵は瓶の中に吸い込まれる。子どもは必ず驚くが、理解し背後にある原理を知らなければ、手品を見ているのと同じだ。一時的には興奮するが、理解しようという興味は長続きしないだろう。

それに代わる戦略は、「空気は温めると膨張し、冷やすと収縮して、真空を作ることができる」ということを子どもが学んだ後に、実演を行うことである。適切な背景知識を得る前なら子どもを面食らわせたであろう事実や実演は、一時的には子どもを面食らわせるとしても、その後は問題を解く喜びをもたらす。瓶に入る卵のトリックのような見せ場をどこで使うかという点については、検討する価値がある。

子どもの習熟度の違いを受け入れ、それに対応する

どの子どもも等しい習熟度で新しいクラスに入ってくると決めつけるのは思慮が足りないと言わざるを得ない（これは第8章で述べる）。子どもの習熟度はそれぞれ異なり、家庭で得られるサポートの程度も異なるため、能力にも違いがある。

だが、もしそのとおりであるなら、そして、この章で私が述べたことが正しければ、すべての子どもに同じ課題を与えた場合の失敗は目に見えている。

能力の低い子どもは課題が難しすぎると感じ、学業を放棄してしまいたい誘惑と戦うことになるだろう。だから、可能な範囲で個人や子どものグループに現在の能力に応じた課題を与えるのは賢明だといえる。当然、そのために教師は、子どもができるだけほかの子より遅れてい

ると感じなくて済むように配慮しようとする。

しかし、実際には彼らはほかの子どもより遅れていて、能力以上の課題を与えても追いつくための助けにはならず、遅れを増長することになりかねない。

速度を変える

子どもの注意がそれるのは避けられないことだ。この章で述べたように、そうなるのは子どもが話についてこられなくなったときだろう。子どもは別のことを考えはじめてしまう。

さいわい、子どもの注意を取り戻すのはそれほど難しくない。ご存知のとおり、変化を与えることで注意を引くことができる。教室の外で大きな音がすると、全員が窓のほうを向く。話題を変えたり新しい活動をはじめたりして、ギヤを変えていることを示すと、ほとんど全員の注意が再び自分に向けられ、新たに子どもに興味をもたせることができる。

変化をどう取り入れるかを計画し、クラスの様子を観察して、より頻繁に変化を取り入れるべきか、減らしてもよいかを確認するとよいだろう。

日記をつける

この章のポイントは、問題を解くことで人は喜びを感じるが、問題は解けないほど難しくなく、それなりに頭を使う程度には難しくなければならないというものである。この難しさの加減をつかむのは容易ではない。授業での経験から学ぶしかない。

成果があれば採用し、成果がなければ破棄する。しかし、授業計画の成果を1年後も本当に覚えていると考えてはならない。授業が大成功でも大失敗でも、その時点では決して忘れないと思っているが、記憶というのは驚くほどあてにならないものなので、書き留めておくことをおすすめする。子どもに課した問題の難易度を正確に測定し、付箋に走り書きするだけでもいいので、成果を記録し、これを習慣化できるようにする。

正しく考えるのに役立つ一つの要素は、長期記憶に保持された情報の量と質である。第2章では、背景知識の重要性、つまり効果的な思考にとって背景知識がそれほど重要なのはなぜかについて詳しく述べる。

注

*これをより雄弁に語っているのは、十八世紀のイギリスの画家、ジョシュア・レノルズの「人が思考という骨の折れる仕事を避けるために利用しない方法はない」という言葉である。

†解けなかった人のために、正解を示しておく。見てわかるように、円盤にはA、B、C、棒には1、2、3とマークしてある。正解はA3、B2、A2、C3、A1、B3、A3である。

第2章

テストでは事実だけを求められるのに、どうすれば子どもに技能を身につけさせられるのか？

Question

事実についての学習に関してはさんざん書かれており、大部分が否定的な内容である。子どもに意味のわからない事柄を暗記させる偏狭な教師はアメリカの教育界のステレオタイプになっているが、これは新しくもアメリカ特有のものでもない。1954年に出版されたチャールズ・ディケンズの『ハード・タイムズ』にも登場する。

教育の説明責任が重要視され、標準テストが普及するにつれて、事実の学習に関する懸念がこの10年で拡大している。標準テストでは子どもが分析し、総合的に考え、批評する機会がほとんど与えられず、代わりにばらばらの事実を意味もわからず丸暗記することが求められているのも確かだ。

多くの教師が、標準テストの準備のために、技能を身につけさせる時間が削られていると感じている。事実を学ぶことはどの程度役に立つのか、役に立たないのか。

Answer

意味もわからず事実を暗記させることでは子どもの能力を強化できない。それは確かだ。また、事実的な知識がない状態で分析したり、総合的に考えたりする技能を子どもに身につけさせることが不可能なのも（あまり評価されることはないが）事実である。

認知科学の研究によると、教師が子どもに求める技能——分析したり、批判的に考えたりする能力など——を習得するには幅広い事実的な知識が要求される。

この章の核となる認知的原理は次のとおりである。

Principle

技能より先に事実的な知識が必要

つまり、できれば技能と関連づけて、また、できれば就学前に事実を教える必要がある。

現在は、科学の教育というものがばらばらの事実や意味のわからない公式をただ詰め込むだけになりはて、理解を促すことなく記憶に負担をかけていて、大きな危険がある。

――J・D・エヴェレット、1873年著

私が大学1年生のときのことだ。廊下の先にいた男がアインシュタインのポスターをもっていて、そこには才気あふれるボサボサ頭の物理学者の顔と彼の言葉「想像力は知識よりも重要だ」があった。理由はわからないが、これは非常に深いと思った。成績が悪かったときの両親への言い訳を考えていたのかもしれない。「確かにC評価ばかりだったけど、僕には想像力があるんだ。アインシュタインによると……」云々。

約30年後、教師たちは違った理由で「知識」に警戒し、うんざりしている。教育における国家的な合言葉は〝成績責任〟、要するに州統一学力テストである。ほとんどの州で行われるこれらのテストは選択式の問題に重点が置かれ、短絡的に事実を思い出させるのが普通だ。以下に、私の故郷のヴァージニア州で行われた中学2年生のテストの問題を二つ示す。一つは理科のテスト、もう一つは歴史のテストである。

有機体の特徴の大部分が共通しているのは、次のどの分類グループか。

A 界
B 属
C 門
D 種

19世紀後半にアメリカに移住して来て、鉄道の建設に貢献したのは次のどの移民グループか。

A　ドイツ人
B　中国人
C　ポーランド人
D　ハイチ人

教師や親や子どもはよく、これらの多くの質問に答えられるからといって、理科や歴史を本当に〝知って〟いることにはならないと言うが、その理由は容易に想像ができる。教師が子どもに望むのは考えることであり、単に記憶することではない。批判的に考えている人を見れば、その人が賢く、教養があると考える。脈絡もなく事実だけを列挙していれば、知識をひけらかしたいだけのつまらない人だと考える。

とはいえ、事実的な知識が必要だということに誰も異議を唱えない場合もある。話し手が馴染みのない言葉を使用すれば、その人の言おうとしていることを理解できないこともあるだろう。

たとえば、友人から「あなたの娘さんが〝イェグ（強盗）〟と付き合っているみたい」という内容のメールが送られてきたとすると、あなたはその言葉の意味を知りたいと思うだろう（図1）。また、すべての言葉を知っていても、言葉同士をつなぎ合わせて意味の通るものにす

図１：あなたの娘さんが「イェグ」と付き合っていると人から言われた場合、その言葉の意味が「ハンサムな男性」なのか、「無精者」なのか、「強盗」なのか知りたいと思うだろう。

るための概念的な知識が欠けているかもしれない。

たとえば、科学雑誌Scienceの最近の号に「海洋有機炭素の崩壊と保存のための物理学的モデル」という論文が掲載されたのだが、それぞれの単語の意味はわかっても、有機炭素のことをよく知らないので、なぜ崩壊と保存が重要なのか、なぜモデル化するのかが私には理解できない。

理解するために背景知識が必要なことは、少なくともこれまで説明してきたように明らかだろう。この考えかたを要約するには〝think（考える）〟という言葉が他動詞である

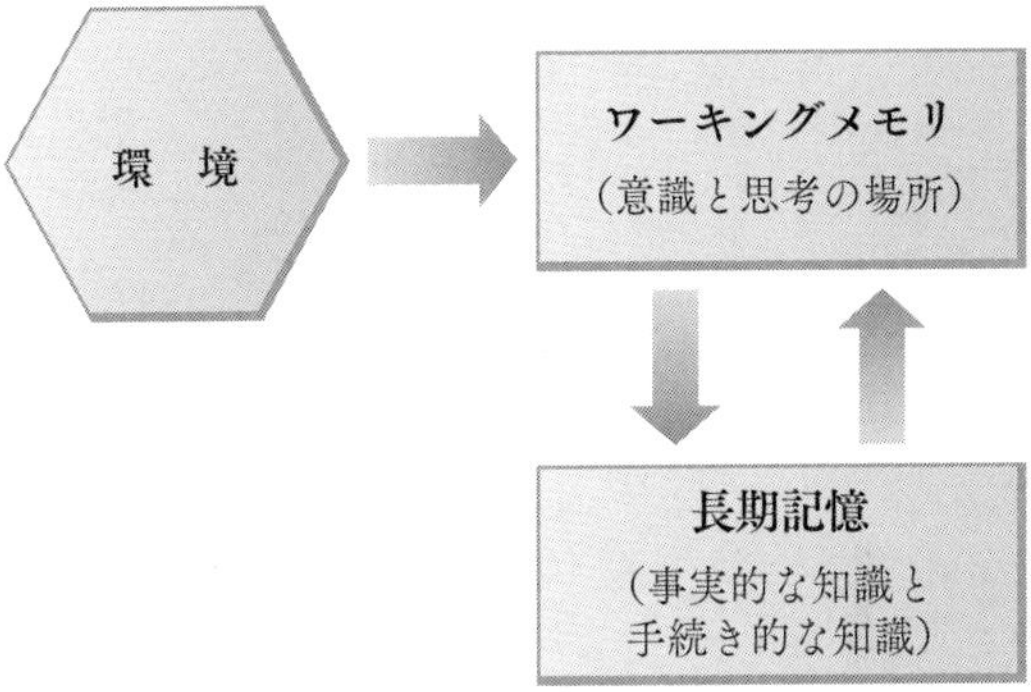

図２：単純化した頭脳の図

ことに注目すればよい。考えるための〝対象〟が必要である。

しかし、こう反論することもできる。「いつでも調べられるのだから、この情報を記憶しておく必要はない」。

その議論はよく耳にしてきた。第1章に示した頭脳の図を思い出してほしい（図2）。

私は〝思考〟という言葉を「新しい方法で情報を結合すること」だと言った。情報は長期記憶――記憶した事実――または環境から取得される。

今日《こんにち》の世界では、何かを記憶しておかなければならない理由はあるのだろうか。必要となる事実的な情報は、「イェグ」の定義を含めて、数秒あればインターネットで調べられる。また、変化が激しいため、苦労して暗記しても、その情報の半分は5年もすれば古くなってしまう。あるいは、そのように言われている。

議論に関しても同様だ。事実を学ぶ代わりに、批判的思考を練習することが大事、つまり情報のごく一部を苦労して記憶しようとするよりも、インターネットで手に入るすべての情報を〝評価する〟活動を子どもにさせるほうが大事ではないかということだ。

この章では、この議論が間違いであることを示したい。

過去30年の研究結果により「よく考えるには知識が必要である」という科学的に否定できない結論が導きだされている。そして、それが事実であるのは「考える対象が必要だから」という理由だけではない。教師がもっとも関心を払う過程――論理的に考える、問題を解くといった批判的思考過程――そのものが、(環境から取得するものだけでなく)長期記憶に保持された事実的な知識と密接に結びついているからでもある。

思考過程を知識と結びつけることは、多くの人にとって簡単ではない。一般的には、思考過程は計算機の機能と同じだと考えられている(図3)。

計算機は数字を操作するための一連の手続き(加算、乗算など)を備えていて、任意の数字の組み合わせに対してこれらの手続きを適用することができる。データ(数字)と、そのデータを操作するための処理は分離されているのだ。

図3：計算機はどのデータに対しても同じ機能を実行することができる。脳はそのようには働かない。

そのため、新しい思考の処理（史料を批判的に分析する方法など）を学んだとすれば、その処理がすべての史料に適用できなければならない。sin（正接）の計算に対応した高性能の計算機であれば、すべての数字に対してこれが計算できるのと同様だ。

しかし、人間の頭はそのように働かない。私たちが、たとえば第二次世界大戦の勃発について批判的に考えることを学んだとしても、チェスの対局や中東における現在の情勢、アメリカ革命戦争の勃発についても批判的に考えられるというわけではない。

批判的思考の過程は背景知識と結びついているのだ（ただし、第6章で述べるように、経験を重ねると、背景知識との結びつきははるかに弱まる）。認知科学におけるこの研究の結論は明快で、子どもには批判的思考の技能を使う練習と並行して、背景知識を習得させる必要がある。

この章では、思考の技能と知識が結びついていることを認知科学者が知るに至った経緯を説明しよう。

読解には知識が不可欠

背景知識はほかの人が話していることや書いたことを理解するための助けになる。前のセクションで例示したように、言葉（イェグなど）や概念（海洋有機炭素など）が長期記憶になければ、話が理解できない。定義よりも背景知識のほうが必要度が高い。

一つの文に二つの概念（AとB）が含まれているとする。知らない言葉がなく、AとBを理解していても、背景知識がないと文を理解できないことがある。小説で次の文を読んだとしよう。

「ボスがディナーに来るときに、新しいバーベキューを試してみようとは思わないよ」とマークは大声で言った。

ここでは、概念Aはマークが新しいバーベキュー（ここではバーベキュー用グリルの意味）を試すこと、概念Bはボスがディナーに来るときに彼がAをするつもりがないこととなる。

この文を理解するには、AとBの関係を理解する必要があるが、ここにはAとBを結びつけるのに役立つ二つの情報、つまり新しい電気器具をはじめて使用するときは失敗しやすいという情報と、マークはボスに良い印象を与えたがっているという情報が記されていない。

これらの情報も記載すれば、マークが新しいバーベキュー用グリルをはじめて使用して料理を台なしにすることを心配していて、ボスに提供する料理がそんなことになるのを望んでいないことが理解しやすくなる。

読解には、概念を個別に理解するだけではなく、一節の中でいくつかの概念を結合する必要がある。また、文章には〝欠落部〟――多くの欠落部――が含まれ、書き手は概念の論理的な流れを理解するために必要な情報を省略するものなのだ。

書き手は読み手が欠落部を埋める知識を備えていることを前提としている。先ほどの例では、書き手は読み手が新しい電気器具とボスに関する事情を知っていることを前提としていた。

書き手はなぜ欠落部を残すのだろうか。読み手が適切な背景知識を備えていないせいで、話が理解できなくなるという危険があるのではないだろうか。

その危険はあるが、事実の細部をすべて盛り込むことはできない。そんなことをしていたら、極端に長く、つまらないものになってしまう。

次のような文を読まされたらどうだろう。

「ボスがディナーに来るときに、新しいバーベキューを試してみようとは思わないよ」マークは大声で言った。そして、付け加えた。「はっきりさせておくと、〝ボス〟っていうのは、直属の上司のことだよ。会社の社長や中間の管理者のことじゃない。それから、〝ディナー〟というのは、アメリカの一部で使われるような「昼食」の意味じゃなくて、この地域で使われている意味だ。それに、この〝バーベキュー〟は、正確な言い方じゃない。ここで言っているのはバーベキュー用のグリルのことだし、普通は弱火であぶることを言うんだけど、僕は強火で調理しようとしているんだからね。とにかく、僕がいちばん気にしているのはもちろん、このバーベキュー、つまりグリルを使い慣れていないせいで、料理が台なしになるんじゃないかということと、ボスに良い印象を与えられるかってことなんだ」

みなさんも、こういうしゃべりかたをする人を知っている（そして、避けようとする）が、

図４：「何をしてるの？」と尋ねられたら、この女性はなんと答えるだろうか。答えは、尋ねた相手によって変わる。

そういう人は多くはないだろう。書き手も話し手も一部の情報を省略することを好むものだ。

では、書き手（と話し手）は省略する内容をどう決めているのだろうか。

それは、誰に向けて書いている（または話している）かによって変わる。図4を見てほしい。この女性は「何をしてるの？」と尋ねられたら、どう答えるだろうか。

尋ねたのが二歳児なら、「きかいで　じを　かいてるのよ」と答えるだろう。だが、大人に対してそう答えたらおかしいだろう。なぜだろうか。大人なら字を書いていることくらいは当然わかっているはずだと考えるからだ。この場合のふさわしい答えは、「用紙に記入しています」というものかもしれない。

つまり、相手が何を知っているかを判断し、問題なく除外できることと説明する必要があることを決定して、提供する情報の量（や種類）を加減しながら、答えを調節する。[*]背景知識が不足していると、どうなるだろうか。次の文を読んでみよう。

彼は湖畔に別荘をもっていると言った。私はその言葉を信じていた。水辺からの距離は満潮時でわずか40フィートだと聞くまでは。

あなたが私と同じなら、意味がよくわからないだろう。私がこの一節を読んだ後、義理の母が湖には干満の差はほとんどないのだと説明してくれた。私には書き手が想定していた背景知識が欠けていたため、この一節が理解できなかったのだ。

すなわち、語彙という形での背景知識は、一つの概念（A）を理解するためだけでなく、二つの概念（AとB）のつながりを理解するためにも必要となる。状況が違っても、書き手は複数の概念（A、B、C、D、E、F）を同時に示し、読み手がそれらをつなぎ合わせて、全体として一貫性のあるものにすることを期待する。メルヴィルの『白鯨』の第三十五章から取った次の文を見てみよう。

さて、スリート船長がその「烏の巣」の便利さについて、小さなことまでこれほど事こ

まかに述べる労を惜しまなかったのは、愛情の仕業であること明らかであるが、しかし——彼があれほどその便益について滔々《とうとう》と述べたて、さらにまたこの鳥の巣でなされた科学実験、たとえば彼がそこへ小羅針盤をもって上がって、あらゆる羅針盤の磁石の「偏向」から来る誤差（それは船の甲板上には羅針盤と同水平に多くの鉄具《かなぐ》があること、また「氷河《グレーシア》」号の場合には、おそらく水夫中に鍛冶屋《かじや》くずれが多かったことのために生じたものであろう）を訂正したというようなことをきわめて専門的に語っているけれども、それはなるほど同船長はこの場合はなはだ思慮周密、科学精神に富んではおられるけれども、しかしその博学精緻《せいち》な「羅針の偏向」「方位羅針観測」「近似誤差」等々の名論卓説にもかかわらず、その鳥の巣の片側のすぐ手のとどくところに程よく置かれた、あのたっぷりと詰めこんだ小さな角壜に、ときあって誘惑を感じることがなかったとは——それほどその深遠な磁石探求に没頭していたとは言いにくいことを、スリート船長ご自身、よくご承知のはずである。

この文は、なぜこれほど難解なのだろうか。

容量の問題だ。多くの情報が書き込まれ、しかもそれが一文に詰め込まれているため、すべてを頭に一度保持し、相互に関連づけようと努める。しかし、情報量が多すぎて、同時にすべてを頭に保持しておくことはできない。第1章の用語を使用するなら、ワーキングメモリに十分な容量がない。

だが場合によっては、背景知識がこの問題の役に立つかもしれない。なぜだろうか。その理由を理解するため、一つの実験をしてみよう。次の文字のリストを一回だけ見てから隠し、いくつ思い出せるか確認する。

XCN
NPH
DFB
ICI
ANC
AAX

いくつ思い出せただろうか。普通の人なら7個ぐらいだろう。では、次のリストで同じことをしてみよう。

X
CNN
PHD
FBI
CIA
NCAA
X

この二番目のリストでは最初よりも多くの文字を正しく思い出せたのではないだろうか。最初のものより容易だったのは、これらの文字が馴染みのある頭文字だからであることにもお気づきだろう。

しかし、最初のリストと二番目のリストの文字と並び順が同じだったことに気づいただろうか。二番目のリストでは頭文字がより明確になるように、区切りかたを変えただけだ。

これがワーキングメモリの仕事だ。

第1章で、ワーキングメモリは情報を結合して操作する頭脳の機能で、意識とほぼ同義であると述べたことを思いだしてほしい。ワーキングメモリは容量が限られているため、最初のリストのすべてを保持しておくことはできない。

しかし、二番目のリストでは保持しておくことができる。なぜだろうか。

それは、ワーキングメモリの容量に関係するのが、文字数ではなく意味のある対象の数だからである。7個の個別の文字を記憶できるなら、7個（程度）の意味のある頭文字や単語を記憶することができる。F、B、Iの文字は一つに組み合わされて意味をなすため、一つの対象としてカウントされる。

環境から取得した個々の情報を結びつける現象を〝チャンク化〟という。この利点は明確で、チャンク化できれば、より多くの内容をワーキングメモリに保持することができる。ただし肝心なのは、チャンク化が機能するのは、長期記憶に適切な事実的な知識が保持されている場合のみであるという点である。

つまり、〝CNN〟という語が意味をなすのは、CNNが何かを知っている場合だけだ。最初のリストでは、3文字のグループの一つに〝ICI〟というものがあった。フランス語がわかる人ならば、このグループをチャンクとして扱ったかもしれない。ici はフランス語で「ここ」を表す言葉だからだ。長期記憶にフランス語の語彙が保持されていなければ、〝ICI〟をチャンクとして扱うことはないだろう。

この基本的な影響──背景知識に基づいてワーキングメモリ内で物事をグループ化すること──は文字に対してだけ機能するのではない。何に対しても機能する。たとえば、ブリッジのプレイヤーはカードの手に対して利用し、ダンスの上級者はダンスの動きに利用することができる。

つまり、長期記憶の事実的な知識を使用するとチャンク化が可能になり、チャンク化を行うとワーキングメモリの空き容量が増える。

ではチャンク化の能力は読解力とどう関係しているのだろうか。先ほど述べたように、概念A、B、C、D、E、Fを読んだ場合に、意味を理解するにはそれぞれを関連づける必要がある。ワーキングメモリは保持すべき事柄でいっぱいになってしまうからだ。

しかし、AからEまでを一つの概念にチャンク化できるとしたらどうだろうか。理解はずっと容易になるのではないだろうか。

例として、次の一節を考えてみよう。

アッシュバーンの打ったゴロはショートのワーツに捕らえられ、二塁のダークに送球された。ダークはベースを踏んで一塁から走り出したクレミンをフォースアウトにすると、一塁手のアンダーソンに送球した。アッシュバーンは送球に間に合わなかった。

あなたが私と同じなら、この一節は理解するのが難しいだろう。多くの動きがあり、結びつけるのが難しい。しかし、野球に詳しい人にとっては、CNNの例と同様に馴染みのあるパターンだ。そう、これはダブルプレーを説明した文だ。

多くの研究によって示されていることだが、読んだ内容をよく理解できるのは、テーマに関する背景知識がある場合である。

その理由の一つはチャンク化である。この点に関して、中学生を対象としたある独創的な研究が行われた。その研究（標準読解テスト）によると、半数は読解が得意な子どもで、半数は読解が苦手な子どもだった。

研究者は子どもに、野球の試合の半イニングを説明した文章を読むよう指示した。読みながら、子どもは定期的にとめられ、野球場や選手のモデルを使用して、理解した話の内容を説明するよう求められた。

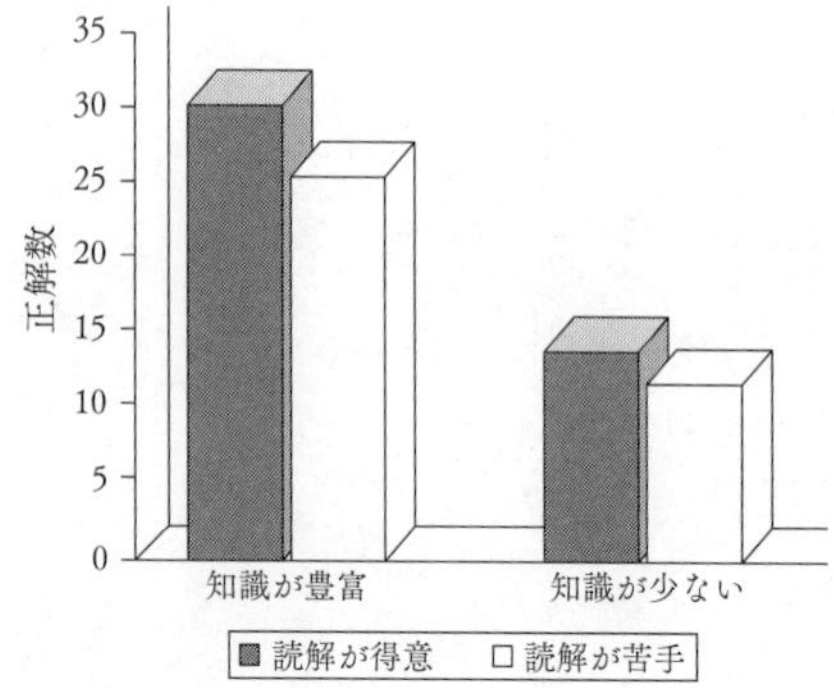

図5：読解テストの結果。予想どおり、読解が得意な生徒（網かけ部分）は苦手な生徒（網かけなし部分）よりも理解力が高かったが、この効力は知識の効力に比べてわずかだ。標準読解テストで測定されたように、読解の得意不得意に関係なく、野球についてよく知っている生徒（左側の列）はよく知らない生徒よりも、ずっとよくこの一節を理解することができた。

この研究の興味深い点は、一部の子どもは野球をよく知っていて、ほかの子どもはあまり知らないことだった。（研究者は全員が個々の動作、たとえば選手が二塁打を打つとどうなるかなどを理解できることを確認している。）この調査で印象的だったのは、図5に示すように、話の理解度が子どもの野球に関する知識によって決まることである。読解が得意か苦手かということは、野球に関する知識ほどには重要でなかった。

つまり、背景知識によりチャンク化が可能になり、チャンク化によってワーキングメモリの空き容量が増加し、それによって概念同士を関連づけることが容易になり、理解も容易になる。

また、背景知識があれば細部まで明確にわかるが、なければ曖昧になり、話がよくわからなくなる。この効果を説明するある実験がある。この実験では被験者は次の一節を読んでいる。

実際、手順はとてもシンプルです。まず、ものをグループごとに分けます。もちろん、作業の量によっては一つのグループで十分なこともあります。設備が不十分なために別の場所へ行かなければならない場合、それが次の手順となります。そうでなければ、準備は完了です。やりすぎないことが大事です。一度にすることは多すぎるよりも、少なすぎるほうがいいのです。

この一節はこんな調子で、曖昧にだらだらと続いているため、非常にわかりにくいものになっている。読む側の語彙が不足しているわけではない。それよりも、全体が非常に曖昧に見える。驚くまでもなく、被験者は後から尋ねられたときに、このパラグラフの大部分を思い出すことができなかった。

しかし、最初にこの一節のタイトルが「衣服の洗濯」であると聞かされていた場合は、ずっと多くの内容を思い出すことができた。タイトルがわかった状態で、もう一度この一節を見てみよう。タイトルがわかれば、関連する背景知識がわかり、その知識に基づいて曖昧さを解消することができる。

たとえば、「ものをグループごとに分けます」は暗い色のもの、明るい色のもの、白いものに分けることと解釈できる。

この実験からわかるように、私たちは新しい情報に単独で取り込むわけではない。そのテーマに関してすでに知っている情報を踏まえて、はじめて読む内容を解釈する。この場合、「衣服の洗濯」というタイトルからこの一節を理解するために必要な背景知識がわかる。

当然、普段私たちが読む内容の大部分はそれほど曖昧ではなく、普通は関連する背景知識がわかる。そのため、曖昧な文を読むときに、自由自在に背景知識を利用して解釈し、曖昧さがあることにすら気づかないだろう。

私は、読解力にとって背景知識が重要になる要素として、次の四つを挙げている。

①語彙を提供してくれること
②書き手が残す論理的なギャップを埋めてくれること
③チャンク化が可能となるため、ワーキングメモリの余裕が増え、概念同士を結びつけるのが容易になること

④曖昧な文の解釈を誘導してくれること

実は背景知識が読解を助けてくれる要素はほかにもあるが、代表的なのはこの四つである。この現象――知識が読解力を高めること――が一部では〝4年生のスランプ〟の一つの要因であると考えられていることは注目に値するだろう。

この用語はあまり馴染みがないかもしれないが、恵まれない家庭で育てられている子どもは、3年生のうちは学年相当の読解力があっても、4年生になると突然読解力が落ち、その後もどんどん低下していく現象を指している。

つまり、こういうことだ。

3年生での読解の指導は主に解読――印刷された記号に基づいて単語の発音を解明すること――に重点が置かれるため、読解のテストではそこに重点が置かれる。4年生が近づくまでには、ほとんどの子どもは解読が上手になっているため、読解力テストの重点は〝理解〟に移っていく。

いま述べたように、理解の程度は背景知識によって決まり、恵まれた家庭で育てられている子どもはこの部分で有利になる。そのような子どもは恵まれない子どもに比べて、多くの語彙と世の中に関する知識をもって学校に来る。そして、次のセクションで述べるように、知識が多いほど新しいことを学ぶのが容易になるため、恵まれた子どもと恵まれない子どものギャップは広がっていくのだ。

認知的技能には背景知識が必要

背景知識は読解力を高めるのに役立つが、それだけではなく、よりよく考えられるようになるために必要でもある。子どもにもっとも身につけさせたい能力——批判的かつ論理的に考えること——は背景知識なしでは獲得できない。

まず知っておくべきことは、論理的思考に集中している時間のほとんどは、実際には記憶の取り出しに集中しているということである。第1章で述べたように、記憶は最初に拠り所とする認知的過程である。問題を与えられたとき、最初に記憶の中から答えを探し、見つかれば、それを使用する可能性が高い。そうするのは簡単で効果的でもあるだろう。問題の答えはおそらく覚えている。前回、うまくいかなかったからではなく、効果があったからだ。

この効果を実感するため、図6に示すような、関連する背景知識を持ちあわせていない問題に挑戦してみてほしい。

図6に示す問題は、見た目よりも難しい。実際、大学生の正解率はわずか15~20%程度であ

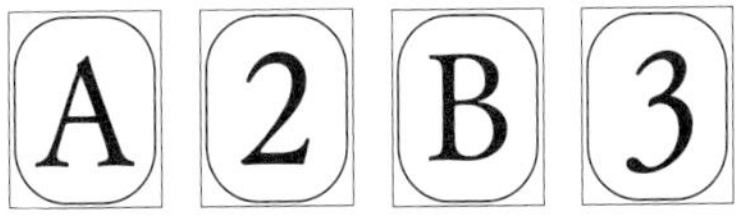

図6：それぞれのカードの表側には文字、裏側には数字が書かれている。ルールは、表側が母音であればその裏側が偶数でなければならないというものだ。ここで、この4枚のカードについて、このルールが守られているかどうかを確認することがあなたの仕事であり、そのとき、できるだけ裏返す回数を少なくする必要がある。どのカードを裏返せばよいか。

る。

正解はAのカードを裏返し、3のカードを裏返す。ほとんどの人がAはわかる。裏側に偶数の数字がなければ、ルールが守られていないことは明らかだ。多くの人は、2のカードを裏返さなければならないと早合点する。しかし、偶数のカードの裏側が何でなければならないかというルールはない。3のカードは裏返す必要がある。裏側が母音だとすると、ルールが守られていないことになるからだ。

次に、図7に示す別のバージョンの問題を見てみよう。多くの人にとって、この問題は比較的やさしい。（この客が21歳以上であることを確認するため）ビールのカードを裏返し、（この少年がビールを飲んでいないことを確認するため）17のカードを裏返す。ただ、論理的に17のカードは前バージョンの問題での3のカードと同じ役割をもっていて、誰もが見逃したのは3のカードだった。

図7：あなたがバーの警備員だとする。それぞれのカードは客を表し、表側にはその人の年齢、裏側には飲み物が書かれている。ルールは、ビールを飲んでいる場合、21歳以上でなければならないというものだ。ここで、この4人について、このルールが守られているかどうかを確認することがあなたの仕事であり、そのとき、できるだけ裏返す回数を少なくする必要がある。どのカードを裏返せばよいか。

こちらの問題のほうがずっと簡単なのはなぜだろうか。

（唯一ではないが）理由の一つは、馴染みのあるテーマだからだ。飲酒の年齢については背景知識があり、そのルールの適用に何が関わっているか知っている。そのため、論理的に考えなければならないというよりは、どうすればよいかを思い出すのだ。

実際、問題を解くときには想像以上に記憶を利用している頻度が高い。たとえば、世界最高レベルのチェスプレイヤー同士の差は、その大部分がゲームについて論理的に考えたり最適な駒の動きを考えたりする能力ではなく、むしろゲームの配置をどれだけ記憶しているかであるといわれている。

このことを示す主な研究結果を見てみよう。

チェスの対局は持ち時間に制限があり、各プレイヤーは1時間で動きを終えなければならない。ブリッツ・

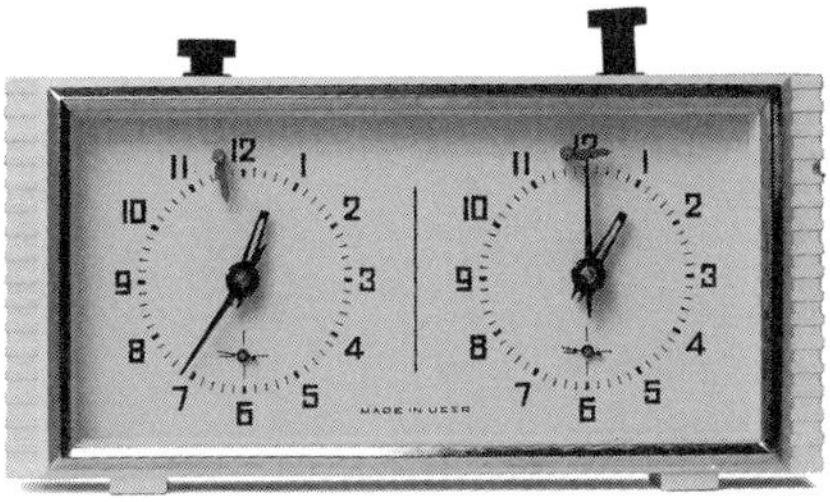

図8：チェスの対局の時間を測定する機械。それぞれの時計の黒い針は残りの分数をカウントダウンする。プレイヤーは一手を指すたびに自分側の時計の上部についたボタンを押す。これにより、自分の時計が止まり、相手側の時計が再び動き出す。各プレイヤーはそれぞれの時計で同じ持ち時間（ブリッツ・トーナメントではわずか5分）、つまりゲームのすべての手に使うことができる合計時間を設定する。各時計の12の近くにあるフラッグは、黒い針が12に近づくと針によって横向きにずらされる。フラッグが落ちると、持ち時間を超過したことになり、そのプレイヤーは試合を放棄したことになる。

トーナメントと呼ばれる早指しの大会もあり、ここではプレイヤーはすべての手を5分以内に決めなければならない（図8）。

ブリッツ・トーナメントでは手がある程度雑になるが、これは驚くことではない。驚くのは、最高のプレイヤーはブリッツ・トーナメントでも最高のプレイをし、最高に近いプレイヤーは最高に近いプレイをする、ということだ。[†]

この研究結果が示すのは、最高のプレイヤーがほかのプレイヤーよりも突出している要因が何であれ、それはブリッツ・トーナメントでも失われておらず、その優位性は多くの時間を要する思考プロセスによるものではない。もしそうであるなら、ブリッツ・トーランメントでは優位に立てないからだ。

つまり、この最高のプレイヤー間で差を生むのは〝記憶〟なのだ。

トーナメント・レベルのチェスプレイヤーは手を選択するとき、ゲームの状況を見極めるために、ボードのもっとも重要な部分と、自分と相手の防衛上の弱点がどこにあるかを判断する。この処理にはプレイヤーが同様のボードの配置を記憶していることが重要である。これは記憶の処理であるため、ごく短時間で終わる。数秒程度だろう。

この判断により、手の選択肢を大幅に絞り込むことができる。ここではじめて、プレイヤーは時間のかかる論理的思考の処理に移り、いくつかの手の候補の中から最良のものを選択する。

トップ・プレイヤーがブリッツ・トーナメントでも優秀な成績を収めることができるのはそのためだ。大変な処理の大部分は、ほとんど時間を必要としない記憶によって行われる。

このような研究に基づき、心理学者はトップレベルのチェスのプレイヤーは5万通りのボードの配置を長期記憶に保持しているだろうと見積もっている。

そのため、典型的な論理的思考のゲームと考えられるチェスにおいても、背景知識が必要なことは明白である。とは言っても、どんな問題でも過去に見たケースと比較すれば解けるということではない。

当然、論理的に考えることもあるが、そういう場合でさえ、背景知識は役に立つ。

この章では、チャンク化について述べた。つまり、ばらばらの項目を一つの単位として考える（たとえば、C、N、NがCNNになる）ことにより、ワーキングメモリに余裕をもたせることができる処理のことだ。

特に文章を読んでいるときには、チャンク化によって確保される余分な空き容量を利用して、文の意味を相互に関連づけられることを強調してきた。この空き容量は論理的思考を行うときにも役に立つものである。一つ例を示そう。

あなたの友人に、人のキッチンに入って、（それがどんなキッチンでも、）ありあわせの食材からあっという間にすばらしい料理を作ってしまう人がいないだろうか。

実は、その友人が食料品の棚を見るとき、見えているのは材料ではなく、レシピなのだ。彼女は食材と料理に関する豊富な背景知識を利用している。図9の食料庫を見るとイメージが湧きやすいだろう。

料理の上手な人はその背景知識により、ここから多くのレシピが浮かぶ。米とクランベリー

図９：友人の家にいて、鶏肉とありあわせの食材で夕食を作ってほしいと頼まれたとする。あなたならどうするだろうか。

の詰め物をしたロースト・チキン、チキンのサルサソース添えパスタなどだ。必要な材料がワーキングメモリ内でチャンク化されるため、残ったワーキングメモリでこの料理に添える別の料理や、料理の手続きを考えはじめることができる。

チャンク化は学校の教室にも適用できる。

たとえば、代数を学習している二人の子どもを考えてみよう。一人は分配の法則を十分に習得できていないが、もう一人は完全にマスターしている。一人目の子どもは問題を解こうとして a(b+c) を見たとき、それが ab+c、b+ac、ab+ac のどれと同じなのか、すぐにはわからない。そのため、問題を解くのを中断し、小さな数を a(b+c) に代入して、正しく理解しようとする。

二人目の子どもは a(b+c) をチャンクとして認識しているため、作業を中断し、問題を分解して考えるた

図10：科学者は「科学者のように考える」ことが得意だが、そのためには思考戦略を知って練習するだけでなく、その思考戦略を利用するための背景知識を習得することも必要である。これが、著名な地質学者のH.H. リードが「最高の地質学者はもっとも多くの石を見た者だ」と言った理由だろう。

めにワーキングメモリを占有する必要がない。二人目の子どものほうが問題を正確に解けそうなことは明らかだ。

知識と思考について最後に一つ言及しておきたい。それは、ある分野の熟達者が、その分野について考える過程で行っていることの大部分は、言い方は違っても、背景知識を必要とするものだということである。

理科を例として考えてみよう。科学者がどのような思考をしているのか、子どもたちに伝え、そのアドバイスを記憶することができるとする。たとえば、科学者は実験結果を解釈するときに、予測していなかった結果に特に関心をもつと子どもに伝える。予測していなかった結果というのは、その科学者の知識が不完全で、この実験に新しい知識の種が隠れていることを示す。

ただし、結果が予測していなかったものであるためには、その前に何かを予測していなければならない。結果に対する予測は、その分野の知識が基礎になる。たとえば、科学的な考え方について子どもに話すことは、その大部分（またはすべて）が適切な背景知識がなければ成立しない（図10を参照）。

同じことは、歴史、言語、美術、音楽などにも当てはまる。各分野で正しく考え、論理的に考える方法について子どもたちに提示できる一般論は、背景知識を必要としないように見えるかもしれないが、その適用方法を考えると、実際は必要とすることがわかる。

事実的な知識が記憶を高める

知識は、すでに多くの知識をもつ人がさらに多くを手に入れることができる。数多くの実験から、背景知識が記憶にどう役立つかが確認されている。たとえば、研究者がある分野（フットボール、ダンス、電子回路など）の専門知識のある人とない人を数人、実験室に呼ぶ。全員が物語または短い論文を読む。内容は簡単で、専門知識のない人でも問題なく理解できるものだ。つまり被験者一つ一つの文の意味を説明することができる。

しかし翌日になると、背景知識のある人は、背景知識のない人よりもずっと多くの内容を思い出すことができるのである。

みなさんはこの結果が注意力によるものだと思うかもしれない。私がバスケットボールを好きだったらバスケットボールについて書かれた文章を読むのを楽しみ、細心の注意を払うだろうが、好きでなければ、バスケットボールについて書かれた文章を読むのは退屈だろう。ところが、別の研究は実際に熟達者を〝つくり出す〟ことによって行われている。その結果を示そう。

研究者は被験者がそれまで馴染みのなかったテーマ（ブロードウェイ・ミュージカルなど）について、ある被験者には多くを、ある被験者には少しだけを学ばせた。そして、そのテーマに関する新しい別の文章を読ませた。

すると、〝熟達者〟（事前に多くを学んだ被験者）は〝初心者〟（事前に少しだけを学んだ被験者）よりも新しい事柄をより速く、容易に学ぶということがわかったのだ。

では、そのテーマの知識があると、なぜ内容を思い出すのが簡単になるのだろうか。

先ほど述べたように、特定のテーマについて多くの知識があれば、そのテーマに関する新しい情報をよりよく理解できる。たとえば、野球に関する知識のある人は、ない人よりも野球の話をよく理解できる。意味のわかることは、ずっとよく思い出せるということだ。

その一般論については次の章で詳しく述べるが、この効果を実感するために、次の二つの短いパラグラフを読んでみてほしい。

運動性学習とは、環境内で目標の行動を達成する巧みな動作を行う能力の変化のことである。神経科学における基本的な未解決の問題は、学習済みの連続的な運動性反応を表現するための独立した神経系があるかどうかである。脳イメージングなどの手段を用いてその神経系を定義するには、特に所定の配列決定タスクのために学習される内容を慎重に説明する必要がある。

シフォン・ケーキとはバター(昔からケーキに使用されている脂肪)の代わりに油を使ったものである。焼く上での基本的な未解決の問題は、どんな場合にバター・ケーキを焼き、どんな場合にシフォン・ケーキを焼くかということである。専門の試食委員会など

の手段を用いてこの質問に答えるには、ケーキにはどのような特徴が望ましいかを慎重に説明する必要がある。

一つめのパラグラフは技術研究の論文から取ったものである。一文一文は理解可能なもので、時間をかければ各文のつながりもわかる。第一文では定義を示し、第二文では問題を提起し、第三文では問題に対処するには研究中の事柄（技能）を説明する必要があることを述べている。二つめのパラグラフは、運動技能のパラグラフと対応させて私が書いたものである。構造は文ごとに対応している。では、明日になって思い出しやすいのはどちらだろうか。

言うまでもなく、二つめのパラグラフは理解しやすい（そのため、思い出しやすい）。すでに知っていることと結びつけることができるからだ。

私たちは経験から、おいしいケーキは油ではなくバター風味のものであることがわかっているため、油を使用して作られたものもあるという事実に関心が向くのは明らかである。同様に、最後の文で「ケーキにはどのような特徴が望ましいか」と述べられたときに、その特徴がどんなものか、たとえばふわふわした感じか、しっとりした感じかなどが想像できる。

このような効果は理解のレベルでの話ではないことに注意してほしい。一つめのパラグラフは背景知識があまりなくても、それなりに理解できる。しかし、深く十分に理解できているという感覚は得られないだろう。

背景知識があれば、意識しているかどうかは別として、読んでいる内容とテーマに関してすでに知っている事柄が頭の中で結びつけられるのだ。

こうした結びつきが、このパラグラフを明日思い出すための助けとなる。物事を思い出すかどうかは記憶に対する〝合図〟次第だ。記憶が呼び覚まされるのは、思い出そうとしている内容に関連する事柄を考えているときだ。

だから、「昨日読んだパラグラフを思い出そうとしてください」と私が言えば、あなたは「そうだ、ケーキの話だった」と思い、自動的に（おそらく無意識に）ケーキに関する情報が頭の中に浮かびはじめるだろう。焼かれて……砂糖をまぶされて……誕生日パーティーで食べるもので……小麦粉と卵とバターでできていて……そして突然、そうした背景知識（ケーキはバターを使って作られる）を足がかりとしてパラグラフが思い出される。

「そうだ、バターの代わりに油を使うケーキの話だった」

このパラグラフのこれらの文を背景知識に追加することにより、パラグラフがよりよく理解できるようになり、思い出しやすくなる。だが、運動技能に関するパラグラフはこれと結びつく背景知識が欠けているため、後から思い出すのが難しいのだ。

背景知識に関するこの最後の効果――事実的な知識を長期記憶に保持しておけば、事実的な知識を獲得するのがさらに容易になる――については、もう少し考えてみる価値がある。保持する知識の量はすでにもっている知識の量によって決まるということだ。

つまり、あなたの知識が私よりも多ければあなたは私より多くの知識を保持することになり、私よりも多くを得られることになる。

この概念を具体化するため(ただし、数字は変更可能)、あなたが1万の事柄を記憶していて、私が記憶しているのが9千だけだとする。私たちが一定の割合の新しい事柄を思い出すとし、その割合はすでに記憶している事柄に基づいているとする。すなわち、あなたは新しく聞いた事柄の10％を思い出すが、私は長期記憶にある知識が少ないため、新しい事柄の9％しか思い出せない。

表1に、私たちのそれぞれが毎月500の新しい事柄に接したとして、10カ月の間に私たちそれぞれの長期記憶にいくつの事柄が保持されるかを示す。

10カ月が経過するまでに、私たちの差は1000個から1047個まで開いた。長期記憶内の情報が多い人は学ぶのが容易なため、差は大きくなる一方だ。つまり、私が追いつくには、あなたよりも多くの事柄に接するようにするしかない。学校という環境では、私が追いつこうとしても、あなたの引き離す速度のほうが速いため、容易に追いつけるものではない。

表1：知識に関して、富者がより富者になることの証明

月	あなたの記憶に保持された事柄の数	あなたが思い出せる新しい事柄の割合（%）	私の記憶に保持された事柄の数	私が思い出せる新しい事柄の割合（%）
1	10,000	10.000	9,000	9.000
2	10,050	10.050	9,045	9.045
3	10,100	10.100	9,090	9.090
4	10,151	10.151	9,135	9.135
5	10,202	10.202	9,181	9.181
6	10,253	10.253	9,227	9.227
7	10,304	10.304	9,273	9.273
8	10,356	10.356	9,319	9.319
9	10,408	10.408	9,366	9.366
10	10,460	10.460	9,413	9.413

当然、私はこの差を埋め合わせようとするが、〝富者がさらに富者になる〟という原則は変わらない。

しかし、どうすれば富者になれるかもわかる。新しい語彙や新しい概念に触れたいと思うなら、利用すべき手段は本、雑誌、新聞だ。テレビ、ビデオゲーム、子どもに人気があるインターネットのコンテンツ（ソーシャル・ネットワーキング・サービス、音楽サイトなど）はほとんどが役に立たない。

研究者は、子どもたちが多くの時間を費やすこれらの情報源に含まれる内容を分析したのだ。本、新聞、雑誌は新しい概念や新しい語彙を学生に紹介するのに非常に有益な手段である。

表2：事実的な知識の重要性を過小評価した偉大な思想家の発言

教育とは、学んだことを忘れ去ったときに残るもののことである。	B．F．スキナー（心理学者）
私は自分の教育が学校教育によって決して妨げられることのないようにした。	マーク・トウェイン（作家）
教育において、使い道のない知識という形で蓄積される無知の量ほど驚異的なものはない。	ヘンリー・ブルックス・アダムズ（作家）
学んだことは、教科書を捨て、講義録を燃やし、試験のために暗記した一つひとつを忘れるまでは役に立たない。	アルフレッド・ノース・ホワイトヘッド（哲学者）
私たちは学校や大学の教室で10年から15年沈黙し、ついに腹に言葉をいっぱい詰め込んで出てきたときには、何一つ知らない。	ラルフ・ウォルドー・エマソン（詩人）

私はこの章のはじめに、アインシュタインの「想像力は知識よりも重要だ」という言葉を引用した。今、みなさんがアインシュタインの言葉は間違っていたと納得してくれていることを願う。知識はより重要だ。想像力のための前提となるからだ。あるいは、少なくとも問題を解くこと、意思決定、創造性につながるような想像力のための前提となるからだ。

アインシュタイン以外の偉大な人々も、同様に知識の重要性を過小評価する発言をしている。表2にまとめてみる。

私が理解に苦しむのは、偉大な思想家（間違いなく、知識が豊富）が進んで学校を過小評価し、しばしば情報を無意味に記憶させる工場だと表現していることである。これらの発言は皮肉として、または少なくとも冗談として捉えるべきなのだろうが、私個人としては、才能にあふれた優秀な人物から、知識を得ることの愚かさを（私や私の子どもに）語ってもらいたいとは思わない。

この章で述べたように、もっとも尊重すべき認知的過程——論理的思考、問題を解くことなど——は知識と結びついている。事実的な知識を利用する技能がなければ、知識だけではほとんど役に立たないのは確かだ。同様に、事実的な知識なしで思考能力を効果的に身につけることができないのも確かだ。

表2に示した引用の代わりに、経験と（ここから推測される）知識の重要性を強調したスペインのことわざを紹介する。

「悪魔が賢いのは悪魔だからではない。経験を重ねているからだ」

教室への応用

事実的な知識が認知的処理の働きを高めるなら、私たちの役割は、子どもたちが背景知識を学ぶ手助けをすることだ。そのためにどうすればよいだろうか。

習得させるべき知識の判断方法

私たちは「子どもはどんな知識を習得するべきなのか」と自問するだろう。この質問は、たちまち政治色を帯びてくることがよくある。教える必要がある内容と省略できる内容を指定しはじめると、重要性に基づいて情報をランクづけしているように見える。歴史的な出来事や人物、脚本家、科学上の業績などのどれを含めてどれを省略するかには、文化的なバイアスがかかりやすい。

認知科学者はこのような問題について異なる見方をしている。

それは、「子どもは何を教えられるべきか」という質問は、「どんな知識が重要か」という質問ではなく、むしろ「どの知識が最大の認知的利益を生むか」という質問と同等である、というものだ。この質問には二つの答えがある。

「読む」ためには、書き手が当然知っていると想定して除外した情報を子どもが知っていなければならない。必要とされる知識は子どもが読む内容によって異なるが、目標として一般に合意されている最低限の妥当なラインは、日刊新聞が読め、科学や政治などの真面目な内容について、知的な一般人向けに書かれた書物を読めることである。

この基準に従うと、書き手が想定する読者の知識が、大昔の白人男性の文化に基づいているように見えてしまうかもしれない。

認知科学者の観点からすると、ここでできるのは、ワシントン・ポスト紙、シカゴ・トリビューン紙などの大手新聞や雑誌の記者や編集者を説得して、前提とする読者側の知識レベルを変えるよう働きかけることだけだ。だがこれを変えるのが簡単だとは誰も言わないだろう。文化を変革することになるからだ。

それが起こらない限り（またそれが起こるまでは）、私はその題材を子どもに教えることに賛成である。単純に、その知識がなければ、博識な学友が読める幅広い教材を読むことができず、深く理解することもできないということだ。

先ほどの質問に対する二つめの答えは教科に当てはまることである。

子どもは理科、歴史、算数、数学などの何について知る必要があるか。この質問は一つめの質問とは異なる。教科での知識の活用方法は、一般的な読解における活用方法とは異なるからである。ただ読むだけならそれほど深い知識は求められないからだ。たとえば、新聞の記事で星雲という言葉が使用されている場合、星雲についてそれほど知っていなくてもこの言葉を理解するのに支障はないが、天文物理学を勉強しているとすると、それよりも深い知識が求められる。

子どもはすべてを学習することができないとすれば、何を知る必要があるだろうか。認知科学が導きだす明確な結論は、子どもは何度も話題に上る概念、つまりそれぞれの分野を統合する考えかたを学ぶ必要がある、ということだ。

一部の教育思想家が提唱しているのは、低学年から数年間のカリキュラムを通してさまざまなテーマを取り上げ、それらで習得した概念というレンズを通して、特定の概念を深く掘り下げていくことだ。認知的な観点からも、これは理にかなっているといえる。

批判的思考を行う段階で知識基盤が整備されているようにする

私たちの目標は単に子どもにたくさんの知識を教え込むことではない。知識を利用することで効果的に考えられるということを、子どもに知らせることである。

この章で強調したように、批判的に考えるには背景知識が必要となる。批判的思考は、背景知識から切り離されて習得できるものではない。そのため、子どもに与えた批判的思考の課題を解くのに必要な背景知識が、子どもに備わっているかを考えることは重要である。

以前、ある教師が4年生のクラスで、熱帯雨林で暮らすのはどんな感じだと思うかと尋ねるのを見たことがある。子どもたちは数日間、熱帯雨林について話し合ったが、背景知識がなく、簡単な受け答え（「雨が多いと思う」など）しかできなかった。

その教師は単元の終わりに同じ質問をした。子どもの答えはずっと深いものになっていた。ある子どもがすぐさま、熱帯雨林には住みたくないと答えた。土地がやせていて日当たりが悪く、おそらく食事に肉を取り入れなくてはならないからだという。彼女はベジタリアンだった。

浅い知識でもないよりはまし

事実的な知識が効果を生むには、かなり深い知識が必要となる場合もある。たとえば、チャンク化を行うには詳細な知識が必要となる。

しかし、浅い知識でも十分な利益が得られる場合もある。前述のように、読書の中で意味を理解するには、通常は細かい概念的な知識は要求されないからだ。たとえば、私は野球についてほとんど何も知らないが、普通の読書なら「バットとボールを使ってするスポーツで、二つのチームが対戦する」というような簡単な定義で間に合うことが多い。

当然、深い知識があるに越したことはない。しかし、すべてにおいて深い知識が求められるわけではなく、浅い知識があるだけでも、まったくないよりはましだ。

子どもに読書をさせるために最善を尽くす

この章では知識の効果について述べたが、これは読書がなぜ重要かという話にもつながる。子どもは本を読むことで、ほかのどんな活動よりも実質的により多くの事柄や豊富な語彙に触れることができる。

ある信頼できる研究結果によると、読書を楽しんでいる人は生涯にわたって認知的な利益を得られるそうだ。ただし、〝読みさえすれば〟どんな本でも構わないというわけではない。子どもがなかなか読書をしようとしない場合であれば、とにかくどんな本でも手に取ってほしいとは思う。

しかし、その状態を脱したら、適切な読解レベルの本へそっと誘導するよう試みてほしい。本人の読解レベルよりも数学年下のレベルの本を読んでも、得られることが少ないのは明らかだからだ。楽しむために読むのなら大賛成だが、どの読解レベルにもおもしろく魅力的な本はあるので、年齢に合った本を薦めたほうがよい。

また、難しすぎる本がふさわしくないのも明らかだ。子どもには理解できないだろうし、フラストレーションが溜まるだけだ。学校の司書は子どもが読書好きになるために手助けし、できる限り協力する必要があるだろう。司書は、読書に関して学校でもっとも重要な人材であることは間違いない。

知識の獲得は偶発的なこともある

事実的な知識の習得は偶発的に起きることもある。

つまり、懸命な勉強や記憶によってだけでなく、たまたまその情報に触れることで学ぶ場合もある。娯楽のために本や雑誌を読んだり、テレビでドキュメンタリーやニュースを見たりして、あるいは友達との会話を通して学んだことを思い出してみよう。

学校でも同じような機会を与えてくれる。

子どもは数学の問題からも、文法の学習中であれば例文からでも、あるいは学級委員を選ぶときに使う語彙からも、情報を得ることができる。教師は、子どもが知らないことをその分知っている。学校には、この知識を毎日の授業に組み込んでいく機会があるのだ。

早くはじめる

前のセクションで述べたように、早い段階から知識面で遅れを取っている子どもは、何らかの手助けがなければさらに遅れを取ることになる。一部の子どもが学校で低迷してしまう大きな要因がここにあることは、ほとんど疑いの余地がない。

家庭の環境はそれぞれ大きく異なる。両親がどんな語彙を使用しているか。両親が子どもに質問し、子どもの答えに耳を傾けるか。子どもを美術館や水族館に連れて行くか。子どもがいつでも本を手に取れるようにしているか。子どもは両親が読書をしている姿を見ているか。

これら（それ以外も含めて）すべての要因によって、入学初日には、子どもの知識量や新たに習得できることには差がついている。つまり、子どもと教師がはじめて出会う前に、その子の学習がこれからどれだけスムーズに進められるかという点で、隣の席の子よりも大きく出遅れている可能性があるのだ。

このレベルをそろえるように努めることは教師にとって最大の課題である。子どもが家庭で習得していない事実的な知識を増やすための試みには、近道も代わりの方法もないのだ。

知識は意味のあるものでなければならない

いままで述べたことは、教師は、知識の重要性を考えるにあたって、子どもが学ぶ事柄のリスト――浅いものでも深いものでも――を作成するべきだという意味に捉えてはならない。もちろん、多少の効果はあるかもしれないが、わずかなものだろう。知識が便益をもたらすのは、概念化され、事柄が相互に関連づけられる場合であり、ただの単語帳を用いた学習には当てはまらないのだ。

また、誰もが知っているように、このような演習は大きな害を及ぼすことになる。というのは、子どもを惨めな気持ちにし、子どもにとって学校が、興奮と新発見の場所ではなく退屈と苦痛の場所になってしまうからだ。みなさんも、関連性のない事柄を記憶することが非常に困難なことも知っているだろう。

しかし、事実的な知識が非常に重要だと結論づけたものの、子どもに習得させるにはどうすればよいのだろうか。

言い換えれば、なぜ記憶に深く刻み込まれることもあれば、記憶からすり抜けてしまうこともあるのだろうか。それが次の章のテーマである。

注

＊親しい友人と経験を共有する喜びの一つは「内輪の冗談」、つまり自分たち二人だけが理解できる話である。そのため、親友から「何をしているのか」と尋ねられたら、この女性は「砂利道を描いてるの」と答えるかもしれない。延々と続く無意味な仕事を意味する、経験の共有に基づく二人だけの符号だ。相手側に通じることを前提とした極端な例だ。

†トーナメント・レベルのチェスプレイヤーには必ず、勝った相手、負けた相手に基づくランキング——技能レベルを示す数字——が割り当てられている。

第3章

なぜ子どもは
テレビで見たことは
全部覚えているのに、
私の言うことは
全部忘れるのか？

Question

記憶はミステリアスだ。

15秒前のことも思い出せないことがある。たとえば、キッチンに立って、何を取りに来たのか思い出そうとしているときなどがそうだ。かと思えば、些細に思えること（広告など）が一生記憶に残ることもある。

どんなものが記憶に残り、どんなものが記憶からすり抜けていくのだろうか。

Answer

私たちは経験することすべてを記憶に残すことはできない。あまりにも多くのことが起きるからだ。では、記憶体系には何を保持しておくべきだろうか。

何度も繰り返されることだろうか。結婚のような、一度だけでもとても重要な出来事だろうか。もしくは、感情が揺さぶられるような出来事だろうか。

しかし、重要ではあっても特徴のないこと（大部分の学校の課題など）は、私たちは思い出すことができない。では、記憶体系は後から思い出す必要がある事柄をどのように判断しているのだろうか。

記憶体系の見当のつけかたはこうだ。「何かを懸命に考えるということは、それについて再び考えなければならなくなるため、保持しておく必要がある」と。つまり、記憶は覚えておきたいことや覚えておこうとすることの産物ではなく、「何かについて考えること」の産物なのだ。

かつて、ある教師から、4年生で扱う奴隷亡命組織（Underground Railroad）に関する単元で、子どもにビスケットを焼かせた話を聞いたことがある。これが亡命奴隷の主食だったからだという。私はその課題についてどう思うかと聞かれた。

それに対して私はこう指摘した。「子どもはおそらく、ビスケットと奴隷亡命組織の関係について40秒間考えた後、小麦粉を計ってショートニングを混ぜることについて40分間考えただろう」。

子どもが何を考えるにせよ、考えたことが記憶に残る。

この章の核となる認知的原理は次のとおりである。

Principle

記憶は思考の残渣《ざんさ》である。

効果的に教えるには、課題を通して実際に子どもが何を考えるかということに（子どもに何を考えてほしいかではなく）特に注意を払う必要がある。

それが子どもの記憶に残ることだからだ。

記憶の重要性

どの教師も次のような経験をしているのではないだろうか。適切な例、深い内容、興味を引く問題、明確なメッセージをふんだんに盛り込んだ、自分ですばらしいと思える授業をしているはずなのに、翌日に子どもが覚えていることと言えば、授業中に口にした冗談や本題から外れた自分の家族に関する余談ぐらいだ。

あげくの果てには、努めて穏やかな声で「昨日の授業のポイントは1たす1は2ということでしたね」と言ったときに、子どもたちが疑うような目で「1たす1が2ですか？」と答える始末である。

確かに、第2章のメッセージが「背景知識が重要である」だとすると、どうしたら子どもにこの背景知識を習得させられるか、よく考える必要がある。

では、なぜ子どもはある事柄についてはよく覚えていて、そのほかの事柄は忘れてしまうのだろうか。

はじめに、何かを思い出せないということがなぜ起きるのか考えてみよう。

私があなたに「前回出席した職能開発セミナーの内容を要約できますか」と言ったとする。さらに、あなたが「いいえ、できません」と明るく答えたとする。この場合、なぜ思い出せな

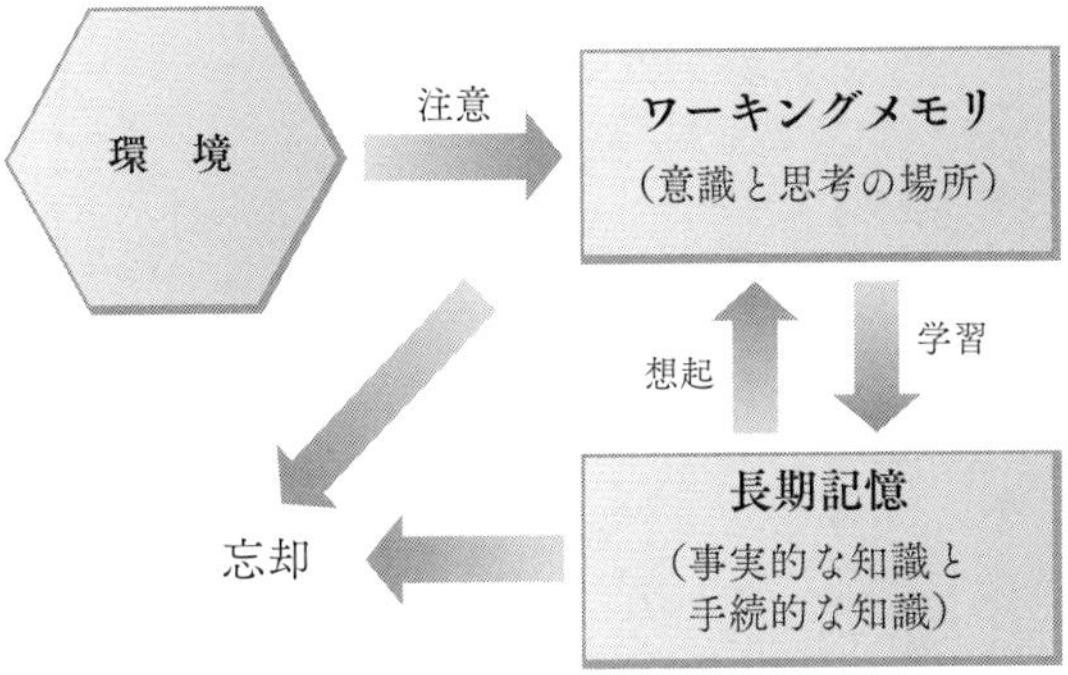

図１：単純化した頭脳の図に少し手を加えたもの

いのだろうか。

ここでは四つのことのいずれかが起きている。それらを図1に示すが、これは前に使用した頭脳の図を少し複雑にしたものである。前述のように、ワーキングメモリは物事を「頭に」保持する場所であり、意識の場所である。

私たちを取りまく環境には膨大な情報があり、そのほとんどを私たちは意識していない。たとえば、私がこれを書いているとき、冷蔵庫がブンブン音をたて、外で鳥がさえずり、座っている椅子の圧力が尻にかかっているが、それに注意を払うまでは、そのどれもワーキングメモリ（つまり、意識）に置かれていない。

図1からわかるように、物事はいったんワーキングメモリに入ってからでないと長期記憶に入ることはできない。馴染みのある現象なのだが、言葉で説明しよ

うとすると少し複雑になる。つまり、対象に注意を払わなければ、それを記憶に残すことはできないということだ。セミナーのときに何かほかのことを考えていたとすると、よく思い出せないという経験があるだろう。

情報は、環境からだけではなく、長期記憶からもワーキングメモリに入る。ラベルつきの矢印で示した、想起（思い出す）というのがこれに当たる。つまり、思い出せないもう一つの理由は、長期記憶から物事を取り出すプロセスに失敗したことである。これが起きる理由については、第4章で述べる。

三番目の可能性は情報がもはや長期記憶に留まっていないこと、つまり忘れてしまったということである。

これから忘却の話に入るが、その前に、ある有名な神話を打ち砕いておくことにしよう。「人間の頭はビデオカメラのように身の周りの出来事を細かいことまですべて記録しているが、その大部分を取り出せないだけだ」。つまり記憶の障害はアクセスの問題だという話を聞いたことがあるだろう。この理論によると、適切な手がかりさえ与えられれば、身の周りの出来事は何でも想起できることになる。

たとえば、子どものころの家のことをほとんど覚えていないと思っているかもしれないが、そこを訪ねて、庭のツバキの花の香りを嗅いだとたん、時空を超えて魔法のように、忘れていたはずのことが蘇ってくる。

このような経験では、残っていないと思っていたどんな記憶でも原則的に取り戻せる可能性が高くなる。催眠術による記憶の回復はしばしば、この理論を支持する証拠として取り上げられる。適切な手がかり（ツバキの花など）が得られなければ、催眠術によって貯蔵庫を直接探ることができるというのだ。

この考えは魅力的だが、正しくはない。認知科学では催眠術が記憶の助けにならないということが解明されているのだ。それは実験室で簡単にテストすることができる。

被験者に思い出すべき対象を与え、後から半分の被験者に催眠術をかける。それでどれだけ思い出せるか、催眠術をかけられていない被験者と比較するだけでいい。このような実験はこれまでに数多く行われてきたのだ。

典型的な結果を図2に示そう。見てわかるとおり、催眠術は役に立たない。記憶が正確であるという自信は与えてくれるが、記憶の正確さを高めてはくれるわけではないのだ。

そのほかの証拠——ツバキの花の香りのような適切な手がかりが長期記憶を取り戻してくれることの証拠——は実験室ではテストするのがかなり難しいが、大半の研究者はこのような記憶の回復が可能だと考えている。

この方法で失われた記憶を取り戻せることを認めるとしても、忘れたように思えるすべての

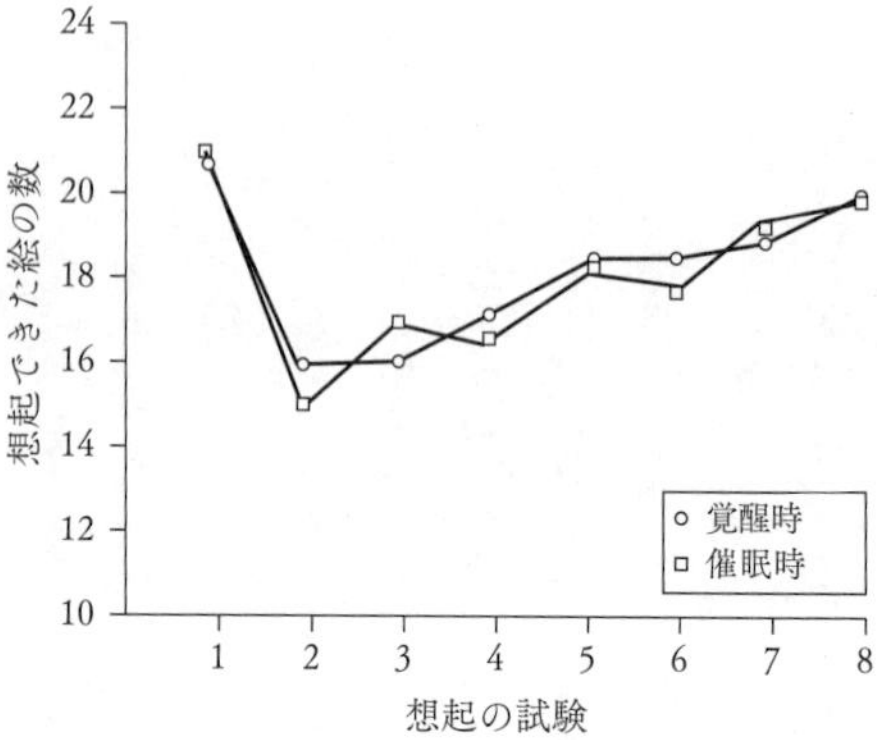

図２：被験者はありふれた物を描いた40枚の絵を見せられ、思い出すよう求められた。１回目のセッションはすぐに行われ、２回目から８回目までのセッションは１週間後に行われた。当然、１週間の間に多くを忘れ、平均的な被験者は思い出そうとするたびに思い出せる数が増えていった。また、催眠術をかけられた被験者が催眠術をかけられていない被験者よりも多くを思い出せたわけではない。

記憶を取り戻せるわけではない。一部が取り戻せるだけだ。要するに、すべての記憶が永久に記録されていると信じるに足る根拠はないのだ。

　さて、忘却の話に戻ろう。ある対象に注意を払うことで、しばらくはそれがワーキングメモリに留まっているが、長期記憶まではたどりつかないということもある。私の経験に基づいて、このような情報の例を図3に示す。

　私にとって、〝側線〟というのは何度調べても意味を思い出せない言葉だ。あなたにもきっと、調べたり聞いたりしたことがある

図３：私が注意を払っているためにワーキングメモリに留まっているが、長期記憶までは辿りついていない情報

（そして、ワーキングメモリにも置かれていた）ため、知っているはずなのに、長期記憶に定着していない事柄というものがあるだろう。

また、不思議なことに、覚えておこうとしたわけではなく、実際に興味もないのに、何年も長期記憶に留まっている事柄もある。

たとえば、私は１９７０年代のバンブル・ビー・フーズ社のツナ缶のコマーシャル・ソングを今でも覚えている。なぜだろうか（図４）。

この図３と図４の違いを理解することが、教育における中心的な問題の一つだと言えるかもしれない。すでに述べたとおり、子どもたちは対象に注意を払わなければ覚えることはできない。不可解なのは、子どもがどういうときに、どういう理由で注意を払うのかということである。

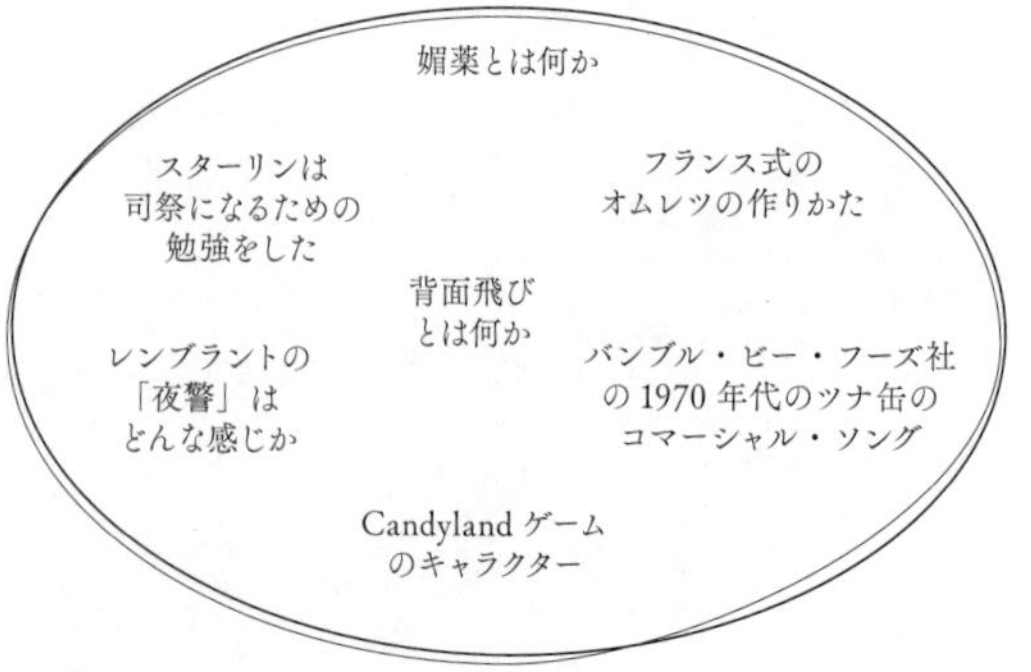

図4：覚える気がなく、それほど関心がないにもかかわらず、著者の長期記憶に留まっている事柄

何かを覚えることもあれば、覚えないこともある。「注意」以外に何か必要なものはあるのだろうか。

考えられるのは、感情的な反応を引き起こす事柄は思い出せるということだ。結婚のような本当に幸せな瞬間や、九・一一攻撃のニュースを聞いたときのような本当に悲しい瞬間は思い出しやすいのではないだろうか。

そのとおりだ。実際に、もっとも鮮明に覚えている瞬間を挙げてもらうと、はじめてのデートや誕生祝いのような、感情を伴う出来事について話すことが多い（図5）。

当然、感情を伴う出来事には多くの注意が払われ、その出来事については後から語られる可能性も高い。実際、科学者はこの研究を進めるにあたり、記憶を高めるのは感情であって、対象について何度

図5：感情を伴う出来事というのは、誕生日パーティーのような楽しいものでも、ベルリンのホロコースト慰霊碑の訪問のような悲しいものでも、確実に記憶に残る傾向がある。

も考えることではないと示すために、非常に慎重に研究をする必要があった。

研究の結果、生物化学的な根拠を実際に解明することができた。しかし、記憶に感情が影響することは確かだが、記憶に大きな影響を及ぼすにはそれだけ強い感情が必要になるということも明らかになったのだ。

記憶が感情に左右されるなら、学校で出会う事柄はあまり覚えられないことになる。とすると、「感情が揺さぶられる事柄が長期記憶にたどりつく」という答えは正しくないことになってしまう。だから、より正確には、「感情を揺さぶる事柄は記憶に残りやすい

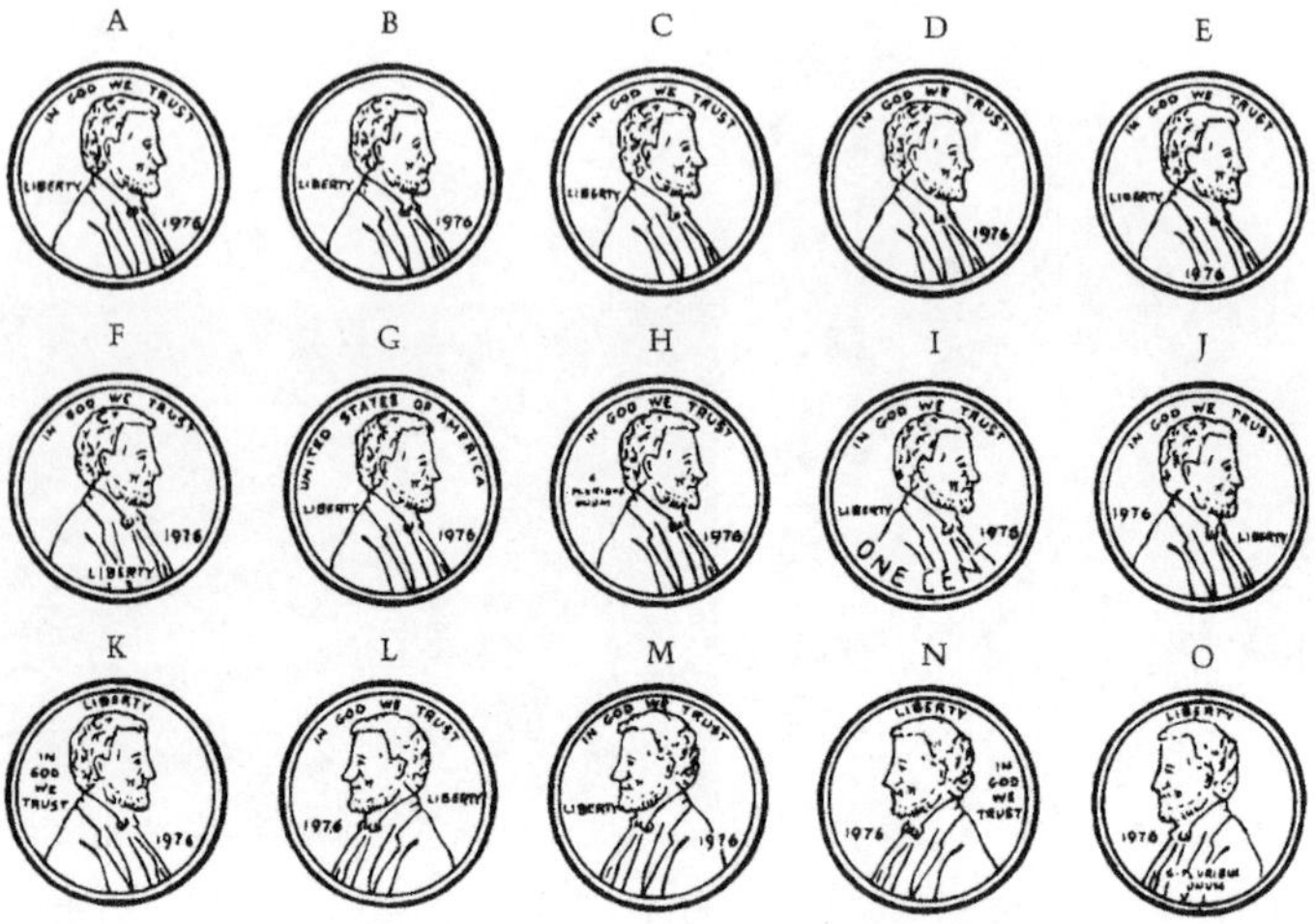

図６：偽のコインの中から本物の１セント銅貨を見つけ出すことができるだろうか。これまでに１セント銅貨を何千回も見ていても、結果は惨憺たるものだ。

が、感情は学ぶための必須条件ではない」と言わなければならない。

学習を促進するもう一つの要因は〝反復〟である。

おそらく、私が30年も前のバンブル・ビー・フーズ社のツナ缶のコマーシャル・ソング（図4）を今でも覚えているのは、何度も繰り返し聞いたからだろう。反復は非常に重要だが（これについては第5章で述べる）、反復だけでは役に立たないこともある。数えきれないほど反復しても、記憶に残らないものもあるのだ。

図6を見てほしい。これらの中か

ら実際の一セント銅貨を見つけられるだろうか。

一セント銅貨は、これまでの人生で何千回も見てきているはずだ。膨大な反復回数だ。それでも、一セント銅貨が実際にどう見えるか、よくわかっていないのが普通だ。(ちなみに、実際の一セント銅貨はA。)

つまり、反復だけでは役に立たない。同様に、何かを覚えておきたいという気持ちが記憶の秘訣にならないことも明らかだ。記憶がそのように機能するなら、どんなにすばらしいか。子どもは席について本を開き、「これを覚えたい」と念ずれば、そのとおりになるのだから。あなたは会った人の名前を忘れず、車の鍵の置き場所がいつもわかっている。

しかし残念ながら、記憶はそのように働かない。

このことは、実験室における古典的な実験によって証明されている。

まず、被験者はモニターで一つずつ単語を見せられ、それぞれの単語について簡単な判断をするよう求められる。一部の被験者はその単語に「A」もしくは「Q」の文字が含まれているかを答え、ほかの被験者はその単語を見て愉快なことと不愉快なことのどちらを思い出すかを答えることになっていた。

この実験の重要なポイントは、半分の被験者が、全部の単語を見た後で単語の記憶テストをすると言われたことだ。残りの被験者はテストをすることを知らされていない。

そして、注目すべき実験結果が得られた。後でテストがあるとわかっていたとしても、被験者の記憶力が向上しなかったのだ。

また、別の実験では思い出した単語の数に応じて報奨金が出ると被験者に伝えられたが、これもあまり効果がないことがわかった。つまり、覚えておきたいという気持ちはほとんど、あるいはまったく効果がないのだ。

この実験からはもっと重要なことがわかる。

被験者がそれぞれの単語を見たときに、ある判断を求められていた。「A」または「Q」の文字が含まれているか、あるいは愉快なことと不愉快なことのどちらを思い出すかということだ。

後者の判断を求められた被験者は、前者の被験者の約2倍の単語を思い出したのだ。ここから何かが見えてくるのではないだろうか。記憶力が飛躍的に向上する状況が発見されたのだ。

しかし、なぜ単語が愉快なものかどうか考えることが役に立つのだろうか。

これが重要なのは、愉快かどうかを判断するには、単語の意味や、その意味に関連する別の単語について考えることになるからだ。

〝オーブン〟という単語を見た場合、ケーキやローストについて、または故障したキッチンのオーブンなどについて考えるかもしれない。しかし、オーブン（oven）の綴りに「A」または「Q」が含まれるかどうか判断するよう求められた場合、意味については全く考える必要がないだろう。

つまり、「意味を考えることは記憶に役立つ」と言ってもよさそうだ。これでも十分な結論に思えるが、まだ正鵠《せいこく》を射ているとも言い切れない。

一ペンス銅貨の例はこの一般論には適合しない。実際、一セント銅貨の例が示すのは正反対の結論だろう。あなたは一セント銅貨を何千回も見てきたはずだ。そして、あなたはほとんど毎回、一セント銅貨の意味を考えていた。

つまり、その機能について、その価値がたとえささやかなものであるとしても、その「貨幣価値」について考えていたということだ。しかし、一セント銅貨の意味を考えたことが、図6のテストで求められた一セント銅貨の見た目を思い出そうとするときにはまるで役に立たない。

だが、これについては別の考えかたができる。

あなたが学校の廊下を歩いていて、開いたロッカーの前で子どもが何かつぶやいているところに出くわしたとしよう。何を言っているかまではわからないが、声の調子から怒っていることはわかる。

この状況ではいくつかのポイントに着目することができる。子どもの声の調子について考えることもできれば、外見に注目することもできる。もしくは出来事の意味（なぜ怒っているのか、話しかけるべきかどうか）について考えることもできる。つまり考える内容によって、翌日この出来事について思い出す内容も変わってくるのだ。

声の調子についてのみ考えたのであれば、翌日は声の調子はよく思い出せるが、外見は思い出せないだろう。外見に注目したのであれば、翌日はその部分についてはよく思い出せるが、子どもの声についてはよく思い出せない。

同様に、一セント銅貨の意味を考えてはいても、見た目について考えたことがなければ、1万回見ていたとしても、見た目は思い出せない。

何を考えるにせよ、考えたことが記憶に残る。「記憶は思考の残渣《ざんさ》」なのである。この結論は一点の曇りもないようだ。

実際、記憶を調整することは非常に賢明な方法である。では、すべてを保持することができないのなら、保持するものと破棄するものをどのように選別するのだろう。

脳は、記憶を選別する際に次のように見当をつけている。「ある事柄についてあまり考えないなら、その後、再び考えようとすることもないだろうから、保持しておく必要はない。ある事柄についてよく考えるなら、今後もそれについて〝同じように〟考えようとするだろうから保持しておこう」と。

私が子どもに出会ったときに子どもの外見に着目するなら、後からその子どもについて考えるときに私が知ろうとするのは子どもの外見だろう、ということだ。

この結論から、記憶には二つの巧妙なポイントがあることがわかる。

一つは、学校について話しているとき、私たちは普通、物事の意味を子どもに記憶してほしいと考えている。ときには外見が重要なこともある――パルテノン神殿の美しいファサードやベナンという国の形など――が、それよりも意味を考えさせたい場合のほうがずっと多い。学校で子どもが学ぶことの95%は外見や音の調子ではなく、意味に関係している。[*] そのため、教師の目標はほぼいつでも子どもに意味を考えさせることでなければならない。

二つめの巧妙さ（ここでも、いったん明確化されれば疑問の余地がない）は、同じ対象でも異なる意味の側面がありうることである。

たとえば、〝ピアノ〟という単語には意味に基づくさまざまな特性がある（図7）。音楽を奏でるという特徴について考えることもできれば、高価であるという点や、非常に重いという点、高品質の木材からできているという点についても考えることもできる。

ここで、私の一番気に入っている実験の一つを紹介しよう。研究者がある単語を文の中に入れて、単語の特性について被験者に考えさせたものだ。

図7：異なる特性を強調した２枚のピアノの写真

たとえば、「運送業者が階段で苦労して〝ピアノ〟を引っ張り上げた」「プロの演奏家がよく響く豊な音色で〝ピアノ〟を演奏した」のような文を作る。被験者は強調した単語だけを思い出さなければならないことを知らされている。

後から、実験ではいくつかのヒントを与えられて単語の記憶テストが行われた。単語が〝ピアノ〟の場合、ヒントは「重いもの」または「音楽を奏でるもの」だった。結果は、ヒントが〝ピアノ〟の考えかたに一致しているときは非常によく記憶できたが、一致していないときはあまり記憶できなかった。

つまり、被験者が運送業者の文を読んだ場合は、「音楽を奏でるもの」というヒントを聞いても〝ピアノ〟を思い出すのに役立たなかった。

「意味を考える必要がある」というだけでは不

十分だ。意味のもつ適切な側面を考える必要があるということだ。

ここで、これまでに学習について述べてきたことをまとめておこう。題材を学ぶ（最終的に長期記憶に置く）には、一時的にワーキングメモリに入れる必要がある。つまり、子どもはそれに注意を払う必要がある。そして、子どもがその経験についてどのように考えるかによって、最終的に長期記憶までたどりつく内容が決定される。教師にとって重要なのは、子どもに題材の意味を考えさせるように授業を計画する必要があるということだ。この理由で課題の効果が出なかった例の最たるものは、私の甥が6年生のときに担任だった教師の例だ。

甥は最近読んだ本の構成図を絵に描くことになっていた。構成図のポイントは、物語の要素について考え、相互にどう関連づけるかだった。教師の目的はおそらく、子どもに小説を〝構造〟のあるものとして考えさせることだったのだろうが、教師はここに美術を組み入れることが役立つと考え、子どもに物語の要素の絵を描かせたのだ。

しかし、甥は物語の要素同士の関係についてはほとんど考えず、格好いいお城を描くことにばかり意識を向けた。私の娘も数年前に同じような課題を完成させたが、娘の教師は絵ではなく、単語やフレーズで表現させた。私はそちらのほうが効果的に教師の目的を達成したと思う。本の構想がどう関連しているかについて、娘がしっかり考えていたからだ。

今、あなたはこう考えているかもしれない。「認知心理学者は子どもがなぜ題材の意味を考えなければならないか、その理由を説明できるのね。意味を考えなきゃいけないことはもうわかったわ。だから、理由よりも、そのためにどうすればいいかを教えてもらえないかしら」と。

よくぞ聞いてくれた。

優れた教師の共通点

第1章を読んでいるみなさんは、子どもに意味を考えさせるために私がおすすめしない方法はすぐに思い浮かぶだろう。教科の内容を、子どもが興味をもちそうな事柄に関連づけることだ。奇妙に聞こえた人のために、詳しく説明しよう。

内容を子どもが興味をもちそうな事柄に関連づけようとする試みには効果がない。

第1章で述べたように、内容が私たちの興味を持続させるかどうかの決め手になることはめったにないからだ。

たとえば、私は認知心理学に強い関心を抱いていることから、あなたはこう考えるとする。「ウィリンガムの注意をこの数学の問題に向けさせるには、認知心理学の例を散りばめればいいんだな」と。

しかし、私、ウィリンガムは、これまでに参加した専門家の会議で繰り返し証明してきたように、認知心理学の話題であっても退屈することは十分にある。内容で子どもの興味を引こうとする試みのもう一つの問題は、それが非常に難しい場合があり、計画全体が不自然に見えてしまうことだ。

いったいどうやったら、数学の教師が代数と私の16歳の娘を関連づけられるのだろうか。携帯電話の利用時間を採り入れた〝現実世界〟の例によって？　先ほど、題材はさまざまな意味の側面をもっていると指摘したばかりだ。

もし教師が携帯電話の利用時間を数学の問題にしたら、私の娘が問題よりも携帯電話のことばかり考える可能性はないだろうか。そして、携帯電話のことを考えているうちに、最近受け取ったテキスト・メッセージのことを考えはじめ、そこからフェイスブックのプロフィール写真を変えることを思い出し、さらに鼻にできたニキビのことを思い出し……

内容が役に立たないなら、スタイルはどうだろうか。子どもはよく、「内容をおもしろくしてくれる」教師が良い教師だと言う。

これは、教師が題材を子どもの興味のある事柄に関連づけるということではなく、子どもとのやりとりの中で子どもの興味を引く術《すべ》を心得ているということである。私自身が経験したことをいくつか紹介しよう。一貫して学生に意味を考えさせることのできる仲間の大学教師たちの例だ。

・教師Aはコメディアンだ。頻繁に冗談を飛ばす。おもしろおかしい例を挙げる機会を決して逃さない。
・教師Bは教室の母だ。とても面倒見がよく、とても指導的で、恩着せがましいところもあるが、とても温かいので好かれている。学生たちは影で「ママ」と呼んでいる。
・教師Cはストーリーテラーだ。ほとんどすべてを、自分の人生の物語で鮮やかに示して見せる。授業はスローペースで抑制がきき、本人も物静かで控えめだ。
・教師Dはショーマンだ。室内で花火を打ち上げることが許されるなら、そうするだろう。教える題材を実演に結びつけるのは簡単でないが、多くの時間と労力を注ぎ込んで、おもしろい応用術を考案することができる。それには自家製の実演器具も多く含まれる。

ここに示したそれぞれの教師は、学生が「退屈な題材をおもしろくしてくれる」と表現した教師で、意味を学生に考えさせることができる。だが、それぞれのスタイルはそれを用いている本人にとっては効果的だが、万人向けというわけではない。

これは個性の問題なのだ。教師のスタイルには学生も気づくものだが、それは教師の指導の効果を高めるものの一部にすぎない。

大学の教授は通常、コースの終了時に、授業に対する学生の評価を受ける。多くの学校には記入用紙が用意されていて、「教授は学生の意見を尊重した」「教授は効果的に議論を誘導した」といった項目が並んでいる。そして、学生はそれぞれの項目に同意するかどうかチェックをつける。

ある研究者はこのような調査を分析して、評価の高い教授とその理由を明らかにした。そしてこの調査から、興味深いことが明らかになった。それは、「ほとんどの項目が重複している」ということである。

2項目の調査でも、30項目の調査でも、調査の有用性にほとんど違いはない。すべての質問が、実際には、教授はいい人に見えるかという質問と、クラスはうまく統率されているかという質問の二つに集約されるからだ（図8を参照）。自覚はしていなくても、学生たちは30項目をこれらの二つの質問の変形として捉えている。

図8：この2人は教師としてどうだろうか。ディック・チェイニーは賢いが、冷たく、気難しく見える。テレビドラマ「フレンズ」の（マット・ルブランク演ずる）ジョーイ・トリビアーニは暖かく、フレンドリーだが、あまり賢くはない。教師はきちんとしていて、同時に親しみやすくなければならない。

幼稚園から高校生までの子どもが教師のアンケートに記入することはあまりないが、多かれ少なかれ、彼らにも同じことが当てはまることがわかっている。子どもと教師の感情的な結びつきは――良くも悪くも――子どもの学びに影響している。

非常に授業をうまく構成できても、子どもたちから意地悪と思われている教師は、あまり効果的に教えることができない。しかし、おもしろい教師や優しくて話のうまい教師でも、授業をうまく構成できなければ、同じく効果的には教えられない。

効果的に教えられる教師は両方の…

資質を兼ね備えている。子どもと個人的なつながりを築くことができ、題材をおもしろく、理解しやすく構成することができるのだ。

これが、さまざまなタイプの教師を例に出すことで本当に言いたかったことだ。良い教師について考えるとき、教師の個性や教師自身をアピールする方法に着目する傾向がある。しかし、それは良い教師像の一面にすぎない。冗談、話、温かい態度のすべてが職業上の信用につながり、子どもの注意を集めるのだ。

では、結局のところ、子どもに意味を考えさせるにはどうすればよいだろうか。

ここで、良い教師の二番目の特性が登場する。理解しやすく、子どもの記憶に残りやすいように、一貫性をもってアイディアを授業計画にまとめることだ。認知心理学は子どもに好かれ、気に入られる方法は教えてくれない。だが、課題の意味について子どもに考えさせるのを手助けするために、認知科学者に知られている一連の原理を示すことができる。

物語の力

人間の頭は、「物語」を理解し、記憶できるよう、絶妙に作られている。

だから、心理学者は物語のことを「心理学的特権階級」と呼んでいる。物語の記憶は、頭の中でほかのタイプの記憶とは別に扱われるという特徴があるからだ。

私が提案したいのは、授業計画を物語のように構成することは子どもの理解と記憶を助けるための効果的な方法であるということである。

これはたまたま、前述の四人の教師が用いた授業構成の原理でもある。感情面での学生との関わりかたはそれぞれ大きく異なっていたが、題材の意味を学生に考えさせる方法は同じだった。

物語の構成を教室に応用する方法について述べる前に、物語構成とは何か確認しておかなければならない。物語の構成要素は世界的な取り決めがあるわけではないが、一般的には次の四つの原則が挙げられており、まとめて〝四つのC〟とよく呼ばれている。

・最初のCはcausality（因果関係）だ。出来事が因果的に相互に関係していることを意味する。たとえば、「私はジェーンを見た。私は家を出た」という文は出来事を時系列に沿って述べただけである。しかしこれが「私はジェーンを見た。望みのない、終わった恋。私は家を出た」という文であれば、二つの出来事に因果関係があることがわかるだろう。

・二番目のCはconflict（衝突）である。物語には目的を達成しようとする主人公が登場するが、目的は達成できない。

『スター・ウォーズ』では主人公はルーク・スカイウォーカーで、彼の目的は盗まれた設計図を取り返し、デス・スターの破壊に力を貸すことだ。衝突が生まれるのは、目的の達成を阻むものが存在するためだ。ルークに好敵手――ダース・ベイダー――がいなかったら、映画は短いものになっていただろう。どんな物語でも、主人公は目的を達成するために闘わなければならない。

・三番目のCはcomplications（障害）だ。ルークが設計図を取り返すという目的に向かって90分間、黙々と突き進んでいくだけだとしたら、退屈なものになってしまうだろう。障害は第一の目的から派生する二次的な問題だ。

そのため、ルークが設計図を取り返そうとするなら、まず生まれ故郷である惑星タトゥイーンを出なければならないが、そのための手段がない。その障害がもう一人の主要人物ハン・ソロとの出会い、砲火の雨に見舞われながらの惑星からの脱出劇へとつながる。映画の余興だ。

・最後のCはcharacter（登場人物）だ。優れた物語は魅力的で興味深い登場人物を中心に構築され、登場人物の資質の鍵となるのは行動である。

優れたストーリーテラーは登場人物の特徴を観客に語るのではなく、見せる。たとえば、

『スター・ウォーズ』の最初の登場シーンで、プリンセス・レイアはストームトルーパーに向けて発砲している。そのため、説明がなくても、勇敢で行動力にあふれていることが観客に伝わる。

人に何かを伝えようとする場合、物語構成を活用すると大きなメリットが得られる。

第一に、物語は理解しやすい。それは、観客が物語構成というものを知っているからで、これは行動を解釈するのに役立つ。

たとえば、観客は物語の中で無作為に出来事が発生しないということを心得ている。因果関係がなければならないため、原因がはっきりしなくなると、現在の出来事と結びつけようとして、前の行動についてじっくり考える。

スター・ウォーズのある時点で、ルーク、チューバッカ、ハンは帝国軍の宇宙船に隠れている。宇宙船の別の場所まで行く必要があり、ルークはチューバッカに手錠をかけることを提案する。ルークとチューバッカは味方同士であるため、この提案は少し不可解である。

観客はルークの意図、つまりチューバッカが捕虜で、ルークとハンが護衛であるというふりをしようとしていることを理解しなければならない。この不可解な行動に理由がなければならないことを知っているため、そのちょっとした知的な活動を行うのだ。

図9：ソビエト連邦の前最高指導者ミハイル・ゴルバチョフは長ったらしく、退屈な受け答えをすることで記者たちの間では有名だった。1990年のアメリカ連邦議会の12名の議員との質疑応答セッションで、ゴルバチョフは（ソビエト経済に関する）最初の質問に1人で28分間を使って財産権のあらゆる側面について答え、上院議員をうんざりさせた。上院議員ロバート・ドールは後に「彼の答えは実に長かった」とコメントしている。

第二に、物語はおもしろい。ある研究者が読書に関する実験を行った。被験者にいろいろな種類の文章を多数読んでもらい、おもしろさを評価してもらうというものだ。

すると、扱われている情報は同じでも、物語の形式を取っている場合は、一貫してほかの形式（説明文など）よりおもしろいと評価されているのだ。物語がおもしろいのは、第1章で述べた推論が求められるからだろう。

思い出してほしい。問題（クロスワード・パズルなど）

がおもしろいと感じられるのは、難しすぎず、やさしすぎもしない場合だった。物語には、先ほど挙げた手錠の例のように、適度に難しい推論が求められる。

実験室環境での研究が示しているように、情報が多すぎて聞き手が推論できる余地がないと、物語はあまりおもしろくないという評価になる。だが、わざわざ正式な研究に頼らなくても、この現象は確認することができる。

誰にでも、情報を盛り込みすぎて話を台なしにする友人が一人や二人はいるだろう（図9）。私のある知人は、10分間にわたってお気に入りの中華料理店のオーナーの話をした。その店が小切手での清算に応じなくなってから1年は行っていなかったのだが、オーナーから彼女だけを特別扱いにしてもいいという連絡がきたらしい。

機転を働かせて15秒で話せば、気の利いた話になっていただろう。しかし、たっぷり10分かけて微に入り細にわたって説明した（そして私が推論する余地はなくなった）ため、私はもう少しで叫びだすところだった。

第三に、物語は記憶しやすい。これには少なくとも二つの要因が関係している。物語を理解するには適度に難しい推論が求められるため、全体を通して物語の意味を考えなければならない。これまで述べたように、意味を考えることは、普通は覚えておきたいということを意味するので、記憶のためには極めて良いのだ。

物語の記憶は、因果構造によっても助けられる。話の一部を覚えていれば、次に起こった事柄はあなたが覚えている事柄によって引き起こされたと推測できる。たとえば、ルークがチューバッカに手錠をかけた後で起こったことを思い出そうとする場合、帝国軍の宇宙船にいたこと（そして、策略）を思い出すことが役に立つだろう。これがレイア姫を監禁場所へ救出しに行ったことを思い出すのに役立つかもしれない。

物語構成を利用する

ここまでの映画の話は楽しい間奏曲だったが（少なくともそうだとよいのだが）、教室とはどう関係しているのだろうか。

物語を語ることは何も間違ったことではないが、ここでの私の意図は、ただ物語を語ればよいと提案することではない。むしろ、そこから一つ手順を省くことを提案している。

授業を構成するときは、物語の構成のように四つのC、つまりcausality（因果関係）、conflict（衝突）、complications（障害）、character（登場人物）を使用するとよい。とは言っても、大部分をあなたが話さなければならないということではないのだ。小さなグループ・ワークや自主研究などの方法を用いることもできる。物語の構成を適用するのは、題材を教えると

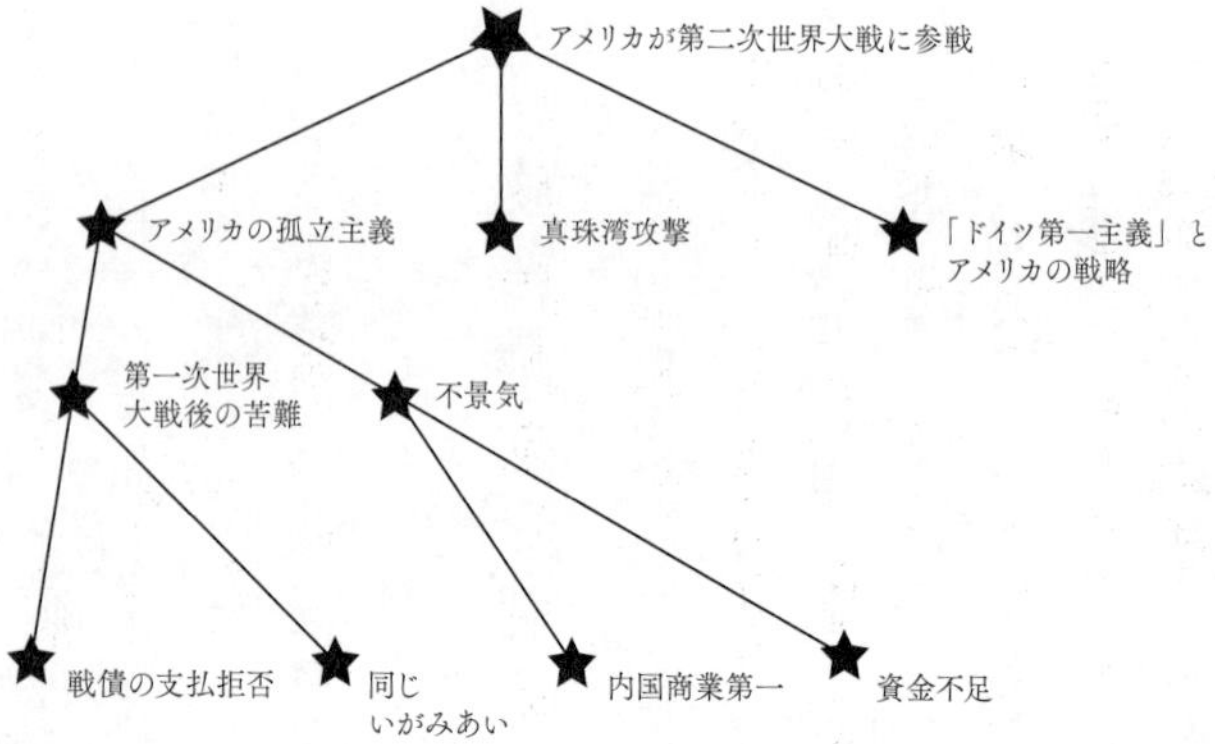

図 10：真珠湾攻撃の授業計画の一般的な構成を示すツリー図。構成は時系列。

きではなく、子どもに考えさせる題材を構成するときである。

場合によっては、授業計画を物語として構成する方法はかなり明快である。

たとえば、歴史は一連の物語として見ることができる。出来事は別の出来事によって引き起こされ、衝突が発生することもある。ここでも、四つのCをよく考えて授業計画を立てるとよいだろう。もしくは、別の視点から物語を語ることを考えてもよい。

一つ例を挙げよう。真珠湾攻撃についての授業を計画しているとする。最初は図10に示す構成を考えるだろう。これは年代順で、アメリカ合衆国を主役にしたもの、つまりこの出来事をアメリカの視点から捉えたものだ。

あなたの目的は三つの点から子どもに考えさ

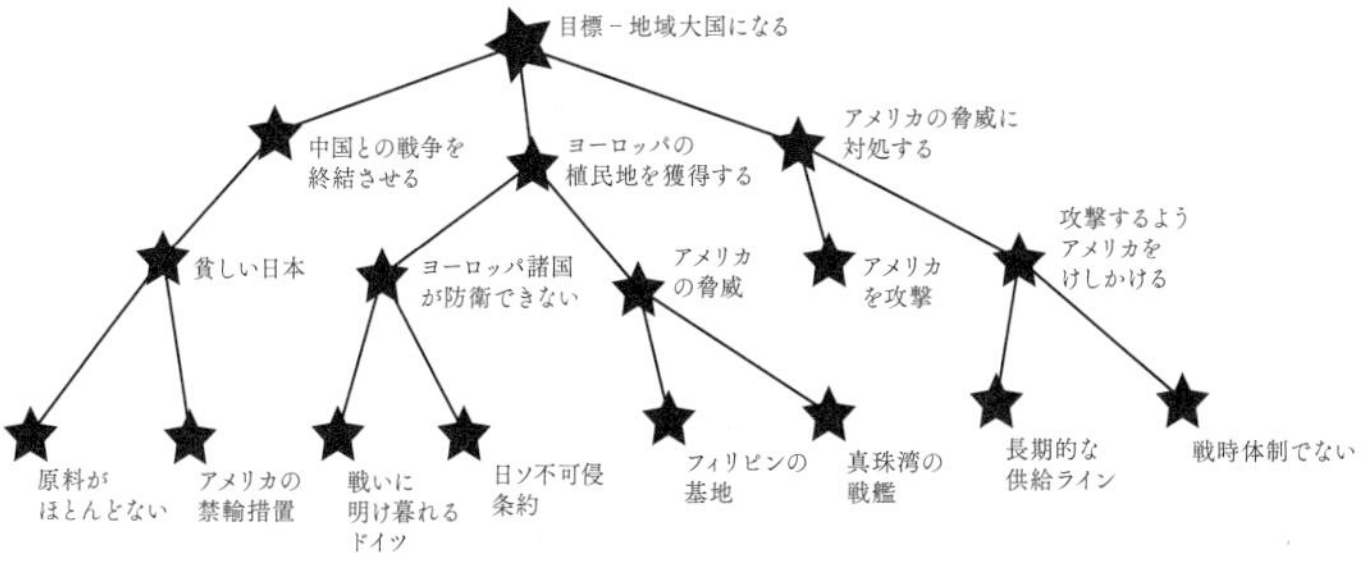

図 11：真珠湾攻撃の授業の別の構成。ストーリーテリングの視点から、日本は物語を推進する行動を取るため、登場人物として資格十分。

せることである。真珠湾攻撃以前のアメリカの孤立主義、攻撃、その後の〝ドイツ第一主義〟の決定とアメリカの戦時体制突入の三つだ。

ただ、この物語における四つのCを考えたとする。その観点から見ると、アメリカは登場人物として不十分だ。

日本は資格十分だ。攻撃を推進する目標――地域の支配――があり、この目標に対する大きな障害があった――天然資源が不足していて、中国との長引く戦争の渦中にあった――からだ。

この状況により、南太平洋のヨーロッパの植民地を一掃するという二次的な目標が設定された。この目標を達成すれば、日本を大国の地位に押し上げることができ、中国との戦争を終結させるために不可欠な原料を獲得するのに役立つ。しかし、その二次的な目標は別の障害ももたらした。アメリカは太平洋における主要な海軍国だったからだ。

日本はその問題にどう対処すればよかったか。ヨーロッパの植民地を略奪したり、5000マイルの海を越えて介入するようアメリカをけしかけたりするのは得策ではない（アメリカはそれに乗ったりしなかっただろう）。日本は一回の奇襲攻撃で脅威の排除を試みることにしたのだ。

もし授業計画を物語構成にしようとすると、図10の授業計画は図11のものと比べて魅力に欠けていることがわかるだろう。

日本の視点から真珠湾攻撃を見るという私の提案は、アメリカの視点は無視するべきだとか、重要性が低いと考えるべきだ、ということではない。実際、アメリカの歴史の授業で日本の視点を取ることになるからという理由で、この物語構成を使わないことにしているアメリカの教師が想像できる。

ここで言いたいのは、物語構成を使用すると、それまでには考えたことのなかった方法で授業を構成できるということだ。それに、物語構成は認知的な利益ももたらしている。

ストーリーテリング（物語構成）の力を借りて歴史を教えるのは容易に見える。では、物語の構成を数学の授業で使用することが本当にできるのだろうか。

答えは、「もちろんできる」。次に、私が入門統計学を教えるときに、どうやってZ値の概念――データ変換のための共通の方法――を紹介したかという例を示そう。もっとも単純でもっともよく知られた確率の例からはじめる。

コイン投げだ。

私のコインは必ず表が出るように細工をしてあるとする。私はそれを証明するためにコインを上に投げる。コインは実際に表向きになる。納得できるだろうか。大学生は答えがノーでなければならないことを知っている。本物のコインなら表が出る確率は五分五分だからだ。

では、100回続けて表が出たらどうだろうか。本物のコインで100回続けて表が出る確率は極めて低いため、あなたはコインが本物でないと結論づけるだろう。

その論理――コインが本物かどうかを判別する方法――は、多くの（ほとんどではなくても）科学実験の結果を評価するために利用されている。

新聞の見出しに「アルツハイマー用の新薬の有効性が確認された」「高齢の運転手の安全度は若年者よりも低い」「いつもビデオを見ている乳児は語彙が乏しい」と出ているとすると、これらの結論はコイン投げと同じ論理に基づいている。これはどういうことだろうか。

次に、広告が効果的かどうか知りたいとする。

私たちは200人に「ペプソデントにセックス・アピールを感じますか」と聞く。200人のうちの100人はペプソデントという歯磨きチューブの広告を見たことがあったが、残りの100人は見たことがなかった。

私たちが知りたいのは、広告を見たグループのうち、セックス・アピールを感じたと言っている人の割合が、広告を見ていないグループでセックス・アピールを感じたと言っている人の割合よりも高いかどうかである。

ここでの問題は、コイン投げの例での問題とまったく同じだ。広告を見たグループが高くなる確率は約50%だ。二つのグループのどちらかが高くならなければならない。(たまたま引き分けだったのであれば、広告に効果がなかったと考える。)

この問題を回避する論理もコイン投げの論理と同じである。コイン投げの場合は、コインが本物であると仮定して、100回続けて表が出ることはほぼ起こりえない出来事だと判断した。本物のコインで100回続けて表が出る確率は非常に低い。そのため、その出来事――100回続けて表――を目撃した場合、仮説が間違っていたに違いないと結論づける。これは本物のコインではない、と。

それなら、広告を見たグループのほうが見ていないグループより少しは高いこともありうる

表１：10回投げ、連続して表ばかりが出る確率

投げる回数	すべてが表になる確率の近似値
1	0.5
2	0.25
3	0.125
4	0.063
5	0.031
6	0.016
7	0.008
8	0.004
9	0.002
10	0.001

が、そのグループがイエスと答える確率がずっと高かったとしたら、どうだろうか。コインに何かおかしなところがあると判断したように、ここでも広告を見た人に何かおかしなところがあると判断するべきだ。少なくとも質問への回答に関しておかしいところがあると判断すべきだ。

当然、この文脈で〝おかしな〟というのは〝(偶然には)起こりえない〟という意味になる。コインの場合は、出来事の〝おかしさ〟つまり〝起こりえなさ〟の計算方法はわかっている。

発生しうる結果の数（２つ）とそれぞれの結果になる確率（０．５）はわかっていて、表１に示すように連続する事象の確率は容易に計算できるからだ。

しかし、ここに次の問題がある。〝おかしさ〟または別の種類の事象が発生する確率をどう計算するかということである。ビデオを見た子どもの語彙力が、ビ

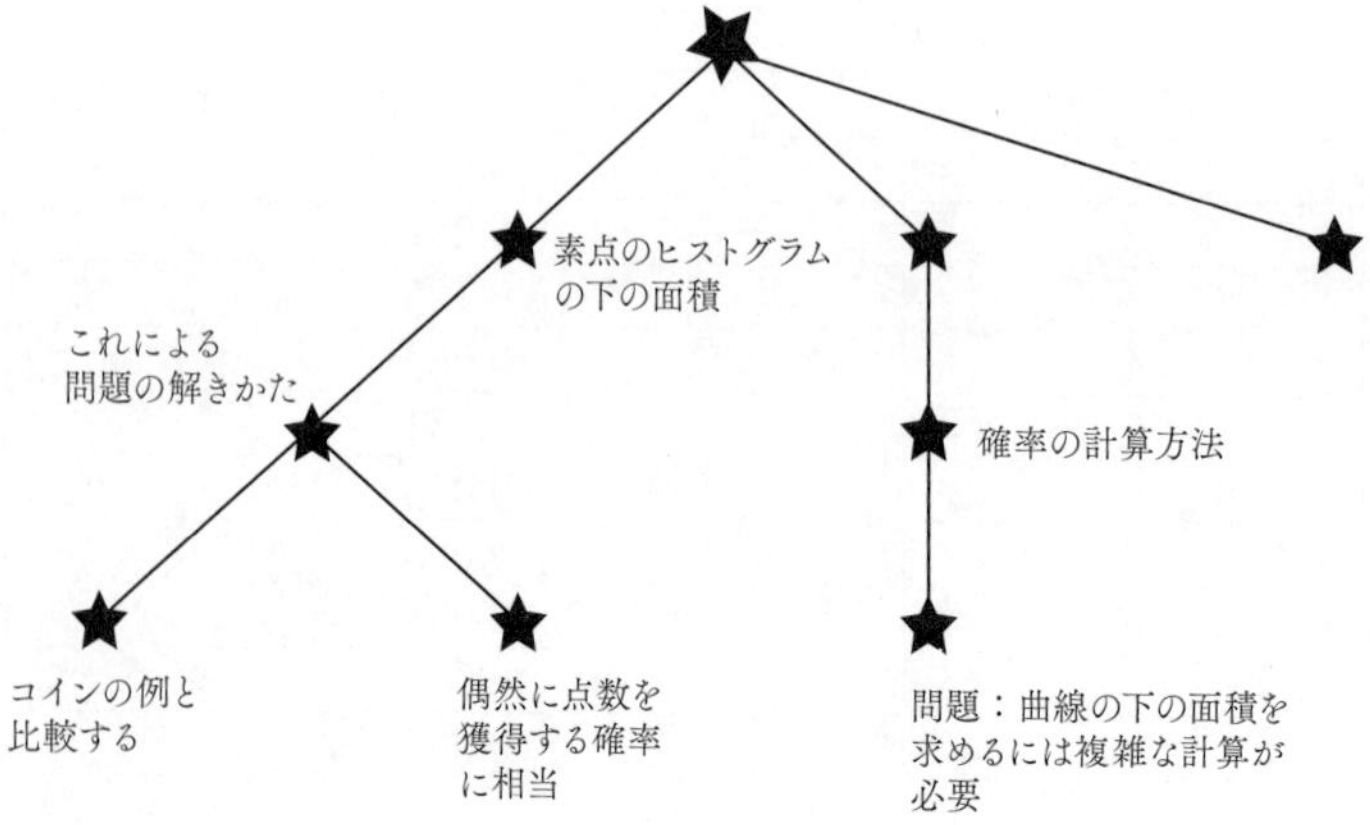

図 12：統計のクラス用のＺ値変換に関する授業計画のための組織図の一部

デオを見なかった子どもの語彙力と比べてどのくらい低ければ、「この二つの子どものグループは等しくないね。等しければ、それぞれの語彙力は等しくなるはずだから。でも、両方の語彙力には大きな違いがある」と即座に言うことができるのか。

このコイン、広告、実験の説明のすべてが実は授業の話のプレリュード（前奏曲）となっている。私は子どもたちに授業の目標を理解させ、関心を向けさせようとしている。これは、偶然に起こる事象の確率を求める方法を説明することと同じである。

それは、この授業のための「衝突」である。この目標追求における好敵手は、ダース・ベイダーではない。私たちが関心を向けている事象は、コイン投げのように簡単なものではないという事実である。これらは確率がわかっていて（50％）、限られた数の結果（表と裏）をもつものではない。

しかしこれは「障害」であり、ヒストグラムと呼ばれる特殊なグラフで対処するが、このアプローチを導入するとさらなる障害が発生する。

ヒストグラムの曲線の下の面積を計算する必要があるが、これは計算が複雑である。問題はZ値で解けるが、これが授業のポイントである（図12）。

ここでいくつかのポイントを指摘しておこう。

目標を設定するために、言い換えると、子どもに偶然の事象が発生する確率の求めかたを知ることが重要であると納得させるために、長い時間――たとえば75分の授業であれば10分から15分――を費やす。ここで扱う内容は授業の中心的なものではない。コイン投げや広告キャンペーンについての話はZ値とはあまり関係がないからだ。

要は、物語の中心的な衝突をはっきりさせることである。このように、長い時間を費やして衝突をはっきりさせるのは、とりわけハリウッドのストーリーテリングの公式に従っている。

ハリウッド映画における中心的な衝突は、標準的な100分の映画の開始から約20分後に始まる。脚本家は最初の20分を使用して登場人物と彼らの状況を紹介し、中心的な衝突が発生したときに観客がすでに映画に釘づけになり、登場人物の状況から目が離せなくなるようにしておくのだ。

映画はアクション・シーンで始まることもあるが、そのシーンが映画の本筋に関係することはほとんどない。ジェームズ・ボンドの映画はよく追跡シーンで始まるが、これはいつも別の任務の一部であり、ボンドが映画の本筋で従事する任務ではない。本筋の任務の衝突は、映画の開始から約20分後に紹介される。

「教える」ということに関して、私は次のように考えている。

子どもに学んでほしい事柄は、実は「問いに対する答え」である。答えは、それ自体、興味深いものではない。しかし、問いを知ると、答えがとても興味深いものになることがある。だからこそ、問いを明確にすることが非常に重要なのだ。

しかし、私はときどき、教師が急いで答えにたどりつくことを重視しすぎるあまり、十分な時間をかけて子どもに問いを理解させ、その重要性を認めさせることができていないのではないかと感じる。

このセクションの最後に、優れた教師になるにはさまざまな方法があることを改めて強調しておきたい。

それは、認知科学にしたがって、すべての教師が物語の構成を利用して授業計画を立てるべきだということではない。これは子どもに意味を考えさせるための一つの方法にすぎない。私が言いたいのは——いや、主張したいのは——すべての教師が子どもに事柄の意味を考えさせる必要があるということだ。

ただし、例外もある。それが次のセクションのテーマとなる。

でも、意味がないときはどうすればいいか

この章のはじめに、「子どもに何かを覚えさせるにはどうすればよいか」という問題を提起した。認知科学からの答えは単純で、「それが意味する内容を考えさせる」だった。そして、前のセクションで、子どもに意味を考えさせるための一つの方法——物語構成——を提案した。

ただし公正を期するためには、子どもが学ばなければならないことに、ほとんど意味のない題材はないのか、を問う必要があるだろう。

たとえば、子どもがWednesdayの奇妙な綴りや、enfranchiseが〝参政権を与えること〟を意

味することや、travaillerが〝働く〟という意味のフランス語の動詞であることを学ぶとき、どうすればその意味を強調することができるだろうか。

事柄によっては、あまり意味がないように見えるものもある。このような事柄は、新しい知識の分野や領域に入るときに特によく遭遇するものだ。

化学の教師は、周期表の元素記号を子どもに順番どおりに覚えさせようと考える。しかし、まったく化学の知識のない子どもが、いったいどうしたらH、He、Li、Be、B、C、N、O、Fといった記号について、深く意味のあるものとして考えることができるだろうか。

意味のない事柄を記憶することを一般的に〝丸暗記〟という。丸暗記の本当の意味については第4章で詳しく述べるが、さしあたっては、周期表の最初の9個の元素を暗記した子どもが暗記した理由や元素の順序の意味をほとんど知らない、あるいはまったく知らないことだけを確認しておこう。

教師は、子どもがより深いことを理解するための足場として、このような知識を長期記憶に備えておくことが重要だと考えるだろう。では、子どもがその事柄を長期記憶に取り込むためには、教師はどう手助けすればよいだろうか。

一般的に〝ニーモニック（語呂合わせ）〟と呼ばれる一連の記憶術がある。あまり意味のない事柄を暗記するのに役立つ方法だ。いくつかの例を表2に示す。

表2：一般的なニーモニック法。ニーモニックは意味のない事柄を記憶するのに役立つ。

ニーモニック	機能	例
ペグワード	ペグワードを記憶するために、one《ワン》はbun《バン》（パン）、two《ツー》はshoe《シュー》（靴）、three《スリー》はtree《ツリー》（木）のように韻を踏む。そして、視覚的イメージによりペグと関連づけて、新しい事柄を記憶する。	radio（ラジオ）、shell（貝殻）、nurse（看護師）という項目を覚えるには、パンに挟んだラジオ、浜辺に落ちている巻貝が入った靴、ナース帽が果物のように実っている木を想像するとよい。
場所法	歩き慣れた一連の場所、たとえば自宅の裏口、枯れかけた梨の木、砂利敷きの私道などを記憶する。そして、歩いているそれぞれの場所と合わせて新しい事柄を視覚化する。	ラジオ、貝殻、看護師という項目を記憶するには、裏口の手すりにコードで吊られているラジオ、枯れかけた木を再生させる肥料にするために貝殻をすりつぶしている人、シャベルを使って新しい砂利を私道に撒いている看護師を視覚化するとよい。
関連法	何らかの方法で相互に関連づけて各項目を視覚化する。	ラジオ、貝殻、看護師という項目を記憶するには、靴の代わりに大きな巻貝の貝殻を履いてラジオを聴いている看護師を想像するとよい。
頭文字法	記憶すべき単語の頭文字を作成し、頭文字を記憶する。	ラジオ、貝殻、看護師という項目を記憶するには、記憶すべき各単語の先頭文字のための手がかりとして大文字を使用し、RAiSiNというという単語を記憶するとよい。
先頭文字法	頭文字法と同様、この方法でもフレーズを考えさせる。最初の文字は記憶すべき事柄の最初の文字に対応する。	ラジオ、貝殻、看護師という項目を記憶するには、「Roses smell nasty（バラがひどい臭いだ）」というフレーズを記憶してから、各単語の先頭文字をリストの単語のための手がかりとする。
歌	馴染みのあるメロディーを思い浮かべ、リストの単語に合わせて歌う。	ラジオ、貝殻、看護師という項目を記憶するには、「ハッピー・バースデー・トゥー・ユー」のメロディーに合わせて単語を歌う。

私はpeg-word（ペグワード法：覚える対象を身近な言葉に関連づけて覚える方法）やmethod-of-loci（場所法：場所に関連づけて覚える方法）をあまり評価していない。幅広い事柄に対して容易に使用できるわけではないからだ。頭の中の散歩（裏口、枯れかけ梨の木、砂利の私道など）を用いて、周期表の元素を覚えるとしても、同じ散歩によってフランス語の動詞の活用を覚えることができるだろうか。問題は、覚えておきたい二つのリストが干渉しあう可能性があるということだ。砂利の私道まで来たときに、そこに二つのものが関連づけられていて、どちらかわからなくなる。

それ以外の方法は、覚える対象ごとに子どもが独自のニーモニックを作成することができるため、自由度が高い。頭文字法や先頭文字法は効果的だが、子どもは覚える事柄にある程度馴染んでいる必要がある。

私は五大湖の名前を思い出そうとするとき、いつもHOMESという頭文字を思い浮かべる。すでに名前を知っているのでなければ、先頭文字の手がかりは大して役に立たず、思い出せずにやきもきするばかりだ。先頭文字法は大体同じように機能し、同じように限界がある。

また、記憶すべき情報を音楽に合わせて歌ったり、韻を踏んで読み上げたりすることも効果が高い。たとえば、私たちの多くは、アルファベットをABCの歌で覚えただろう。

私は州都を「リパブリック讃歌」（日本では「友達讃歌」として知られる）のメロディーに

合わせた例も知っている。歌や押韻は単語を非常に記憶しやすくする。歌は特に優れたメロディーでなくてもよい。

テレビ・ドラマ『チアーズ』のコーチという登場人物が地理の試験のために（「聖者の行進」のメロディーに合わせて）歌いながら勉強していたのを今でも覚えている。

アルバニア！　アルバニア！　アドリア海に面する
国土はほとんど山　輸出品はクロム

歌が難しいのは、ほかのニーモニックに比べて作るのが難しいという点だ。では、なぜニーモニックは効果が高いのかというと、手がかりが得られるからにほかならない。たとえば、ROY G. BIV という頭文字は、光の7色の先頭文字を示したものだが、先頭文字は記憶のための有効な手がかりとなる。次の章で述べることだが、記憶は手がかりに基づいて働いているからだ。

テーマについて何も知らない場合、あるいは記憶しようとしている内容が恣意的であるためにわかりにくい場合（なぜ赤が緑よりも明らかに波長が長いのかがわからない）、ニーモニックは事柄に順序を与えてくれるため、役立つのだ。

この章で述べた内容をまとめておこう。

背景知識が重要であることに異論がないなら、どうすれば子どもに背景知識を習得させることができるか、つまり、学習の働きについてよく考える必要がある。

学習は多くの要因から影響を受けるが、とりわけ重要な要因が一つある。「子どもは考えていることを記憶する」というものだ。この原理は、子どもに適切なタイミングで適切な事柄について考えさせることの重要性を強調している。

教師は普通、子どもに物事の意味を理解してほしいと考え、これに基づいて授業計画の予定を決める。どうしたら子どもに意味を考えさせることができるか。私は一つの方法を提案した。物語構成を利用することだ。物語は理解しやすく記憶しやすい上に、おもしろい。ただ、覚える対象に意味がなければ、子どもに意味を考えさせることはできない。その場合は、ニーモニックを使うとよい。

教室への応用

意味を考えることで記憶は向上する。では、どうすれば教師は教室で子どもに意味を考えさせることができるだろうか。いくつか実践的な提案を紹介したい。

子どもが何について考えるかという観点で授業計画を見直す

これは、教師が認知心理学から得られるもっとも一般的で有益な概念を表している。学校教育でもっとも重要なことは、学校の卒業後に子どもが何を習得しているかということであり、在学中に考えることとその後の記憶には直接的な関係がある。

そのため、すべての授業計画を見直し、(授業で子どもに何について考えさせたいと思うかよりも)授業で子どもに実際に何について考えさせるかを考えることは有益である。そうすることで、教師が授業で伝えようとしていることが子どもに伝わらない可能性がある、ということが明確になるだろう。

たとえば、私は以前、高校の社会科の授業で子どもが三人グループでスペイン内戦の課題に取り組んでいるのを見たことがある。それぞれのグループは内戦のさまざまな側面を調べ(アメリカの南北戦争と比較したり、現在のスペインに対する影響を考えたりする)、学んだ内容を各々が選んだ方法で別のグループに教えることになっていた。

教師は子どもをコンピューター室に連れていき、インターネットで調べさせた。(図書館も利用した。)あるグループの子どもが、コンピューターにパワーポイントが搭載されていることに気づき、ほかのグループに伝えるためにパワーポイントを使用したいと願い出た。教師はその熱意に動かされ、許可した。

すると、やがてすべてのグループがパワーポイントを使うようになった。多数の子どもたちがプログラムの基本をマスターしたため、よい発表になるだろうと思われた。

だが問題は、課題が「スペイン内戦について学ぶ」ことから「パワーポイントの裏技を学ぶ」ことにすり替わってしまったことだった。教室はまだ熱狂に包まれていたが、それはアニメーションの使用、ビデオを組み込むこと、珍しいフォントを見つけることなどに向けられていたのだ。

その時点で教師は、すべてのグループを方向転換させるにはもはや手遅れだと感じ、その週の残りの大半は、プレゼンテーションの見せかただけでなく、中身も大事にするよう口を酸っぱくして言いつづけることになってしまった。

この話はベテラン教師が優れている一つの理由を示している。この教師が翌年、子どもにパワーポイントを使用させなかったのは明らかだ。さらに、課題に集中させる別の方法を考えたかもしれない。

こうした失敗をしないための次善の策は、子どもが課題にどう反応するか、その課題が子どもに何を考えさせるかをよく考えることだ。

注意を引くものについてよく考える

私がこれまで会ったほとんどすべての教師は、折に触れて、授業のはじめに注意を引くものを使用しようと考えていた。

授業のはじめに子どもの心をつかむことができれば、子どもは驚いたり、畏敬の念を抱いたりし、その背後に何があるかを知りたいと思うはずだ。しかし、注意を引くものに必ず効果があるとは限らない。長女が6年生のときに私と交わした会話を次に示す。

父　今日は学校で何をやったんだい。

レベッカ　理科の時間にゲストの先生が来て、化学について教えてくれたの。

父　そうかい。で、化学についてどんなことを知ったのかな。

レベッカ　その人がこんなグラスをもってたの。水みたいだった。でも、何とかっていうこの小さな金属を入れたら、沸騰したの。すごかったんだから。クラスじゅう、もう大興奮。

父　そうか。どうしてそれを見せてくれたんだろうね。

レベッカ　さあ、わからない。

そのゲストはクラスの興味を引くためにこの実演を計画したのだろうし、その目的は達成された。そのゲストが実演に続いて、その現象について子どもの年齢相応の説明を加えたと思いたいが、その情報は子どもの頭に残らなかった。レベッカは思い出せなかった。それは、実演がどんなにすばらしかったかということばかり考えていたからだ。頭に残るのは、自分が考えたことだ。

ほかのある教師は、古代ローマの単元をはじめる初日に、ローマ時代の上着であるトーガを身にまとって教室に登場した話をしてくれた。それは子どもの注意を引いたことだろう。教師が別のことを考えさせようとしても、子どもの注意を引き続けた——子どもの気を散らした——ことも想像に難くない。

もう一つ例を挙げる。生物の授業のゲストが子どもに、今までで最初に見たものについて考えるように言った。子どもはその質問についてじっくり考え、「自分を取り上げてくれた医師」「母親」などと答えた。

それから、ゲストは言った。「実は、最初に見たものは誰でも共通しています。それは、お母さんのお腹を通して入ってくるぼんやりしたピンクの光でした。今日は、その最初の経験がみなさんの視覚の発達にどう影響しているか、今のものの見えかたにどう影響しつづけているかについてお話します」と言った。

この例はすばらしいと思う。子どもの注意を引き、授業の内容に熱心に耳を傾けさせたからだ。

この章で示してきたように、授業のはじめに題材に対する子どもの関心を引き出したり、衝突を作り出したりすることはとても有益だ。しかし、「注意を引くものが本当に必要なのは授業のはじめだろうか」とあなたは考えるかもしれない。

私の経験では、あるテーマから別のテーマへ移ること(または中学生以上の場合は、ある教室と教師のところから別の教室と教師のところに移動すること)は、少なくとも数分で子どもの注意を引くには十分である。

子どもを空想から引き戻すためのちょっとしたドラマが必要なのは、普通は授業の中盤だ。しかし、いつ使うかに関係なく、注意を引くものとその使いかたをどう関係づけるかをよく考えなければならない。

子どもはその関係を理解し、注意を引くものへの関心をもちつづけて、前に進むことができるだろうか。できないのであれば、子どもがその移行を行えるように、注意を引くものに変化を加える方法はあるだろうか。

トーガは上着の上に着て、授業が始まって2、3分たったころに外してもよかった。〝何とかいう金属〞の実演は、基本原理を説明し、何が起きるかを予測するよう促された後であれば、より効果的なものになっていただろう。

探究学習は慎重に使う

探究学習では、子どもたちは対象となるものを詳しく調べ、課題をクラスメートと話しあい、実験を考えるなど、教師の話よりも子どもの課題を基にして学習していく。実際に、教師は教室の指導者というより、リソースとしての役割を果たすのが理想である。

探究学習には、特に子どもの関与のレベルに関して、優れた点が多数ある。どの問題に取り組みたいかの決定に対して明確な意見をもっていれば、選択する問題に真剣に取り組むだろうし、対象について深く考えるため、結果的に利益が得られるだろう。

ただし、大きな否定的側面として、子どもの考えることが予測できないという問題がある。子どもが自分で自由に考えを探究することが許されるとすると、思考過程が成果に結びつかないこともありうる。記憶が思考の残渣であるなら、正しい内容を記憶するだけでなく、誤った〝発見〟も記憶してしまう。

ここで言いたいのは探究学習を使用すべきでないということではない。どのタイミングで使用するかという原理が大事だということだ。

探究学習がもっとも功を奏するのは、子どもが問題について正しく考えているかどうか、環境から迅速なフィードバックが得られる場合である。探究学習の最適な例の一つは、子どもがコンピューターの使い方を学ぶときである。オペレーティング・システムでも、複雑なゲームでも、ウェブ・アプリケーションであっても構わない。

子どもたちはこうした状況で、すばらしい創造力と勇気を発揮する。新しい挑戦を恐れず、失敗を気にしない。発見から学ぶ。ここで、コンピューター・アプリケーションの重要な特性に注目する必要がある。失敗すれば、すぐにわかるという特性だ。コンピューターがするのは、あなたが意図していたことだけではない。この迅速なフィードバックは、〝時間の浪費〟のないすばらしい環境を生みだす。（別の環境はそうではない。生物の授業でカエルの解剖中に子どもが〝時間を浪費〟しているところを想像してほしい。）

教師の誘導により子どもの思考過程の探究に制約を設けない場合、探究学習においては環境が効果的にその役割を果たし、それが記憶に役立つだろう。

子どもが意味を考えざるを得ないように課題を計画する

授業計画の目標が子どもに事柄の意味を考えさせることであるなら、意味を考えざるを得ないようなものが最適なアプローチであることは明らかだ。記憶の研究者として私がいつも驚かされるのは、自分の記憶体系がどのように機能しているのか、人がいかに知らないかということとである。

「いいかい、この単語リストについて、後から暗記テストをするよ」と言ったところで効果はない。誰も、単語を記憶しておくためにどうすればよいか、わからないのだ。しかし、意味を考えなければならない簡単な作業――それぞれの単語に対する好みを評価するような作業――を与えれば、単語が記憶に残る度合いが格段に上がる。

このアイディアは実験室だけでなく、教室でも利用できる。この章のはじめに述べたように、4年生にビスケットを焼かせるのは、奴隷亡命組織の生活がどんなものだったかを理解させるのに適した方法ではない。小麦粉と牛乳の計量について考えることにばかり時間を費やしてしまうからだ。目的は、逃亡奴隷の経験について子どもに考えさせることだった。

それなら、より効果的な授業は、その経験を子どもに考えさせるために、たとえば、「逃亡奴隷がどこで食料を手に入れたと思うか」「どうやってそれを用意することができたか」「どうやってその代金を支払うことができたか」などを質問することだろう。

進んでニーモニック（語呂合わせ）を使う

私が知る教師の多くは、進んでニーモニックを使おうとしない。子どもが韻を踏みながら、州都を唱えている19世紀の教室のイメージが浮かんでしまうのだろう。

教師がニーモニックだけを使用するのなら、イメージどおりになってしまうかもしれないが、使いかたによってはニーモニックにも利用価値がある。教師はこの指導方法を過小評価するべきではないと私は思う。

現時点で子どもにとって意味のないことを記憶させるとしたら、適切なのはいつだろうか。多くはないが、子どもが前進するためにある事柄――今は意味がないように見えるとしても――を覚えさせておかなければならないと教師が感じるときである。一般的な例は、母国語と外国語の両方で、読んだり語彙を学習したりする前に文字と音の結びつきを学ぶことだろう。また、意味を強調したほかの課題と並行して、ニーモニックを使用してある事柄を記憶することが適切な場合もある。

私の通った小学生では、掛け算の九九を暗記する必要がなかった。その代わり、掛け算の実際の意味を強調した別の方法で計算する練習をした。この方法は効果的で、私はすぐに要領をつかんだ。しかし、5年生になるころまでに、九九を暗記していないことが足を引っ張った。新しく学ぼうとしていたことに掛け算が組み込まれていたのだ。問題の中に8×7を見つけるたびに、私は手を休めて積を求めなければならなかった。

6年生のときに新しい学校に転校し、そこの教師がすぐに私の状況を把握し、九九を暗記させた。使いこなすまでには数週間かかったが、それで計算がとても楽になった。

衝突（conflict）を中心として授業計画を構成する

探せば、どんな授業計画にも衝突はある。子どもに学んでほしい事柄は問いに対する答えであり、問いは衝突である。

衝突が明確になっていれば、テーマを自然に推し進められる。映画では、衝突を解決することで新たな障害が現れる。これは学校の課題にもしばしば当てはまる。最初に子どもに学ばせたい事柄からはじめ、そこに含まれる知的な問いに戻って考えるのだ。たとえば、6年生の理科の授業では、20世紀の変わり目に競合していた原子モデルを学ばせたいと考えるだろう。これらが答えである。

ではその問いは何だろうか。

この物語では、目標は「物質の性質を理解すること」である。障害は、複数の実験結果が相互に衝突するように見えることである。提唱された新しい原子モデル（ラザフォード、電子雲、ボーア）は衝突を解決するように見えるが、新たな障害を生みだしている。つまり、モデルをテストするための実験が、ほかの実験と衝突するように見えるのだ。

この構成が有益であると考えられるなら、長い時間をかけて子どもに「物質の性質は何か」という問いについて例示し、説明する方法を考えてもいい。

では、「問い」はなぜ子どもの興味を引くべきなのか。

先ほど強調したように、衝突を中心に授業計画を構成することは、子どもの学びにとって本当に役に立つものとなる。

そして、さらに私が気に入っているもう一つの特徴がある。それは、うまくいけば、その教科の内容で子どもの興味を引けるということだ。私は常々、「子どもと関連づける」という助言には疑いの目を向けている。理由は二つある。

一つの理由は、当てはまらないと感じることが多いからだ。ギルガメシュ叙事詩は、すぐに理解できる形で子どもと関係しているだろうか。三角関数はどうか。これらのテーマを子どもの生活に関連づけることには限界があり、子どもは不自然さを感じるだろう。

もう一つの理由は、自分たちに関係していることを子どもに納得させられないのなら、それを教えるべきでないということになりかねないからだ。

子どもの日々の生活と学校の課題をつねに橋渡ししようとしているなら、子どもは学校がいつも自分たちの力になってくれるというメッセージを受け取れるかもしれない。しかし私は、自分にあまり関係のない事柄を学ぶことにも価値や興味、美があると考えている。

子どもが興味をもちそうな事柄について話すことが無意味だと言うつもりはない。私が言いたいのは、子どもの興味を授業の中心的な推進力にするべきではないということだ。興味はこれらの内容を考えるための理由や動機としてではなく、子どもに考えさせたい主題を子どもが理解するための最初の取っかかりとして使用したほうがいい。

前の章で、子どもがよく考えるには背景知識が必要だと述べた。この章では記憶の働きについて述べたが、これを理解することにより子どもが背景知識を習得する可能性を最大に高められるという希望がある。

では、どうすればこれが実現できるかという答えは、その大部分が意味を考えることと結びついていた。しかし、子どもが意味を理解していないならどうすればよいだろうか。

次の章では、複雑な事柄の意味を理解することが子どもには難しい理由と、それを支援するために教師に何ができるかについて述べよう。

注

＊この統計は私が作った。

第4章

子どもが抽象概念を理解するのはなぜそれほど難しいのか?

Question

以前、幾何学の問題で子どもが面積の計算をするのを教師が手伝っているところを見たことがある。子どもは何度か出だしでつまずいた後、テーブルの天板の面積を計算する文章題を正確に解いた。そのすぐ後に、サッカー場の面積を計算する問題が出された。その子どもは茫然として、促されても、この問題と今解いたばかりの問題がどう関連しているかわからなかった。

前に解いたのはテーブルの天板の問題、この問題はサッカー場の問題で、この二つは彼の頭の中で全く別物だったのだ。

面積の計算のような抽象概念は、そもそも理解するのがなぜそれほど難しいのだろうか。また、一度理解しても、新しい方法で表現されると、なぜ応用するのがそれほど難しいのだろうか。

Answer

抽象化は学校教育の目標である。教師はみな、学校で学んだことを学校外の状況など、新しい状況で応用できるようになることを望んでいる。

問題は、頭が抽象化を好まないことだ。頭は具体的なことを好む。そのため、抽象的な原理――たとえば、「力＝質量×加速度」などの物理法則――に出会うと、理解しやすいように具体的な例を求める。

この章の核となる認知的原理は次のとおりである。

Principle

私たちはすでに知っている事柄に結びつけて新しい事柄を理解するが、私たちが知っていることの大部分は具体的なことである。

そのため、抽象概念を理解することは難しく、新しい状況に応用するのも難しいのだ。子どもが抽象概念を理解できるもっとも確実な方法は、子どもを抽象概念のさまざまなバリエーションに触れさせることである。つまり、テーブルの天板、サッカー場、封筒、ドアなどの面積の計算問題を解かせることである。

ここでは、抽象的な概念の理解を加速させる新しく有望な方法を紹介しよう。

理解とは変装した想起である

第2章では学校教育における事実的知識の重要性を強調した。第3章では子どもにこれらの知識を獲得させる方法、つまり物事を記憶として定着させる方法を述べた。

つまり、ここまでは教師が教えようとしている内容を子どもが理解することを前提としてきた。ご存知のように、これはあてにならない。子どもが新しい概念を理解するのが難しいことがある。特に、まったく新しい概念の場合はそうだ。すでに学んだ事柄と新しい概念が関連づけられないのだ。

認知科学では、子どもが新しい事柄を理解する方法について、何をわかっているのだろうか。

その答えは、子どもが新しい概念（知らない事柄）を理解するには、古い概念（知っている事柄）と関連づける必要があるということだ。ど直球な答えに思われるだろう。

知らない単語に出会ったときに経験する手続きがいい例だ。たとえば、ab ovo という言葉の意味がわからない場合、辞書で調べる。辞書には「最初から」という定義が出ている。この言葉は知っているので、ab ovo の意味がよくわかるのだ*。

新しい概念を理解するのに、すでに知っている事柄と関連づけるというのは、実は教師にとっても馴染み深い原理である。

一つは、〝例示〟が有用だということである。例示はすでに知っていることに関連づけて新しいことを理解するのに役立つ。たとえば、電気について何も知らない子どもにオームの法則を説明しようとしているとする。

子どもに、電気とは電子の流れによって引き起こされるもので、オームの法則はその流れにえる。

対する影響を表すものだと説明する。そして、オームの法則は次のように定義されることを教

$$I = V/R$$

Iは電流の大きさ、つまり電子が移動する速さである。電圧Vは電位差で、電子の運動を引き起こす。電位は等位になろうとする性質があるので、二点間に電位差がある場合は、その差によって電子の運動が引き起こされる。Rは電気抵抗の大きさである。電子の移動に適した導線（抵抗が低いもの）もあれば、導線に適していない素材（抵抗が高いもの）もある。

この説明は正確ではあるが理解しにくい。そのため教科書では、次のようなよく水の動きが例に使われている。

導線での電子の動きはパイプを通る水に似ている。パイプの一方の圧力が高くなり（ポンプによる圧力など）、反対側の圧力が低くなると、水が移動する。しかし、動きはパイプ内部の摩擦により減速し、部分的にパイプを遮れば、さらに減速することになる。水の移動速度はガロン／分などの測定単位により表現できる。そのため、オームの法則を水にたとえて表すと、水の流速は水圧とパイプ内の抵抗によって決まることになる。

図1：「力＝質量×加速度」は抽象的であるために理解が難しい。具体的な例があると理解しやすくなる。同じ力（バットを振る人）を使って、野球のボールと自動車という、質量の異なるものを打つ。ボールの加速と車の加速はまったく違うことがわかる。

子どもたちにはパイプを流れる水のほうがイメージしやすいため、この例はわかりやすい。つまり、私たちは新しい情報を理解するためにすでにある予備知識を利用する。ab ovo を理解するために「最初」という言葉の知識を利用したのと同じである。

そのため、新しい事柄を理解するにはすでに理解している事柄と関連づければよいのだ。それが、例示が役立つ理由だ（図1）。

予備知識を利用すると、その結果として具体的な例が必要となる。みなさんも知っているように、抽象概念——「力＝質量×加速度」のような物理法則や詩の韻律である弱強五歩格(Iambic pentameter)の説明など——は、たとえすべての言葉を定義したとしても、子どもが理解するには難しいだろう。

抽象概念の意味を理解するには具体的な例が必要となる。たとえば、弱強五歩格を理解するには次の一節を聞く必要がある。

Is this face that launched a thousand ships?
And burnt the topless towers of Ilium?
（この顔か、千の船を出航させ、
トロイの塔を焼き尽くさせたのは）

Rough winds do shake the darling buds of May
And summer's lease hath all too short a date
（荒い風がうるわしい五月の蕾を揺らし
夏の命はあまりにも短い）

これら以外の例もたくさん聞いてはじめて、弱強五歩格を理解したと感じることができるのだ。

例示が役に立つのは、抽象概念を具体化してくれるからというだけではない。例が具体的でも、馴染みがないものであれば、あまり役に立たない。

次に、あなたと私が次のような会話をしているとしよう。

私　測定の尺度が違えば、情報のタイプも異なります。順序尺度では順序が示されますが、間隔尺度では測定値の差が意味をもちます。

あなた　なんのことかさっぱりわかりません。

私　では、具体的な例を挙げましょう。鉱物の硬度を示すモース尺度は順序尺度ですが、適切なラッシュ・モデルでは間隔測定が行えます。わかりますか。

あなた　ちょっとコーヒーを飲んできます。

要するに、具体的な例さえ挙げればいいということではない。（測定の尺度の詳しい説明は図2に示す。）馴染みのある例でなければならず、モース尺度もラッシュ・モデルもほとんどの人には馴染みがない。

重要なのは具体性ではなく、馴染み深さだが、子どもに馴染みのあるのは、大部分が具体的なことだ。抽象概念は子どもには理解しづらいからだ。

図２：尺度の数字が相互に関係しあう方法は、４通りある。４通りだけだ。「名義尺度」では、それぞれの数字は１つのことを示すが、数字は任意だ。たとえば、フットボールのジャージの背番号からは選手の資質はわからない。「順序尺度」では、数字は意味を持つが、それぞれの差についてはわからない。たとえば、競馬で一着の馬は二着の馬よりも先着したことはわかるが、どのくらい先に着いたかはわからない。「間隔尺度」では、順序がわかるだけでなく、間隔も意味を持つ。たとえば、10℃と20℃の差は80℃と90℃の差に等しい。間隔尺度での「０」は任意の点だ。つまり、０℃は温度がないという意味ではない。年齢などの「比率尺度」には真の０点がある。つまり、０歳は年齢がないことを表す。

新しい概念を理解するということは、主に、古い概念をワーキングメモリに置いて、配置しなおすことだ。これまでにしたことのない比較をしたり、これまで目を向けなかった特徴について考えたりすることなのだ。

図1に示した力の説明を見てほしい。誰でもバットでボールを打つとどうなり、バットで車を打つとどうなるかを知っているが、これまでに、この二つの概念を頭の中で並べて、結果の違いが質量の違いによるものだと考えたことがあるだろうか。

「理解とは変装した想起である」とセクションのはじめに述べたが、その理由はもうおわかりだろう。子どもの頭に新しい概念を直接注ぎ込むことはできない。新しい概念はすべて、子どもがすでに知っている概念の上に構築する必要がある。

子どもが理解するには、教師（または親、本、テレビ番組）は子どもの長期記憶から適切な概念を引き出し、ワーキングメモリに置く必要がある。また、これらの記憶の適切な特徴に注意を向ける、つまり比較し、結合し、場合によっては操作する必要がある。

私があなたに順序測定と間隔測定の違いを理解してもらおうと思ったら、「温度計と競馬について考えてください」と言うだけでは不十分だ。そう言うことでこれらの概念がワーキングメモリに置かれることになるが、私はそれらが正しく比較されるようにする必要がある（図

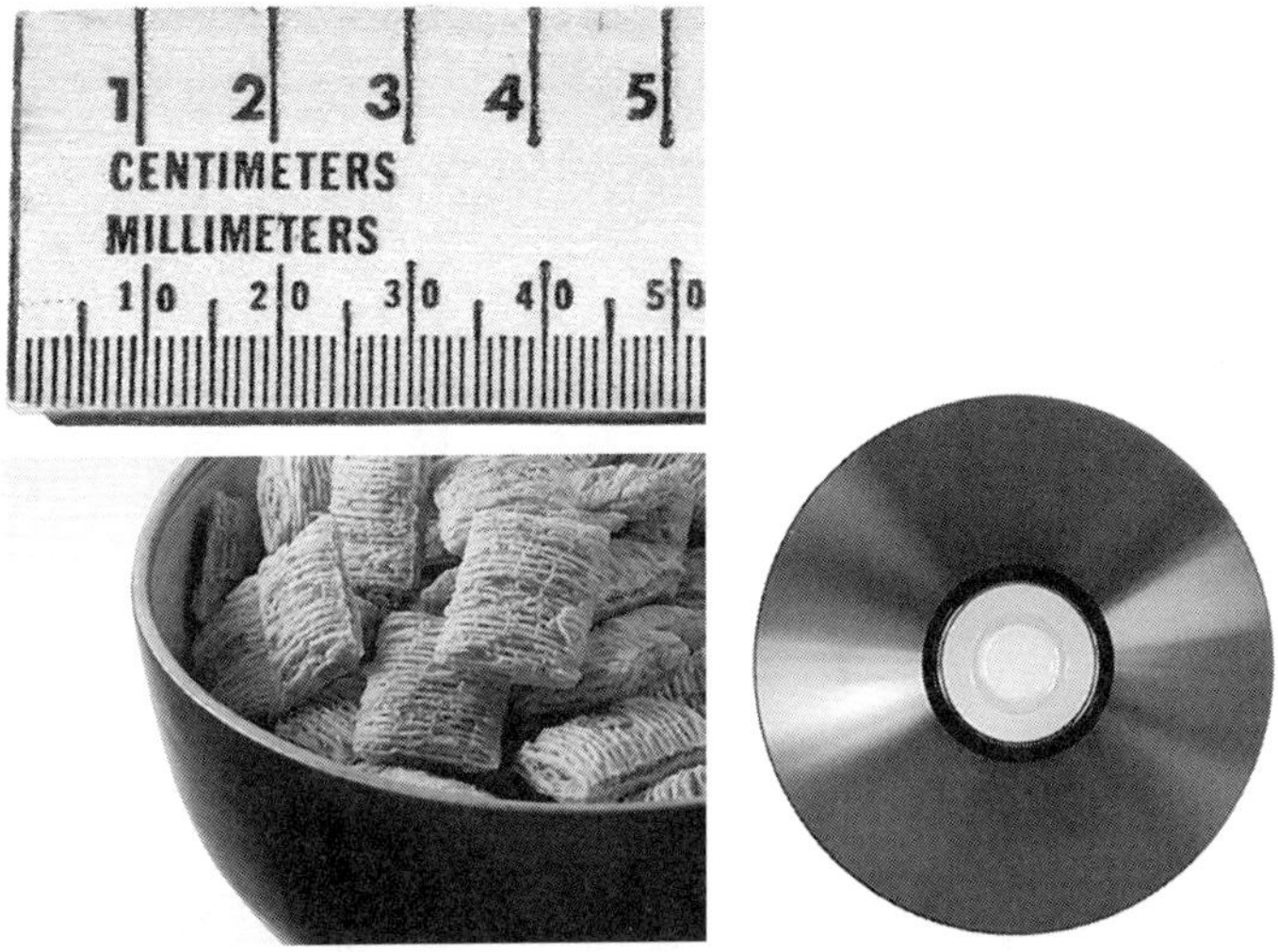

図３：ここにそれ以外の３つの測定尺度を例示する。センチメートル（定規で測定）、シュレッド・ウィート・シリアルの好みを分類する１～７の評価、CDのトラック番号である。これらの例はどの測定の尺度を使用しているだろうか。

2）。

とはいえ、これが言うほど簡単なことでないのも誰もが知っているとおりだ。一回説明をしていくつかの例を示すだけで、子どもは理解できるだろうか、普通はできない。

図2を見たからといって、あなたは測定の尺度を「理解した」と言うことができるだろうか。見る前よりは知識が増えただろうが、深く理解できたという実感はないだろう。新しい例、たとえば定規の長さ（センチメートル）については測定の尺度を見分け

る自信がないかもしれない（図3）。

では、どうすれば子どもの理解を助けられるのか。それについて詳しく知るには、次の二つの問題を考慮する必要がある。

第一に、子どもが「理解している」場合でも、理解にはさまざまな程度があるということだ。深く理解している子どももいれば、理解が浅い子どももいる。

第二に、教室では理解していても、その知識は教室の外の世界には「転移」しない場合もあるということだ。つまり、子どもがある問題の中心にある内容を別のバージョンで見たときに、最近同じ問題を解いたばかりなのに、途方に暮れることがある。答えを知っているということがわからないのだ。

次の二つのセクションでは、これらの問題、つまり「浅い知識」と「転移の不足」について詳しく述べる。

なぜ知識が浅いのか

どの教師でも、こんな経験をしたことがあるのではないだろうか。

（授業中かテストで）子どもに質問をし、子どもはあなたが概念を説明したときに使用した言葉をそのまま、または教科書に書かれた言葉をそのまま答える。確かに答えは正しいのだが、その子どもが定義をただ丸暗記しているだけで、答えている内容を自分で理解していないのではないかと思わずにはいられない。

このシナリオは、哲学者ジョン・サールが提起した有名な問題を想起させる。サールが言いたかったのは、コンピューターはしていることを本当に理解しないで知的行動を示すことがあるということだ。

彼は次のような思考の問題を提起した。

部屋に人が一人でいるとする。そこにドアの下から、中国語が書かれた紙切れを滑りこませる。部屋の中の人は中国語を話せないが、それぞれのメッセージには答える。大きな本をもっていて、各ページは二つの列に分けられている。その左側と右側には漢字の文字列が記されている。彼は紙切れに書かれた漢字とページの左側の列に記された漢字の並びを照らし合わせて、一致するものを探す。一致するものが見つかると、右側の列に記された漢字の並びを紙切れに慎重に書き写し、ドアの下から滑らせて返す。私たちは中国語で質問し、部屋の中の人は中国語で答えた。

このとき、部屋の中の人は中国語を理解していると言えるか。

誰でもノーと答えるだろう。意味のある答えを返したが、本から書き写していただけだ。サールがこの例を出したのは、コンピューターは中国語を理解しているような複雑な動作を示したとしても、人間が言葉を理解するようには考えていないことを主張するためである。

子どもについても同じことが言えるだろう。知識を丸暗記していれば、正しく答えられるかもしれないが、それでは子どもが考えていることにはならない。†

私たちは〝子どもの覚え間違い〟の中に、本当には理解していないのに〝高度な答え〟をする例を見ることができる。これは定期的に電子メールで送信されてくる。それらは丸暗記の格好の例だ。

たとえば、「三種類の血管は、arteries（動脈）と、vanes（風向計：正しくは veins（静脈））と caterpillars（毛虫：正しくは capillaries（毛細血管））」や「私はいつも王党派詩人の作品を読んでいたけれども、その作品は Cease the day!（その日を止めろ：正しくは Seize the day!（その日をつかめ））という心情を反映していた」などだ。

これらの例は、笑わせてくれるだけでなく、子どもが内容を理解しないで〝答え〟を暗記しているだけであることを示している。

子どもが丸暗記だけで終わってしまうのではないかという恐れは、アメリカでは恐怖症の域

図４：王党派詩人の中でもっとも有名な１人である17世紀の詩人ロバート・ヘリック

に達しているが、実は完全な丸暗記というのは比較的まれである。なお、ここでいう〝丸暗記〟は対象について何一つ理解していないことを指している（私もその意味で使用している）。

言葉を暗記しただけの子どもにとっては、愛とロマンティックな人生観が込められた軽快な叙事詩で知られる王党派詩人が「その日を止めろ」という哲学をもっていたとしても、奇妙なことには感じられないのだ（図４）。

丸暗記よりもはるかに一般的なのは、私が〝浅い知識〟と呼ぶもので、対象について子どもがある程度は理解しているが、その理解が限られていることだ。

ここまで説明したように、子どもは古い概念に関連づけることで新しい概念を理解する。子どもの知識が浅いものであれば、処理はそこで停止する。子どもの知識は与えられている例示や説明と結びつけられている。

子どもは、与えられた状況においてのみ概念を理解できるものだ。たとえば、〝その日をつかめ〟というのは〝先のことを心配しないで今を楽しめ〟という意味で、教師が「まだ間に合ううちに、薔薇の蕾を摘むがいい」（ヘリック「時を惜しめと、乙女たちに告ぐ」より）はこの心情の例だと言っていたことを覚えているとしよう。

しかし、それ以上は知らない。この場合、もし教師が新しい詩を示したとしたら、子どもはそれが王党派詩人の様式かどうかを答えることはできなかっただろう。

私たちは浅い知識と深い知識を対比することができる。深い知識を備えた子どもは対象についてよりよく知っていて、個々の知識がしっかりと結びついている。子どもは部分だけでなく、全体も理解している。そのため、さまざまな状況でこの知識を当てはめたり、さまざまな方法で説明したり、その一部が変化すると全体の体系がどう変化するかを想像したりすることができる。

王党派の詩について深い知識を備えた子どもは、王党派の概念の要素を別の文学、たとえば表面的にはまったく異なる古代中国の詩の中にも見いだすことができるだろう。また、「〇〇ならどうか」という質問、たとえば「イギリスの政情が変化していたら、王党派の詩はどうなっていただろうか」という質問も考えることができるだろう。

彼らは、個々の知識が密に結びついているため、このような質問をとことん考え抜くことができる。それらの知識が機械の部品のように関係しあっていて、「〇〇ならどうか」と問われることで、部品と部品の入れ替えを行う。深い知識を備えた子どもは、部品を一つ交換すると機械の動作がどうなるかを予測することができるのだ。

教師が子どもに深い知識を身につけさせたいと考えていることは確かで、ほとんどの教師はそのために努めている。ではなぜ、子どもは浅い知識を習得しただけで終わってしまうのだろうか。

その原因の一つは、子どもが授業に集中していないことだ。「薔薇の蕾」という言葉を聞けば、キックボードで隣家のバラの茂みに突っ込んだときのことを思い出し、詩のその先の部分は頭に入ってこなくなる。

また、子どもの知識が浅いもので終わってしまうのには、見えにくい別の原因もある。次のように考えてみよう。

1年生の子どもに政府の概念を紹介しようとしているとする。子どもに理解してほしいポイントは、生活や仕事をともにしている人が物事をうまく運ぶために規則を制定するということである。あなたは馴染みのある二つの例――「教室」と「子どもの家族」――を挙げて、さら

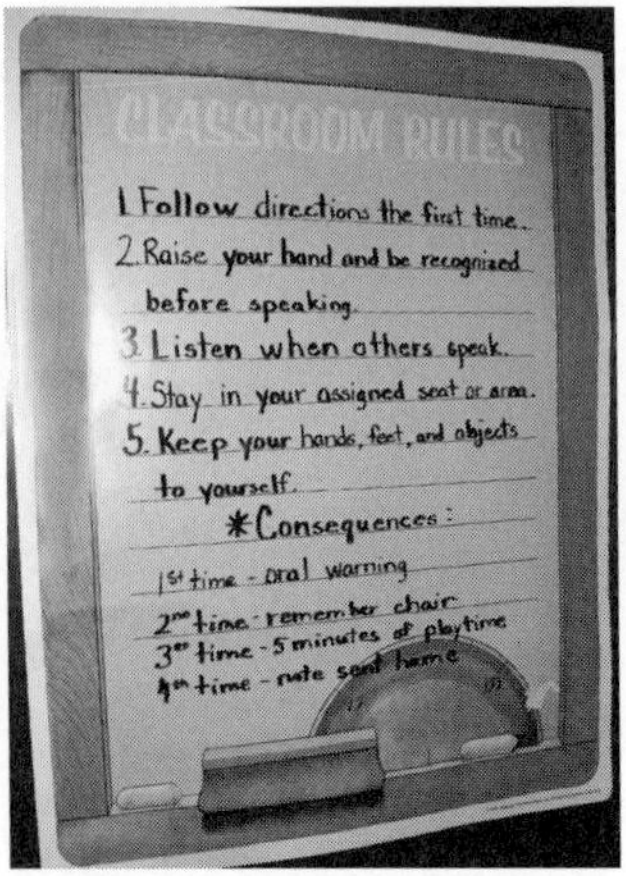

1．最初は指示に従う。
2．手を挙げ、許可を得てから話す。
3．ほかの人が話しているときはよく聴く。
4．自分の席または場所から離れない。
5．手、足、物を自分の場所から外に出さない。

＊罰則

1回目－口頭での注意
2回目－席で反省
3回目－遊び時間のうち5分間の遊び禁止
4回目－家庭に連絡

図5：ほとんどの教室に規則があり、このような一覧として貼り出されていることがある。教室での規則の必要性を理解することは、仕事や遊びをともにする人のグループにとって一連の規則が有益である理由を理解するための踏み石になるかもしれない。

に大きなグループが合意して従う規則もあるという概念を紹介する。

授業計画では、子どもが教室の規則をいくつか挙げ、その規則がある理由を考える。さらに、家族同士で決めている規則をいくつか挙げ、その規則がある理由も考える。最後に、家族や教室の外にある規則をいくつか挙げるという流れだった。

これには教師による多くの働きかけが必要になるだろう。教師が子どもに望むのは、それぞれのグループ――家族、教室、大きなコミュニティ――の規則が同様の機能を果たしていると気づくことだ（図5）。

丸暗記した子どもは「政府と教室

は、両方とも規則があるから似ている」と発言するかもしれない。だがその子どもは、二つのグループに共通している特性を理解できていない。

浅い知識を備えた子どもの理解では政府は教室と似ているが、それはどちらも安全を保ち、物事がスムーズに運ぶようにするために一連の規則に合意する必要のあるコミュニティだからだ。この子どもは類似点を理解しているが、それを超えることはできない。そのため、たとえば「政府は私たちの学校とどこが違うか」と質問されると、途方に暮れてしまうだろう。

深い知識を備えた子どもであれば、質問に答えることができる。規則を制定する必要のある別のグループ（たとえば一緒にバスケットボールをする仲間）を考えるための類似点をうまく述べるだろう。

この説明から、すべての子どもが深い知識を得られるわけではないという理由が理解できるだろう。

習得するべき知識――そのグループに規則が必要――はとても抽象的なものだ。その概念を直接教えればよいとも思われるが、前述のように、子どもは抽象概念を簡単に理解することはできない。具体例が必要となる。そのため、教室の規則の例を使用することが有益となるのだ。

実際、子どもは「人が集まってグループを作るとき、普通は何らかの規則が必要となる」と言うかもしれない。だが、教室、家族、コミュニティのすべてでその原理が実現される方法を子どもが理解していなければ、本当にわかっていることにはならない。

深く知るというのは、抽象概念と例、そしてそれらの組み合わせかたも含めてすべてを理解することである。だから、新しいテーマの学習をはじめたばかりの子どもは、浅い知識しか習得できないのだ。深い知識は浅い知識と比べて習得が難しい。

知識はなぜ転移しないのか

この章では子どもの抽象概念の理解について述べている。誰かが抽象概念の原理を理解するとき、私たちは〝転移〟が起きていることを期待する。

「知識が転移」するというのは、古い知識を新しい問題にうまく当てはめられたということだ。ある意味ではすべての問題は新しく、同じ問題を二回見た場合でも、違った状況で見ていることがある。時間が経過しているため、多少なりとも自分が変化しているからだ。

心理学者が転移について話すときは、たいてい新しい問題が古い問題とは違って見えることを指しているが、私たち認知科学者にはそれを克服できる知識がある。

たとえば、次の二つの問題を考えてみよう。

ジェインは芝地に種を蒔いている。芝地は幅が20フィート、奥行きが100フィートある。芝の種の値段は一袋あたり10ドルで、一袋で1000平方フィートに蒔ける。芝地全体に種を蒔こうと思ったら、いくら必要か。

ジョンはテーブルの天板にニスを塗っている。天板は奥行きが72インチ、幅が36インチある。ニスの値段は一缶あたり8ドルで、一缶で2300平方インチに塗れる。ニスの費用としてはいくら必要か。

どちらの問題も、長方形の面積を計算し、その結果を購入可能な単位（種の袋またはニスの缶）で埋められる面積で割り、整数に切り上げ、それに単価をかける必要がある。この二つの問題の違いは、心理学者が〝表層構造〟と呼ぶものである。最初の問題は芝地の種蒔きに関すること、二番目の問題は天板のニス塗りに関することとなっている。どちらの問題も同じ解法の手続きに従うため、〝深層構造〟は同じである。それぞれの問題の表層構造は、抽象概念を具体化するための方法である。

問題の表層構造は問題を解くのには重要ではないことは明らかだ。重要なのは深層構造である。そのため、最初の問題を解けた子どもは二番目の問題も解けるはずだと考えるだろう。しかし、実際は予想以上に表層構造に影響されるのだ。この影響を示す古典的な実験があり、実験者は大学生に次の問題を解くよう求めた。

あなたは医師で、胃に悪性腫瘍ができた患者と対面しているとする。患者の手術は不可能だが、腫瘍を破壊しないと患者は命を落とす。ある放射線を使えば、腫瘍を破壊することができる。腫瘍を破壊するには、十分な強度の放射線で一度にすべての腫瘍に照射する必要がある。しかしその強度だと、腫瘍に到達するまでに通る健康な組織も破壊されてしまう。強度を下げると、健康な組織への害はなくなるが、腫瘍への効力もなくなる。放射線で腫瘍を破壊しながら、健康な組織を破壊しないようにするには、どのような手続きを用いればよいか。

被験者が問題を解けなければ――ほとんどが解けない――実験者が答えを教える。その答えは、「強度の低い放射線をいろいろな方向から何度も照射し、腫瘍全体に当たるようにする」というもので、これにより弱い放射線は健康な組織を安全に通過するが、すべての放射線が腫瘍に集まるため、腫瘍は破壊される。

実験者は被験者が答えを理解したことを確認した上で、次の問題を出題する。

ある独裁者が要塞から小国を統治していた。要塞は小国の中心部にあり、多くの道路がそこから車輪のスポークのように放射状に外側に伸びていた。ある名将が要塞を占拠し、独裁者の国を解放すると明言した。その将軍は、自分の率いる軍全体が要塞を一度に攻撃すれば、占拠できることを知っていた。しかし、密偵の報告によると、独裁者はそれぞれの道路に地雷を埋めているという。地雷は、少人数なら安全に通過できるように配置されている。独裁者も軍隊や労働者を移動させる必要があったからだ。

しかし、大人数で通過すると地雷が爆発する。そうなると、道路が爆破されるだけでなく、独裁者は報復として多くの村も破壊するだろう。この将軍はどうやって要塞を攻撃すればよいだろうか。

この二つの問題は同じ深層構造をもっている。大規模な軍隊が動くと巻き添えで大きな被害が出るため、兵力を分散させ、いろいろな方向から攻撃地点に集まるようにする。

この答えは一目瞭然に見えるかもしれないが、被験者にとっては一目瞭然ではなかった。概念的には違いのない問題とその答えを聞いたばかりであるにもかかわらず、二番目の問題が解けた被験者はわずか30%だったのだ。

なぜ転移はそれほど起きにくいのだろうか。

その答えを知るためには、私たちが物事を理解する仕組みに立ち戻らなければならない。私たちが何かを読んだり、人の話を聞いたりするときは、同じテーマについてすでに知っていることを踏まえて解釈している。

たとえば、次の一節を読むとする。「フェリックスは今シーズンで二番目にハリケーンになって名前のついた嵐だが、一夜のうちに驚くべき速度で強度を増し、風速150マイル以上の突風が吹くおそれがある。予報士の予測によると、この嵐の進路は12時間以内にベリーズの海岸まで達する可能性があるという」。

第2章で、このような文章を理解するには予備知識が必要だと強調した。どのような嵐に名前がつけられるのか、ベリーズがどこなのかを知らなければ、この文章を十分には理解できない。

また、背景知識があれば、〝次に何が来るか〟という解釈がしやすくなる。これらの文が解釈できれば、新しい文章の解釈を大幅に絞り込むことができるのだ。

たとえば、eyeという単語を見て思い浮かべるのは、ものを見る器官ではなく、針の頭についた輪でも、ジャガイモの芽でも、クジャクの羽根の斑点でもない。思い浮かべるのはハリケーンの中心部だ。また、pressureという単語を見てすぐに思い浮かべるのは気圧であり、仲間の圧力や経済的圧力ではない。

このように私たちの頭は、読み聞きした新しいことが、読んだ（または聞いた）ばかりのことと関連していると仮定する。そのため、理解は速くスムーズになる。

しかしこれが災いして、問題の深層構造に目を向けることが難しくもなる。なぜかと言うと、私たちの認知体系が、つねに読み聞きしたことの意味を解明しようと奮闘し、単語やフレーズや文を解釈するために有益な、関連した背景知識を見つけだそうとしているからだ。ところが、当てはまりそうな背景知識はほとんど表層構造に関係するものだ。腫瘍と放射線の問題を読むと、読者の備えている背景知識（腫瘍、放射線、医師など）に応じて、認知体系によって（ハリケーンの文章のときと同様に）その解釈が絞り込まれる。しかし、その被験者が後から別バージョンの問題を読んだとき、関連するように思われる背景知識は独裁者、軍隊、要塞に関係するものだ。

転移が非常に起こりにくいのはこういうことだ。最初の問題は腫瘍に関するものとして捉えられ、二番目の問題は軍隊に関するものと解釈されてしまう。

この問題の解決策は明快だ。「深層構造に目を向けて読めばよい」。しかし、この助言には、問題の深層構造が明らかではないという問題がある。さらに悪いことに、当てはめることが可能な深層構造が無数とも思えるほど多く存在するのだ。

独裁者と城について読みながら、深層構造は〝後件否定〟という論理形式なのか、深層構造は最小公倍数を見つけることなのか、深層構造はニュートンの運動の第三法則なのかを同時に考えることは難しい。

深層構造を見抜くには、問題のすべての部分が相互にどう関係しているかを理解する必要があり、どの部分が重要でどの部分が重要でないかを知る必要がある。それに対して、表層構造は一目瞭然だ。この問題は軍隊と要塞に関するものである。

腫瘍と放射線の実験を行った研究者は被験者に次のようにも言った。

「いいですか、腫瘍と放射線の問題はこの軍隊と要塞の問題を解くのにも役立つかもしれないですよ」

これを聞くと、ほとんどの被験者は問題を解くことができた。類似性はわかりにくいものではなかった。要塞は腫瘍と類似性があり、軍隊は放射線と類似性があり……。というわけで、最大の問題は二つの問題が類似していることを被験者が単に見逃していることだったのだ。

また、新しい問題と前に解いた問題の深層構造が同じであることに子どもが気づいていても、転移がうまく機能しなかったこともある。

取り組んでいる代数の文章題が二つの未知数をもつ連立方程式を解く問題であることを子どもがわかっていて、しかも解法の例が教科書に載っているという状況を想像してほしい。解き終わった教科書の問題と新しい問題の表層構造は異なる——一方は金物屋の在庫の問題で、もう一方は携帯電話の料金プランの問題——が、子どもは表層構造には目を向けずに深層構造に注意を向けるべきであることをわかっている。

しかし、教科書の例を参考にするには、それぞれの問題の表層構造が深層構造にどう関連しているかがわからなければならない。腫瘍の問題とその答えがわかっているのに、要塞の問題を出されたときに、軍隊の役割に相当するのが放射線なのか、腫瘍なのか、健康な組織なのかわからないというようなものだ。

容易に想像がつくだろうが、問題に多くの要素と多くの解答の手続きが含まれていると、解いた問題と新しい問題を関連づけるのが難しいため、転移が妨げられることがよくある（図6）。

ここまで読んだみなさんは、私たちには読み聞きしたものの表層構造を超えて見抜く力はないように感じられ、知識の転移など土台無理な話に思われるかもしれない。

だが、そんなことはない。比率は驚くほど低かったものの、前述の実験に参加した一部の被

図６：生徒は数学や理科で解けない問題に出くわしたとき、解法が示された類題を教科書で探すのが得策だということを知っている。しかし、類題を見つけても答えられるとは限らず、課された問題と教科書の問題を結びつけられないこともある。

験者は前に見たことのある問題に基づいて考えることができた。

　また、まったく新しい状況に直面したとき、大人は普通、子どもよりもうまく問題に対処する。知識を転移させるため、大人は何らかの形で自分の経験を利用しようとする。つまり、古い知識を新しい問題に転移させるのは背景知識の出所がわかっている場合だけだと考えるのは間違っているのだ。

　腫瘍と放射線の問題をはじめて見たとき、私たちはただ「この問題もこれに似た問題も、これまでに見たことがない。だからあきらめよう」とは言わなかった。

　最終的にうまくいかないとしても、答えを見つけるための方策がある。このような方策は経験、つまり前に解いた別の問題や、腫瘍と放射線についての知識などに基づいたものでなければならない。

そういう意味で、このような問題をこれまで見たことがないと感じているときでも、いつでも事実的な知識や問題を解く知識の転移が起きていると言える。ただし、このような転移は正確にはよく知られていない。どこから来るのか、突き止めるのが難しいからだ。

次の章では特に、知識の転移が起きる可能性を最大限に高める方法について述べよう。

教室への応用

この章のメッセージは気の滅入るようなものに感じられるだろう。物事を理解するのは難しく、ようやく理解したと思っても、新しい状況への転移が行われない。

そこまで情け容赦ないものではないが、深く理解することの難しさは過小評価するべきではない。

結局のところ、理解することが子どもにとって容易であるなら、あなたにとっても教えることが容易だということになる。ここでは、教室でこの課題に対応するための方法について、いくつかのアイディアを紹介しよう。

子どもの理解を助けるため、例を示し、比較させる

前述のように、経験は子どもが深層構造を見つけるための助けになるため、たくさんの例を通して子どもにその経験をさせる。そのほかに役立ちそうな方法は（広範囲に検証されているわけではないが）子どもにさまざまな例を比較させることである。

たとえば、子どもに〝皮肉〟という概念を理解させようとしているなら、次のような例を挙げるとよい。

・『オイディプス王』では、デルフォイの信託によりオイディプスが父を殺し、母と結婚することが予言される。オイディプスは自分の両親であると信じる人を守るために家を離れるが、結果的に予言どおりの結果を招く出来事を引き起こす。

・『ロミオとジュリエット』では、ロミオはジュリエットが死んだと思いこんで自殺する。目覚めたジュリエットは、ロミオの死に動揺して自殺を図る。

・『オセロ』では、気高いオセロはイアーゴーから妻が不貞を働いていると告げられ、信じてしまうが、この忠告はオセロを陥れるための陰謀だった。

子どもは（ある程度は促されて）それぞれの例に共通する要素に気づくかもしれない。登場

人物はある結果を期待して何かをするが、結果は逆になる。決定的な情報が欠けているためだ。

ここでの決定的な情報とは、オイディプスが養子であること、ジュリエットが生きていること、イアーゴーが謀略者であることだ。観客はその欠けた情報を知っているため、結果がどうなるかがわかる。それぞれの演劇の結末はよりいっそう悲劇的なものになる。観客は出来事の展開を目にして、自分たちの知っていることを登場人物が知っていれば不幸な幕引きが避けられたことを知っているからだ。

このような劇的アイロニーは理解が難しい抽象概念であるが、多様な例を比較することで子どもが深層構造について考えることになり、理解の助けになるだろう。子どもたちは、このエクササイズのポイントが「それぞれの演劇に男と女が登場する」というような浅い比較でないことをわかっているのだ。

第2章で述べたように、考えたことが記憶に残る。このように深層構造について子どもに考えさせることは役に立つだろう。

深い知識を明示的/暗示的に強調する

あなたは、物事の意味、つまり深層構造を学んでほしいことを子どもたちに伝えるだろう。

しかし、その気持ちを込めた暗黙のメッセージを送っているかどうかも、自問するべきなのだ。

授業中にどんな質問をしているだろうか。事実に関する質問ばかりを、ときには矢継ぎ早にしていることもあるのではないだろうか。

「この公式でbは何を表していますか」「ハックとジムがいかだで戻ったとき、何が起きますか」といった具合に。基礎基本の事実を知っていることも重要だが、質問がそればかりだと、それだけ知っていればよいという目に見えないメッセージを子どもに送っていることになる。

課題と評価も、重要なことは何かを伝えるもう一つの暗黙のメッセージとなる。

子どもに出した課題は、深い理解を求めるものだろうか。それとも対象を表面的に理解しているだけで完成させることができるものだろうか。

子どもが深い理解のできる学年であるなら、深い知識を問うテストにする必要がある。子どもはテストの内容から、「テストに出ているなら、それは重要なことだ」という強い暗黙のメッセージを読み取る。

深い理解への期待を実現する

深い理解は最終的な目標であるが、子どもが何を達成できるか、どれくらいの期間で達成できるかにも着目する必要がある。

深い理解は習得が難しく、たくさんの練習の賜物にほかならない。複雑なテーマについて、子どもがまだ深い理解に到達していなくても、落胆してはいけない。浅い知識でも身についていれば、知識がまったくないのに比べればずっとよく、浅い知識は深い理解に至る自然な過程なのだ。

子どもが真に深い理解を得られるのは数年先かもしれない。教師にできるのはせいぜい、その道を歩きはじめさせることや、快適なペースで進歩させつづけることぐらいなのだ。

この章では、抽象概念の理解が非常に難しい理由と、馴染みのない状況に当てはめるのが非常に難しい理由について述べた。抽象概念について考え、使う練習をすることは、それを当てはめられるようになるために不可欠であるとも述べた。

次の章では、練習の重要性について詳しく述べよう。

注

＊あなたはある問題に気づいたかもしれない。すでに知っていることに関連づけて何かを理解するとすると、最初に学ぶことはどのように理解するのだろうか。言い換えるなら、beginingが意味する内容をどうやって

知るのだろうか。その言葉を辞書で調べると、「a start」を意味することがわかる。そして、startという言葉を調べると、「a beginning」と定義されていることがわかる。ということは、言葉を別の言葉で定義することはうまく機能しないように見える。たちまち、堂々巡りになってしまうからだ。これは興味深い問題だが、この章の話題の中心ではない。結論だけ言うと、意味によっては感覚的に直接理解できるものもある。たとえば、redの意味は辞書を引かなくてもわかる。このような意味は別の意味のための〝錨〟として機能し、ab ovoの例で見たような堂々巡りの問題を避けるのに役立つ。

†誰もがサールの議論に納得するわけではない。さまざまな反論が上がっているが、もっとも一般的なのは、部屋に一人でいる人の例がコンピューターにできることを捉えていないというものだ。

第5章

演習には それだけの 価値があるか？

Question

演習（Drilling）は昔から悪名が高い。軍事用語の〝演習〟をニュートラルな用語〝練習〟（Practice）の代わりに使用することは、子どものためというより、規律の名のもとに行われる容赦なく不愉快なものを感じさせる。

また、詰め込み教育の単調な学習への批判として、〝drill and kill（演習と死）〟というフレーズも使われている。教師が子どもを鍛え上げ、もって生まれた学ぼうとする気持ちをつぶしてしまうという意味だ。

この議論の対極には、子どもは練習により知識や技能を身につけて、すぐに使えるようにしておく必要があると主張する教育の伝統保守派がいる。これには、算数の5＋7＝12などの頻繁に使う計算結果を知識として覚えることも含まれる。だが、演習で子どものやる気や楽しさを高められると主張する教師はほとんどいない。

演習によって得られる認知的な成長は、子どものやる気を犠牲にするだけの価値があるのだろうか。

Answer

私たちの認知体系の障害となるのは、頭の中で同時にいくつの概念を操れるかということである。たとえば、暗算で19×6を解くことは容易だが、184,930×34,004を解くことはほとんど不可能である。処理は同じなのだが、後者の場合は計算の過程を追うために頭の〝容量を使い果たして〟しまうのだ。

だが、頭はあるトリックを使ってこの問題に対処している。そのもっとも効果的なものが練習である。練習は知的活動に使用する〝場所〟を減らしてくれるからだ。

この章の核となる認知的原理は次のとおりである。

Principle

十分な練習なくして知的活動をマスターすることはできない。

サッカーでドリブルをするとき、ボールを蹴る強さや、足のどの部分を使うかといったことに神経を集中しているようでは、優れた選手になることはできない。

このような基本的な動作を無意識にできるようになり、試合の戦略といった高度な事柄に対応する余裕を残していなければならない。同じように、代数をマスターするには基本的な数学的事項を暗記していなければならない。

子どもには練習が必要だ。しかし、すべての事柄に練習が必要なわけではない。

この章では、練習が重要な理由について詳しく述べるが、どのような事柄が練習に値するのか、どのように練習すれば最大の有用感と興味を感じられるのかについても述べよう。

なぜ練習するのか。

一つの理由は、「最低限の能力を身につける」ことである。子どもは、確実に自分で靴ひもを結べるようになるまで、親や教師に手伝ってもらうだろう。

もちろん練習するのはそれだけではない。

一応はできるけれども、「さらに向上させたい」ことでも練習する。プロのテニス選手は相手のコートに毎回サーブを打ち込むことができるが、それでもボールの速度やショットの精度を高めるためにサーブの練習をする。

教育の場面でも、両方の理由——技能の獲得と熟達——により練習は有効だと考えられる。割り算の筆算を練習している子どもは、計算処理に熟達するまで、つまり筆算の問題を確実に解けるようになるまで練習するのがよい。

そのほかの技術（たとえば、説得力のあるエッセイを書くような技術）についても、基礎を習得し、十分にできていたとしても、能力にさらに磨きをかけ伸ばすために練習を継続したほうがよい。

練習が重要なこの二つの理由——能力の獲得とさらなる向上——は自明で、あまり議論の余地はないと思われるかもしれない。

練習が必要となる理由がはっきりしないのは、すでに何かに熟達していて、練習によって上達するかどうかわかりにくい場合である。奇妙に聞こえるかもしれないが、そのような練習こそが学校教育の本質なのだ。

練習により、次の三つの重要な恩恵が得られる。つまり、より高度な技能を習得するために「必要な基本技能の強化」「その忘却の防止」「転移の促進」である。

練習がさらなる学習を可能にする

子どもの成長にとって練習が重要となる理由を理解するために、思考の働きに関する二つのことを思い出してほしい。

図1（第1章で紹介したもの）は、ワーキングメモリが思考の場であることを示している。思考が生まれるのは、情報を新しい方法で結合したときだ。情報は、環境や長期記憶、またはその両方から取得される。

たとえば「チョウとトンボはどんなところが似ているか」という質問に答えるとき、その質問で重要な比較のポイントを見つけようとして、それぞれの昆虫の特徴に関する情報がワーキングメモリに置かれることになる。

しかしワーキングメモリの重大な性質は、容量が限られていることである。多くの事柄を並

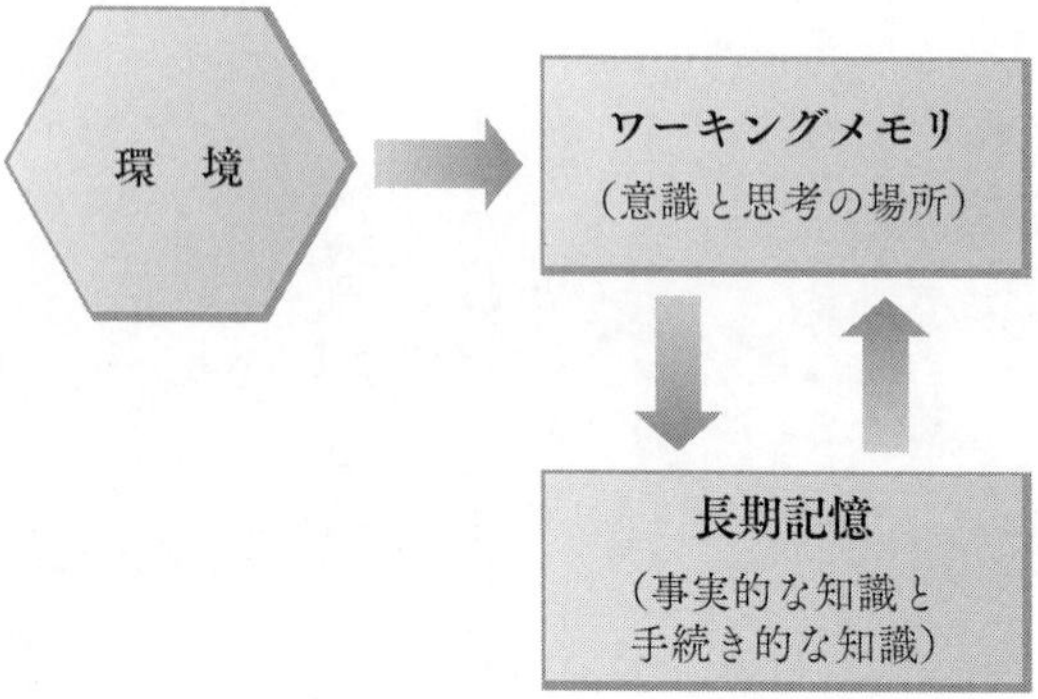

図１：単純化した頭脳のモデル

行して処理したり、多くの方法で比較したりしようとすると、収拾がつかなくなる。

「チョウ、トンボ、箸、丸薬入れ、案山子《かかし》の共通点は何か」と質問されるとする。同時に比較する項目がとても多い。丸薬入れと箸の関係について考えているうちに、すでにそれ以外の項目については忘れてしまっているだろう。

つまり、ワーキングメモリの容量不足が人間の認知における根本的な障壁となる。

しかし認知体系を向上させる方法ならいくらでも思い描くことができる。

記憶の精度を上げる、集中して注意を払う、イメージを明確化する。それ以外にもいろいろ考えられるが、ランプの精が出てきて頭を良くするために何か一つしてくれるとしたら、「ワーキングメモリの容量を増やしてほしい」と頼むとよいだろう。

ワーキングメモリの容量の多い人が、少なくとも学校で必要とされるような思考に長けているのだから。

この結論は多数の研究結果によって正しいことが証明されている。その研究の多くは、次のような簡単な実験によるものである。100人の被験者を選び、それぞれのワーキングメモリの容量と論理的思考力の2つを測定して[†]、その結果が同じになる傾向があるかどうかを確認するというものだ。

驚くほどに、ワーキングメモリのテストの得点が高い人は論理的思考力のテストでも得点が高いと予測され、ワーキングメモリのテストの得点が低い人は論理的思考力のテストでも得点が低いと予測されている（ただし、ワーキングメモリがすべてではない。第2章で背景知識の重要性を強調したことを思い出してほしい）。

さて、ランプの精にワーキングメモリの容量を増やしてもらうことはできそうにない。それにここは練習に関する章なので、みなさんは、「子どもはワーキングメモリを増やす練習をするべきだ」と私が提案していると思うかもしれない。

しかし残念ながら、そのような練習は存在しない。みなさんも知っているように、ワーキングメモリはおおよその容量が決まっていて、今あるものを使うしかなく、練習でそれを変えられるわけではないのだ。

ただし、この容量制限をごまかす方法はある。

第1章では、情報を圧縮することにより、ワーキングメモリにより多くの情報を保持する方法について詳しく述べた。〝チャンク化〟と呼ばれる処理では、いくつかの個別の事柄を一つの単位として扱う。

たとえば、c、o、g、n、i、t、i、o、nという個別の文字をワーキングメモリに保持する代わりに、チャンク化してcognition（認知）という一つの単位にする。単語全体がワーキングメモリを使用する量は一つの文字とほとんど同じだ。しかし、文字を一つの単語にチャンク化するには、その単語を知っていなければならない。文字がp、a、z、z、e、s、c、oだった場合、効果的にチャンク化するには、pazzescoが「頭のおかしい」を意味するイタリア語であることを知っていなければならないのだ。

だから、この単語が長期記憶に入っていなければ、文字をチャンク化することはできない。つまり、ワーキングメモリの限られた容量をごまかす一つめの方法は、事実的な知識を使用するというものである。

そして二つめの方法は、ワーキングメモリでの情報処理を効率化するというものである。効率を大幅に高めることができるため、効率化できるようになるまでにかかるコストは考えなく

図2：彼は靴ひもの結びかたを最近覚えたばかりだ。毎回自分で結べるが、ワーキングメモリはすべてその作業に使われる。しかし、練習を重ねるうちに、無意識にできるようになる。

てよい。

たとえば、靴ひもを結ぶ練習について考えてみよう。最初は全神経を集中しないとできないため、ワーキングメモリがそこに全部つぎ込まれるが、練習を重ねるうちに無意識に結べるようになる（図2）。

以前はワーキングメモリの容量をすべて使っていたことも、ほとんど使わずにできるようになる。大人なら、会話を交わしながらでも、頭で数学の問題を解きながらでも（これが必要な状況はめったにないが）靴ひもを結ぶことができる。

また前に述べたように、よくある例は車の運転である。はじめて運転を習うときは、ワーキングメモリの容量をすべて使ってしまう。靴ひもを結ぶときのように、していることだけで容量がいっぱいになってしまう。ミラーも確認しなければならないし、速度調節のためにアクセルやブレーキを踏む強さにも注意し、スピードメーターも見て、周囲の車との距離も判断しなければならない。

（文字のように）たくさんの事柄を頭の中に同時に保持しようとしているわけではない。その場合、チャンク化によって頭の容量を調節することができる。この例では、たくさんのことをすばやく処理しようとしている。当然、ベテランのドライバーはこれらの動作すべてを問題なくこなすことができるだろうし、同乗者と会話を交わしたりすることもできるだろう。

頭の中の処理はいずれ無意識にできるようになる。無意識に処理しているときは、ワーキングメモリの容量はほとんど、あるいはまったく必要とならないのだ。

その処理は非常に高速で、特に意識して決定しなくても、どうすればよいのかがわかっている。ベテランのドライバーはミラーを一目見て、死角になっている場所を確認して、車線変更をする。わざわざ「よし、これから車線を変更するぞ。まずすることは、ミラーを確認して、死角になっている場所を見ることだな」と考えたりしない。

無意識的な処理の例として、図3を見て、線画で表したものの名前を答えてほしい。中の単語は無視して、絵の名前を答える。

お気づきのように、単語と絵が一致しているものと一致していないものがある。一致してい

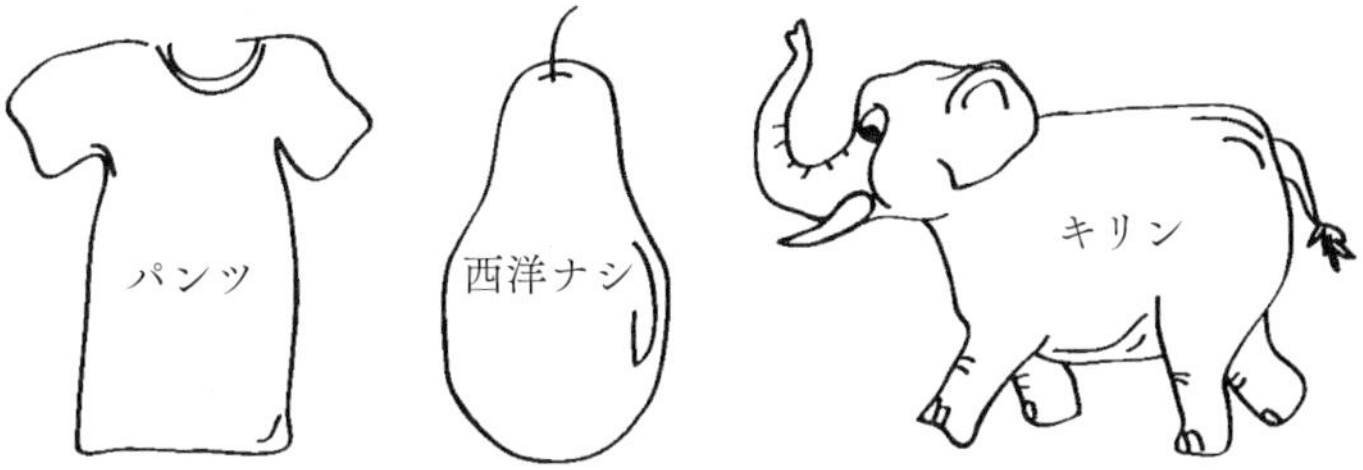

図３：文字は無視して、絵の名前を答えること。文字と絵が一致していないときは、無視することが難しい。無意識に文字を読んでしまうからだ。

ない絵のほうが、絵の名前を答えるのが難しかったのではないだろうか。読解に熟達した人は、印刷された単語が目に入ると、読まないようにすることがかえって難しく、無意識に読んでしまうのだ。

そのため、印刷された文字〝パンツ〟が、想起しようとしている単語〝シャツ〟と衝突する。この衝突が反応を遅くするのだ。

字を覚えたばかりの子どもではこのような干渉が発生しない。無意識に読める段階に達していないからだ。パ、ン、ツという文字を見たとき、子どもはそれぞれの文字に対応する音を慎重に思い浮かべ、それをつなぎあわせる。その音の組み合わせから〝パンツ〟という単語ができることを認識する必要がある。

読解に熟達した人は、これらの処理を瞬時に行うことができる。これこそが無意識的な処理の特徴なのだ。その特徴は次のとおりである。

①非常に速く起きること。読解に熟達した人であれば一般的な単語を4分の1秒もかからずに読める。

②その環境内の刺激によって促されること。その刺激があると、その処理を望まなくても行われることがある。そのため、図3の単語を読まないほうが簡単であることはわかっていても、読まずにはいられない。

③無意識的な処理の構成要素には気づかないこと。つまり、読解という処理における構成要素(文字の識別など)は決して意識されない。〝パンツ〟という単語は最終的に意識されるが、単語が〝パンツ〟であるという結論に達するのに必要な頭の中の処理は意識されないのだ。この処理は初心者の場合では大きく異なり、それぞれの構成手順を意識する(「この字がパで、〝パ〟という音で……」)。

図3のイラストは、無意識の処理がどう働くかが感覚的にわかるが、しようとしていることが無意識の処理によって妨げられるという特殊な例である。

普通は、無意識の処理は妨げではなく助けになる。ワーキングメモリの容量を確保してくれるからだ。以前はワーキングメモリを大きく占有していた処理が非常に小さな場所しか使用しなくなったため、〝ほかの〟処理のための場所ができる。何かを読む場合、〝ほかの〟処理には

1
12 15 14 7 19 20 1 14 4 9 14 7
7 15 1 12
15 6
8 21 13 1 14
5 14 17 21 9 18 25
9 19
20 15
21 14 4 5 18 19 20 1 14 4
15 21 18 19 5 12 22 5 19

図４：この文は、1＝A、2＝B、3＝C……という単純な符号で書かれていて、改行の後は新しい単語に変わる。初心者が読解に費やす労力は、この文の解読の労力に似ている。文字を１つひとつ解明しなければならないからだ。文を解読しようと努力するなら、文を紙に書かずにやってみよう。読解の初心者のように、文の最後の部分を解読するころには、最初の部分は忘れているだろう[‡]。

その単語が実際に意味する内容を考えることが含まれる。

読解の初心者は文字から一つずつ慎重に音を拾い、音をつなげて単語にするため、ワーキングメモリには意味を考えるための場所が残っていない（図4）。

ただし、同じことは読解に熟達した人にも起こりうる。高校時代、私の友達が授業中に指名されて詩を朗読した。読み終えると、詩の解釈について尋ねられた。彼はしばし呆然とした後、「間違えないで読むことに集中していて、詩の中身までは気が回りませんでした」と答えた。1年生と同じで、単語の意味ではなく、発音に意識を集中していたのだ。当然、クラス中が笑った。本人には悪いが、何が起こったかは理解できる。

この考察は算数でも有効である。

はじめて算数に接するとき、子どもはよく、数字を数え上げて問題を解く。たとえば、5＋4という問題を解くとき、5から順に4つ分数え上げて9という答えを出す。簡単な問題ならこの方法で十分だが、問題が複雑になるとどうなるかは想像がつくだろう。

たとえば、97＋89のような複数の桁の問題では、数え上げる方法は役に立たない。問題は、複雑な問題ではより多くの処理がワーキングメモリで必要になることだ。子どもは数え上げて7＋9を計算し、16という答えを得ることはできるかもしれない。ここでは、子どもは6を書き留めておき、数え上げる方法で9＋8を解き、繰り上がりの1を忘れずに結果に加算することになる。

子どもが7＋9＝16を答えとして記憶していれば、問題はずっと簡単になる。ワーキングメモリに負担をかけずに正解にたどりつくことができるからだ。

長期記憶から答えを探してワーキングメモリに移すと、ワーキングメモリでの処理はほとんど必要がなくなる。つまり、計算の答えを多く記憶している子どものほうが、その知識がない か、不十分な子どもよりもうまく計算をこなすのは当然なのである。

これは、成績の悪い子どもが暗算（九九など簡単な計算結果を覚える）を練習することによって、より難しい問題を解けるようになるということも意味している。

ここまで、子どもが頻繁に長期記憶から取り出す必要のある例を二つ示した。読むときにどの文字と音が対応するかということと、9＋7＝16のような計算の答えである。どちらの場合も、記憶を取り出すことにより無意識に処理できるようになる。つまり、環境から適切な刺激が与えられれば、無意識のうちに有益な情報がワーキングメモリに移されるのだ。

また、異なる処理が必要となる別の無意識化もある。

わかりやすい例が、手書きとキーボード入力だ。はじめは、正しく文字を書いたり入力したりするのは骨の折れる作業で、ワーキングメモリをすべて使い尽くしてしまう。文字を正しく書くことに神経を集中しなければならないため、書こうとする文の内容まで考えるのも難しいだろう。

しかし練習を重ねるうちに、内容に集中することができるようになる。実際、書くことにおける別の処理も無意識にできるようになる。上級生にもなると、文法や用法の規則が身についている。主語と動詞を呼応させることや、助詞を正しく使うことなどは、考えなくてもできるようになっているのだ。

ここまでの話をまとめておこう。ワーキングメモリとは頭の中で思考が発生する場所で、ここで概念を結合し、新しく作り変えている。問題は、ワーキングメモリには限られた容量しかないことで、そこにたくさん詰め込みすぎると、頭が混乱し、解こうとしていた問題や、追おうとしていた物語の筋や、複雑な決定を行うために比較しようとしていた要素が考えられなくなってしまう。ワーキングメモリの容量の大きい人は、このような思考力が優れている。

そして、私たちはワーキングメモリの容量を増やすことはできないが、ワーキングメモリの中身を小さくすることはできる。これには二つの方法があった。

一つはチャンク化によって事柄の占める場所を小さくする方法だ。これには長期記憶に保持された知識が必要になる（第2章を参照）。もう一つは、情報をワーキングメモリに移すために、または移した後は操作するために、実行する処理を圧縮する方法だ。

さて、核心に向けて話を進めていこう。

これらの処理を圧縮するには、つまりこれらが無意識に行えるようにするには、何が必要なのか。答えはもうわかっている。練習だ。

もしかしたら、それに代わる〃ごまかし〃という方法があるかもしれない。これがあれば、練習という代価を支払わずに、何かが無意識にできるという利益を得られるだろう。そのような方法も一つくらいはあるかもしれないが、あるとしても、科学でも、世界の文化の結集した英知でも、それはまだ解き明かされていない。みなさんも知るとおり、知性の働きを高めるには、対象となる処理を何度も何度も繰り返すしかないのだ。

さきほど練習がさらなる学習を可能にすると述べたが、その理由はもうおわかりだろう。音と文字の対応がわかり、音と単語を確実に結びつけることができるという意味で、あなたは読解に〝熟達〟している。では、文字を知っているなら、なぜ練習を続けるのだろうか。

練習するのは、単に速くできるようになるためではない。重要なのは、無意識に音を想起できるようになるまで文字の識別能力を高めることだ。無意識にできるようになれば、長期記憶から音を想起するのに使われる分のワーキングメモリが解放され、この場所が意味を考えることだけに使えるようになるのだ。

ここまで述べた読解に関することは、学校のほとんど、すべての教科や、子どもに身につけさせたい技能にも当てはまる。これは階層構造になっているのだ。基本的な処理（計算の答えを取り出す、理科で演繹法を使用する、など）は、最初はワーキングメモリを必要とするが、練習を重ねるうちに無意識にできるようになる。

子どもが思考を次の段階に進めるには、これらの処理が無意識にできるようにならなければならない。

偉大な哲学者アルフレッド・ノース・ホワイトヘッドはこの現象について次のように述べた。「自分のしていることについて考える習慣をつけるべきだというのは、習字帳でも著名人のスピーチでも繰り返され、自明の理《ことわり》のようになっているが、大いに誤った考えだ。実は正反対だ。文明を進歩させるには、考えなくてもできる重要な作業の数を増やすことだ」。

練習が記憶を長く留める

私は数年前に、あることを経験した。あなたもきっと経験したことがあるだろうが、偶然、高校時代の幾何学の答案用紙を見つけたのだ。今では幾何学について覚えていることは三つもないくらいだが、そこにあったのは一連の問題、小テスト、テストで、すべて私の筆跡で答案と事実的な知識がびっしりと書き込まれていた。

このような経験は教師を落胆させるかもしれない。高校時代の幾何学の恩師が苦労して私に身につけさせた知識と技能は、今やおおかた消え失せている。子どもがよく言う「将来、こんなの絶対に使わない！」という不平不満の根拠となるものだ。

では、もし私たちが子どもに教えることがただ消えていくだけだとしたら、私たち教師は一体何をしているのだろうか。

私は幾何学について多少は覚えていることがある。確かに講座の終了直後に比べれば今知っていることははるかに少ないが、授業を受ける前に比べれば多い。実は研究者も、子どもの記憶を調査して同じ結論を導きだしている。それは、私たちは学んだことの多く（ただし全部ではない）を忘れてしまうものであり、忘れる速度は速いというものだ。

ある研究で研究者は、3～16年前に1学期間、大学の発達心理学の講座を履修した人を探しだした。その被験者らは発達心理学についてのテストを受けた。

図5に示す結果は、大学生のときに講座でA評価を取ったグループとB評価以下を取ったグループを別々にグラフ化したものだ。全体的に、記憶の保持率は芳しいものではなかった。講座終了からわずか3年で、学んだことの半分以下しか思い出せなくなり、保持率は7年目まで低下し、そこから横ばいになった。

A評価のグループは全体的によく思い出すことができていた。最初の段階で知識が多かったのだから、特に不思議なことではないが、忘れる速さはその他の学生と違いがなかった。ということは、一生懸命勉強しても忘れるのを防止できないことになる。A評価の学生が一生懸命勉強したとしても、ほかの人たちと同じ速さで忘れることも認めないわけにはいかない。

しかし、忘れるのを防ぐには別の手段がある。それが〝継続的な〟練習だ。

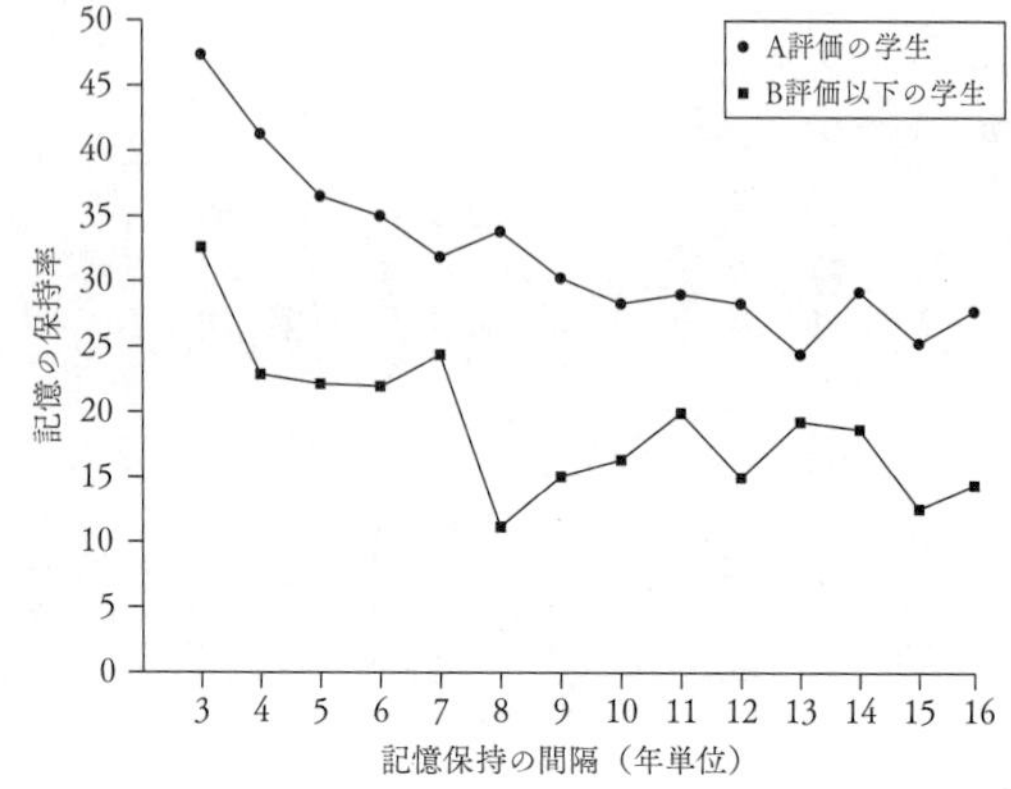

図５：３〜16年前に受講した１学期間の発達心理学のコースの内容を学生がどれだけ思い出せるかを示すグラフ。それぞれの線はコースで評価がＡの学生とＢ以下の学生の結果を示す。

別の研究で、研究者はさまざまな年齢の被験者を選び出し、基礎代数のテストを行った。1000人以上の被験者が実験に参加したため、さまざまな背景をもつ多数の人が集まった。その研究でもっとも重要なポイントは、それまでに受講した数学の講座数の違いだった。

図6を見てほしい。ここには代数のテストの得点を示している。§

実験のために、全員が同時にテストを受けた。得点は高校と大学で受講した数学の講座数に基づいて四つにグループ分けされている。

まず、一番下の曲線に注目してほしい。これは代数の講座を一つだけ受講した被験者の得点を示している。左から右

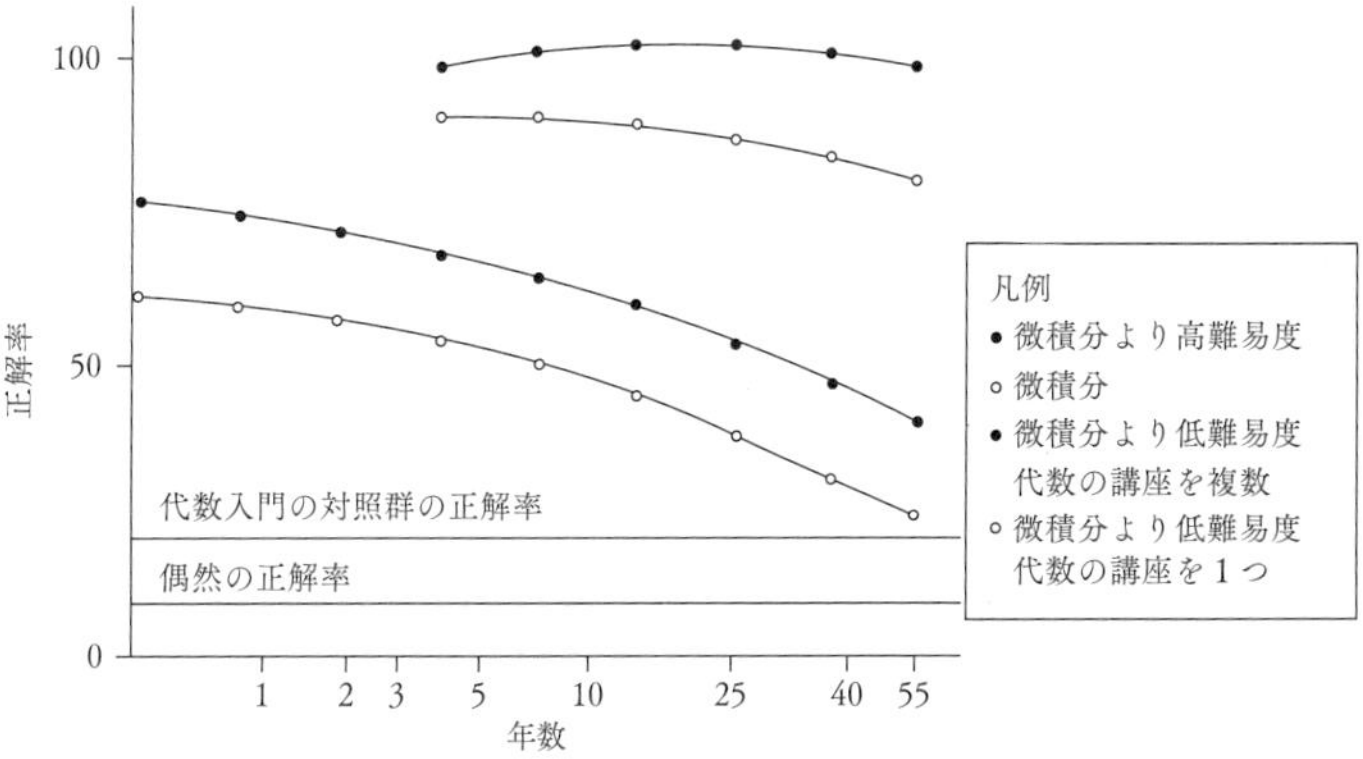

図6：1カ月前から55年前までの間に講座を受講した人々による基礎代数のテストの成績。4本のデータの線は4つのグループに対応し、基礎代数の後にいくつの数学の講座を受講したかで分けられている。

に向かって受講後の時間が長くなるため、一番左の点（約60％の正解率）が受講を終了したばかりの被験者の得点を表し、一番右の点は55年前に代数を受講した被験者の得点を表している。

一番下の曲線の結果は予想どおりで、代数の講座を受講してからの時間が長いほど、テストの得点が悪くなっていることがわかる。

その上の曲線は複数の代数の講座を受講した被験者の得点を示している。予想できるとおり、テストの結果は良かったが、他のグループと同様に忘却するという証拠も得られた。

次に、一番上の曲線を見てみよう。これは微積分よりも高度な数学の講座を受講した被験者の得点である。この曲線で興味深いのは、変化がほとんどないことである。最後に数学の講座を受講したのが55年以上前でも、5年前に受講した被験者と同じぐらい代数についてよく覚えているのだ。

ここでは何が起きているのだろうか。

この効果は、多くの数学の講座を受講しつづけている被験者のほうが賢いためでも、数学が得意なためでもない。グラフには現れていないが、前述の発達心理学の研究と同様、最初の代数の評価がA、B、Cの被験者を分けても意味がない。みな、同じ速さで忘れるのだ。別の言いかたをすれば、最初の代数の講座でC評価を取ったが、その後も続けていくつかの数学の講座を取った学生は代数を忘れないが、代数の講座でA評価を取ったが、それ以後は数学の講座を取っていない学生は忘れる、ということだ。これは、その後も数学の講座を取れば基礎代数について考え続け、〝練習〟し続けることになるということだ。代数の練習を十分にすれば、効果的に忘却を防止することができる。

なお、別の教科での研究、たとえば外国語としてのスペイン語の勉強などでも、まったく同じ結果を示している。

しかし、これらの研究ではまだ明らかではないことがある。それは、長期的な記憶として残るのが、多く練習するからなのか、長期間にわたって行われるからなのかという点である。

研究者は、勉強の〝タイミング〟の重要性についても調査した。タイミングというのは、勉強する時刻のことではなく、勉強の間隔をどれだけ空けるかということである。

もう少しわかりやすく説明しよう。

前のセクションでは2時間勉強することは1時間勉強するよりも良いと述べた。そこで、何かを2時間勉強することに決めたとする。この120分をどう配分するべきだろうか。120分、ぶっ続けで勉強するべきだろうか。それとも、ある日に60分勉強し、翌日に60分勉強するべきだろうか。週一回30分を4週間続けるのはどうだろうか。

テストの直前にたくさん勉強することを一般的に〝一夜漬け〟という。学生時代、学生たちがテストのために一夜漬けをして良い点を取ったが、1週間後には何も思い出せないとよく自慢していたのを私も覚えている（自慢するのもおかしな話だ）。

この研究結果はこの自慢話を裏づけている。短時間にたくさん詰め込んで勉強すれば、直後のテストではよくできるだろうが、覚えたことはすぐに忘れる。それに対して、間隔を空けて何度か勉強すれば、直後のテストでは同様の効果はないかもしれないが、一夜漬けと違って、覚えたことがテストの後も長く記憶に残るのだ（図7）。

間隔を空けることの効果については、それほど驚くことではないだろう。一夜漬けが長期的な記憶につながらないことは誰もが知っている。間隔を空ける勉強が一夜漬けよりも記憶に残

日曜日	月曜日	火曜日	水曜日	木曜日	金曜日	土曜日
		1	2	3	4	5
6	7 勉強	8 勉強	9 勉強	10 勉強 **勉強** **勉強** **勉強** **勉強**	11 テスト **テスト**	12
13	14	15	16	17	18 テスト **テスト**	19
20	21	22	23	24	25	26
27	28	29	30	31		

図７：この単純な図に示すのは認知科学者が「記憶の分散効果」と呼ぶものである。生徒１（太字）は最初のテストの前日に４時間勉強したのに対し、生徒２はテスト前の４日間にわたって１時間ずつ勉強した。生徒１のこのテストでの得点は生徒２よりも少し高いと思われるが、１週間後に行われる２回目のテストでは生徒２のほうの得点が大幅に高いと思われる。

りやすいというのは、理にかなっていることだ。

　間隔を空けることの効果には、二つの重大なポイントがある。

　練習の重要性は前述のとおりだが、間隔を空けて練習すると効果が高いこともわかった。つまり、間隔を空けると、一度にまとめて勉強した場合よりも〝少ない練習〟で済ませることができるのだ。

　間隔を空けた練習には別の利点もある。練習という言葉を使っているが、その意味はすでに習得したことに継続して取り組むことである。この定義だけを見ると、認知的な利点があるにもかかわらず、どこか退屈な響きがあるだろう。教師にとっては、このような作業に子どもの関心を向けさせるには、間隔を空けるほうがやりやすくなる。

練習が転移を促す

第4章で、今ある知識を新しい状況に転移させることの難しさについて詳しく述べた。放射線で腫瘍を攻撃する問題を覚えているだろうか。被験者は、問題の答えが含まれている類似した物語（少人数の兵士による要塞の攻撃）を聞いても、腫瘍の問題の知識を転移させることができなかった。

そこで述べたように、明らかな表層構造の類似性がない場合でも、転移が起きることはある。まれではあるが、起きなくはないのだ。

では、その確率を上げるにはどうすればよいか。どのような要素があれば、子どもに「ああ、こういう問題なら前に見たことがあるから、解きかたはわかる」と言わせることができるのだろうか。

転移には多くの要素が関与しているが、特に重要なポイントがいくつかある。

転移が起きやすいのは、新しい問題の表層構造が前に見たことのある問題の表層構造に類似している場合である。つまり、コインの収集家が分数を含む問題を解ける問題だと認識しやすいのは、数学的には同等であっても、エンジンの効率を計算する問題よりも、お金の両替に関する問題だからだ。

また、練習も転移を促す一つの重要な要因だ。ある種類の問題をたくさん解いていると、その特定の問題を見たことがなくても、問題の深層構造を認識しやすくなる。

そのため、腫瘍と放射線の問題を読んだことがあると、兵士と要塞の問題を解くときにどうすればよいかが多少わかりやすくなる。力を分散させて目標の箇所で収束する話をいくつか読んだことがあれば、問題の深層構造を認識できる可能性はずっと高くなる。

別の例を見るため、次の問題を読むとしよう。

メキシコへの旅行を計画しているとする。アメリカドルをもって行って現地でメキシコ・ペソに一度両替し、ホテルの宿泊費を現金で支払えば、手数料を大幅に節約できることがわかる。4泊する予定で、宿泊費用は1泊当たり100メキシコ・ペソである。

ドルをいくら用意すればよいかを計算できるようにするには、ほかにどんな情報が必要で、どんな計算をする必要があるだろうか。

大人にはこの問題の深層構造がすぐにわかるのに、なぜ4年生にはわからないのだろうか。研究者はこれにはいくつかの理由があると考えている。

第一の理由は、練習によりはじめて問題を本当に理解でき、後から思い出せる可能性が高くなるからだ。必要な原理を理解できず、思い出せないなら、新しい状況に転移できる望みはない。それは明らかだ。

しかし、割り算を理解している4年生の子どもがいるとして、割り算が問題を解くのに役立つことがわからないのはなぜだろうか。そしてあなたにはなぜわかるのだろうか。

第4章で述べたことを覚えているだろうか。読み進めるにつれて、次に何がくるかという解釈の可能性が大幅に絞り込まれるのだ。ハリケーンについての短い説明文の例を挙げ、その後にeyeという単語を目にした場合、ものを見るための目や、ジャガイモの芽などのことは普通考えない。

要は、読んでいるとき（あるいは人の話を聞いているとき）、同様の話題と関連づけながら、書かれている内容を解釈しているということだ。

eyeという言葉に関連することはたくさん知っていて、頭は読んでいるものの文脈に基づいて適切な連想を選び出す。その選択は「ええと、ここで適切なのはeyeのどの意味かな」というように意識的に行う必要はない。適切な意味はパッと頭に浮かぶものだ。

この文脈的な情報は、いくつかの意味の候補がある中で個々の単語を理解するためだけでなく、読んでいるものの中で事柄同士の関係を理解するためにも利用できる。

たとえば、私が次の話をしたとする。

「私と妻は小さな島で休暇を過ごしたのですが、そこには奇妙な決まりがあります。暗くなってから二人以上で散歩する場合、それぞれがペンを携帯しなければならないというものです。ホテルのドアにはそのための貼り紙がしてあり、そこかしこにペンが置かれていましたが、初日の晩に夕食に出たとき、私はもっていくのを忘れてしまいました」。

これを読めば、この話のポイントはすぐに理解できるだろう。私が規則に違反したということだ。

ただ、表層構造については、この話のような背景知識は備えていないだろう。これまでこんな規則は聞いたことがないだろうし、ペンを持つのが道理にかなっているとも言えない。しかし、あなたは話の要素の機能的な関係について、多くの例を見ているはずだ。

つまり、この話のポイントは〝許可〟ということだ。許可の関係では、何かをすることが許可されるには前提条件を満たしていなければならない（図8）。

たとえば、飲酒するには、アメリカでは21歳になっていなければならない。同様に、小さな島では別の人と夜間に外出するには、それぞれがペンを携帯していなければならなかったの

図８：これはすぐに許可の規則だと理解できる。シャツも靴も身に着けていなければ、サービスは受けられない。この規則は理解しやすい。馴染みがあるからというだけでなく、この深層構造にもこれまで何度も出会ったことがあるからだ。

だ。

許可に関する規則がある場合、普通は規則を破った場合の報いがあることもわかっている。そのため、私がこの奇妙な話をはじめたとき、話がどこにつながるかを予測できるだろう。

ペンをもっていなくて私が捕まるかどうか、捕まるなら、結果はどうなるかに重点が置かれることになる。相手の気持ちのわかる人なら、「おやおや、あなたはペンを持っていなくて捕まったんですか」と言って調子を合わせてくれるだろう。

そうではなく、返される言葉が「本当に？ホテルでどんなペンをもらったんですか」というものなら、話の要点をわかっていないということだ。

ペンの話をすると、あなたの頭には無意識にパッと〝許可の規則〟という概念が浮かぶだろう。ハリケーンの話で eye という単語を見たときに〝ハリケーンの中心〟という意味が浮かぶのと同じだ。

eye の意味が文脈で理解できるのは、eye という単語がハリケーンの中心と言う意味で使用されていることをこれまでに何度も見ているからだ。同様に、このペンについての話を聞くと、許可の規則の深層構造がパッと頭に浮かぶ。同じ理由で許可の規則について考える練習をたくさんしているからだ。

許可の規則と eye の唯一の違いは、後者が一つの単語であるのに対して、前者がいくつかの概念の関係によって生まれる概念であることだ。

頭の中には、個々の単語の意味が保持されているのと同様に、概念の機能的な関係（許可の概念など）が保持されている。

eye がハリケーンの中心を指すとはじめて聞いたときに難なく理解できたからといって、二回目に eye という言葉に出会ったときに正しい意味が頭に浮かぶとは限らない。少しまごついて、文脈から必死で意味を探り出す必要があるかもしれない。eye という言葉を無意識に正しく解釈するには、何度か目にする必要がある。

つまり、練習する必要があるのだ。これは深層構造にも言えることである。最初に見たときに深層構造が理解できたとしても、再び出会ったときに無意識に認識できるとは限らない。要するに、練習が転移に役立つのは、練習を重ねることで深層構造が明確になるからだ。

次の章では、何かについてたくさん練習したときに何が起きるかについて述べる。熟達者と初心者を比較し、その根本的な違いについて説明しよう。

教室への応用

この章のはじめに、練習には二つの明白な理由があることを指摘した。最低限の能力を身につけること（ティーンエイジャーがマニュアル車を確実に運転できるようになるまで練習する場合など）と、熟達すること（ゴルファーがパットの精度を上げるために練習する場合など）である。

それから、明らかな能力の向上が見られない場合でも知的技能の練習を継続するべきである第三の理由も提示した。このような練習は次の三つの利益を生む。

①思考過程が無意識に行われるようにし、さらなる学習を促進すること
②記憶が長期的に保持されるようにすること
③学習が新しい状況に転移する可能性を高めること

こうした練習の否定的側面はおそらく明確だろう。上達が見えないと、練習はとても退屈なものになることだ。ここでは、どうすれば負担を最小限に抑えながら練習から利益を得られるかについてのアイディアをいくつか紹介したい。

何を練習するべきか

すべてのことを十分に練習することはできない。単純にそこまでの時間がないからだが、さいわい、すべてを練習する必要はない。

練習から何が得られるかを知ることで、練習の方向性を考えることができるのだ。つまり、練習によって無意識に考えられるようになるなら、「どんなことを無意識に行えるようにする必要があるか」と問うことができる。

記憶から数字の情報を引き出すことは、記憶から文字に対応する音を引き出すのと同様、優先度が高いと思われる。理科の先生であれば子どもが元素の基本事項をすぐに使えるようにしておく必要があると考えるかもしれない。

一般的に、無意識に行えるようにする必要がある処理は、無意識に行えることでもっとも利益が得られる技能の構成要素である可能性が高い。構成要素とは教科で何度も使用されるもので、さらに進んだ課題のための前提条件となる。

練習の間隔を空ける

ある概念に関するすべての練習を、短いスパンで、または特定の単元内にやってしまわなければならないと考える必要はない。

実際、間隔を空けて練習するのが適切だといえる理由がある。前述したように、記憶は間隔を空けて練習したほうが長く保持されるうえに、同じ技能を続けて繰り返し練習していると退屈してしまう。変化をつけたほうがいいのだ。

また、間隔を空けるもう一つの利点は、子どもが自分の知識や技能をどう当てはめるかをじっくり考えることで、さらに熟達できるということだ。

技能の練習すべてを一度にまとめて行うと、子どもは出会うすべての問題が、練習中の技能に関連するに違いないと考えてしまう。

しかし、1週間前、1カ月前、または3カ月前の事柄がときどき含まれていると、子どもは問題への取り組みかたや、どの知識や技能を当てはめることができるのか、より慎重に考えなければならなくなる。

子どもが出会う教師があなただけでないことも重要なポイントだ。

ある国語の教師は、詩における比喩の使いかたを理解させることが重要だと考えているかもしれない。だが、比喩表現を味わうのに必要な知識や技能は長年の積み重ねの末に獲得されるものである。

練習をより高度な技能に組み込む

基礎的な技能を、練習して一定レベルまで上げる必要があるものとして捉えることもできるが、子どもはさらに進んだ技能を身につけるためにも練習をする。

たとえば、子どもは文字に対応する音を想起する練習をする必要があるが、可能な限り、楽しい読書の中にその練習を組み込んだらどうだろうか。

優れたブリッジ（トランプゲーム）のプレイヤーはビッド（競り）のために点数を手で計算できなければならない。

しかし私がブリッジを教えるとしたら、子どもが無意識に計算できるようになるまでひたすら計算ばかりさせるなんてことはしないだろう。無意識にできるようになるにはたくさんの練習が必要だ。

しかし、賢いやりかたは、時間を超えて、さらには活動内容も超えて練習を配分することだ。

本当に重要な技能を練習するため、できるだけ多くのクリエイティブな方法を考える必要がある。子どもは基本的なレベルで練習しながら、さらに進んだ技能にも取り組めることも忘れないでほしい。

注

＊これらの項目には共通した別の特徴がある場合があるが、すべて複合語であるという理由で選択した。

†通常、ワーキングメモリの容量をテストするときは、被験者に単純な知的活動をさせながら、同時にワーキングメモリに情報を保持させる。たとえば、ある測定では被験者が文字と数字の組み合わせを聞いて（3T41P8など）、数字、文字の順で並べ替えて復唱する（1348PTなど）。この作業では、被験者は言われた数字と文字を記憶し、同時に比較しながら並べ替える必要がある。実験者は被験者が正しく処理できる最大数を評価するため、数字と文字の数を変えながら何度かテストする。論理的思考を測定するには多数の方法があり、標準IQテストがときどき使用される。または、論理的思考に特化した、「Pが真であれば、Qが真になる。Qは真ではない。これに続くとすれば、どのようなものか」のような問題をもつテストが使用されることもある。また、ワーキングメモリと読解力の間には確かな関係がある。

‡このエクササイズは背景知識が学習にどう役立つかに関する別の例として考えることができる。この文は「A long-standing goal of human inquiry is to understand ourselves（人間の問いの終わりのない目標は自分自身を理解することである）」と変換される。これは、私の別の著書『Cognition』の第一文である。おそらく、みなさんにとって馴染みがないものだろう。暗号化された文が「In the beginning, God created the heavens and the earth.（初めに、神は天地を創造された。）」のように長期記憶にあるものだったら、復号がどれほど容易だっ

たか、変換後の文を記憶しておくのがどれほど容易だったか考えてみよう。

§このグラフの曲線が非常にスムーズで一貫しているように見えることにお気づきだろう。実は子どもの代数の力の保持に貢献している要因は多数ある。このグラフはそれらの要因を統計的に除外した後の成績を示しているため、このグラフは数学の講座の受講数の影響を容易に視覚化できる理想の形である。このグラフには素点は示されないが、データが統計的に正確に表現されている。

第6章

本物の科学者や数学者、歴史学者と同じように子どもに考えさせることはできるか？

Question

教育者や政策立案者は、教科の内容がカリキュラムから削られていく様子にときどき不満を表明している。

たとえば、歴史のカリキュラムでは事実と年代が重視されている。優れたカリキュラムでは、子どもに歴史という枠組みで議論する感覚を身につけさせようとしている。(私は以前、ある教科書で「アメリカ南北戦争の原因」が決着のついた事柄のように記述されていたことに対して教育者が憤慨しているのを聞いたことがある。)

しかし、歴史学者のように考えること、つまり文書や証拠を分析し、事象を組み立てて歴史を解釈することを子どもに求めているカリキュラムは非常に少ない。同様に、理科のカリキュラムは子どもに科学的な事実を記憶させて、予測可能な現象が観察される実験をさせるが、実際の科学的思考の練習、つまり科学的に探究したり問題を解いたりといった練習はほとんど行われていない。

子どもに科学者や数学者、歴史学者のように考えさせるために何ができるだろうか。

Answer

学校のカリキュラムに対するこの異議は表面的にはもっともらしく見える。

子どもの教育が科学者の実情に即して行われていないのなら、どうして次世代の科学者を育成できるだろうか。しかし、科学者や歴史学者が行う認知的な行為を子どももすることができるという理論の根底には、ある仮定の欠落がある。

この章の核となる認知的原理は次のとおりである。

Principle

初心者と熟達者の認知能力は根本的に異なる。

子どもは熟達者よりも知識が少ないだけでなく、記憶の中での知識の構成方法も異なる。実際、熟達した科学者と、駆け出しの研究生の考えかたとは異なっている。研究生の考えかたはまさに初心者のものだった。

膨大な訓練を受けていないうちは、誰も科学者や歴史学者のように考えることはできない。とは言っても、子どもが詩を書いたり理科の実験をしたりするべきではないということではない。このような課題が子どもにどう役立つのか、教師や管理者は明確な考えをもっていなければならないということだ。

中学や高校時代の理科の授業を思い出してみよう。私と同じであれば、次のように構成されていたはずだ。①生物、化学、物理の原理が説明された教科書を家で読み、②翌日、教師がその原理を説明し、③仲間と一緒に、原理が理解できるように意図された実験室実習を行い、④

その晩、問題を解いて、原理を応用するための練習を行う。

この活動では、科学者が実際に行っている研究過程と同じ過程を子どもが練習しているようにはとても見えない。たとえば、科学者は実験をする前にその結果を知らない。実験をするのは何が起きるかを発見するためで、結果を解釈する必要がある。それは驚くような結果のこともあれば、自己矛盾が明らかになることもある。

だが、実際の高校生は実験室実習には予測可能な結果が用意されていることを知っているため、重視するのはおそらく、実験で何を明らかにするかという点ではなく、〝正しくできた〟かどうかという点になる。

同様に、歴史学者は教科書を読んで記憶するのではなく、一次資料（出生証明書、日記、当時の新聞記事など）に当たって歴史的事象に関する有意義な物語解釈を構成するのだ。では、歴史学者や科学者が実際に行っていることを子どもに練習させるのでないならば、どこに歴史や科学を教える意味があるのだろうか。

本物の科学者は熟達者である。週40時間（またはそれよりはるかに多く）、何年にもわたって科学に取り組んでいる。長年の練習により、彼らの考えかたは情報通のアマチュアとは、量的にではなく質的に違っていることが明らかになっている。だから、歴史学者、科学者、数学者のように考えることは実際には難しい注文であることがわかる。
この議論をはじめるにあたり、熟達者はどのように考えるかを示そう。

科学者や数学者のような熟達者は何をしているのか

熟達者のすることは、当然それぞれの専門分野によって異なる。それでも、熟達者の間には重要な類似点がある。それは、歴史、数学、文学、理科といった学問分野だけでなく、医学、銀行取引などの応用分野、またチェス、ブリッジ、テニスなどのレクリエーションにも当てはまる。

熟達者の能力はテレビ・ドラマ『ハウス』に巧みに表現されている。ドラマでは優秀ながら気難しいドクター・ハウス（図1）が、ほかの医師たちもお手上げの不可解な医療事例を解決していく。

図1：熟練の診断医グレゴリー・ハウスを演じるヒュー・ローリー

これから、『ハウス』のあるエピソードの概要を示す。このエピソードを読めば、熟達者の考えかたを理解できるだろう。

①ハウスは複視と夜驚《やきょう》症を訴える16歳の少年を診察する。脳に外傷がない場合、十代の夜驚症が一般的にひどいストレスを受けたこと、たとえば殺人を目撃したとか、性的虐待を受けたといったことと関連していることに注目する。「暫定診断――性的虐待」。

②ハウスは少年の脳が外傷を受けていたことに気づく。ラクロスの試合中に頭部に打撃を受けた。面接の終わりがけにこの事実を知って苛立ったハウスは少年が脳震盪《のうしんとう》を起こしていると結論づけ、明らかに試合後に彼を診察した緊急治療室の医師の誤診だと責める。「暫定診断――脳震盪」。

③ハウスが退席するとき、少年はカウンターに座って足をぶらぶらさせている。ハウスは少年の足が痙攣《けいれん》していることに気づく。これは人間の入眠時の動作なのだが、少年は眠っていない。この発見により、すべてが変わる。ハウスは変性疾患を疑い、少年に入院を命じる。

④ハウスは睡眠検査（これは夜驚症を裏づけているように見える）、血液検査、脳スキャンを

命じる。ここでほかの医師は見落としているが、ハウスはある脳構造にわずかな奇形が見られることに気づき、それが脳内の流体圧力によるものであると推測する。「暫定診断——保護流体への脳の浸潤を引き起こす器官の閉塞。閉塞により脳に圧力が生じ、それがこのような症状を引き起こす」。

⑤ハウスは脳の周りの流体が正常に移動しているかどうかを検査するための手続きを命じる。検査により閉塞が明らかになり、手術が命じられる。

⑥手術中、脳の周りの流体中に、多発性硬化に関連する化学マーカーが検出される。しかし、病気に関連する脳の損傷は観察されない。「暫定診断——多発性硬化」。

⑦患者は幻覚を見る。ハウスは少年の症状が夜驚症ではなく、幻覚であったことを知る。これで多発性硬化の可能性は消え、脳の感染症の可能性が出てくる。検査で感染症の兆候は見られなかったが、ハウスは神経梅毒の偽陰性が約30％の割合で発生していることをコメントする。「暫定診断——神経梅毒」。

⑧患者の幻覚が再発する。そのため、ハウスは少年が神経梅毒でないと考える。神経梅毒であれば、治療により改善しているはずである。ハウスは少年が養子であったことを知る。両親はこの事実を少年にも隠していた。ハウスは少年の生物学上の母親がはしかの予防接種を受けていないこと、少年が生後6カ月になる前にはしかに罹ったことを考える。少年は快復したが、ウィルスは突然変異し、脳に入り、16年間潜伏していた。「最終診断——亜急性硬化性全脳炎」。

当然、このエピソードの内容を大幅に端折ったもの——実際はこの要約よりも断然おもしろい——だが、この要約でも熟達者特有の行動の一部はわかる。

ハウスはほかの医師と同様、さまざまな情報にさらされている。自分が行った検査のデータ、複数の臨床試験の結果、病歴の情報、その他諸々。一般的には情報が多いのはいいことだと考えられているが、そうとも限らない。

Ｇｏｏｇｌｅ検索で５００万件の結果が返されたら、どうだろうか。医学生はもみ殻から小麦をより分けるのに苦労するが、ベテランの医師は重要な情報と無視すべき情報を見分けるための第六感をもっているかのように、答えにたどりつくことができる。

たとえば、ハウスは患者の複視にはほとんど関心を示さず（第一声は「眼鏡をかけなさい」

だ）、夜驚症に着目する。また、経験によって研ぎ澄まされた感覚で、ほかの医師が気づかない些細な手がかりも見落とさない。彼だけが少年の足の奇妙な痙攣に気づく。

第2章で述べたことからわかるように、熟達者は自分の専門分野に関する膨大な背景知識を備えている。しかし、熟達者になるには知識だけでなく、それ以上のものが必要となる。実際、研修生が熟達者と同等（あるいは、ほぼ同等）の知識をもっていることも少なくない。ハウスに指導を受けている研修医は、ハウスが診断を下したり症状に注意を向けるよう促したりしても、呆気にとられるようなことはない。

しかし、ハウスは驚くべき速度と精度で記憶から正しい情報を引き出すことができる。若手の医師は情報を記憶に蓄えていても、その情報を思考に生かすことはできない。

高い専門性は、どのような間違いを犯すかということにも影響を与える。実際、熟達者は失敗のしかたも洗練されている。

つまり、正解が得られないとき、答えが間違いだとしても、上手に見当をつける。ハウスは正しい診断に至る過程でしばしば間違えるが（間違いがなければ、番組は5分で終わってしまう）、推測は意味のあるものとして描かれる。

それに対して、若手医師の暫定的な評価はそうでないことが多い。ハウスは重要な症状（または症状の欠落）から考えて提示された診断があり得ないことを（普通は皮肉交じりに）指摘する。

熟達者の能力の最後の特徴は、前の例には現れていないが、非常に重要である。熟達者は初心者よりも同様の領域への転移を巧みに行うことができる。

たとえば、歴史学者は自分の専門分野以外の文書を分析することができ、分析を妥当なレベルで行える。分析は時間がかかり、自分の専門分野の題材ほどには詳細なものではないが、初心者の分析よりは熟達者の分析にずっと近いだろう。

あるいは、この10年、ニューズウィーク誌で映画のレビューを書いていた人がウォールストリート・ジャーナル誌の金融に関する助言のコラムを執筆するよう依頼されたらどうなるかは、想像がつくだろう。彼の多くの経験は映画について書くことに結びついているだろうが、文章力の多く（明確さや構成力など）は転移し、コラムの出来は一般人の書いたものとは一線を画すだろう。

初心者と比べて、熟達者は重要な要素を選び出し、思慮深い答えを出し、知識を同様の領域に転移することに長けている。このような能力は医師だけでなく、作家、数学者、チェスのプレイヤー、そして教師にも見られる。

たとえば、新米教師は不正行為を見逃しがちだが、ベテラン教師はめったに見逃さない。（子どもがベテラン教師の「頭の後ろに目が」ついているのではないかと不思議がるのもうなずける。）ベテラン教師もハウスのように、情報をすばやく引き出すことができる。新米教師と比べて、概念を説明するための方法をたくさん考えることができ、代わりの方法をすばやく見つけることができるのだ。

熟達者の頭の道具箱

ここまで熟達者には何ができるかを説明してきた。では、熟達者はどうやってそれを行っているのだろうか。どんな問題解決能力や特別な知識が必要なのだろうか。また、どうすれば子どもに必要なものを身につけさせることができるのだろうか。

熟達者を熟達者たらしめているメカニズムについては、これまでに述べてきた。第1章ではワーキングメモリを効果的な思考のための大きな障壁として考えた。ワーキングメモリは思考のための作業領域だが、領域は限られていて、容量が不足すると、処理が継続できなくなり、思考が中断される。

そこで、ワーキングメモリの制限を回避するための方法を二つ紹介した。背景知識（第2章）と練習（第5章）だ。初心者はどちらか一つのメカニズムを通して考える。熟達者は両方を使うが、幅広い経験によりこの戦略の効果がより発揮される。

思い出してほしい。背景知識がワーキングメモリの限界を克服するのに役立つのは、個々の情報をグループ化、つまり〝チャンク化〟することができるからだ。（C、B、Sという文字を一つの単位のCBSとして扱うというようなことだ。）

熟達者が専門領域の膨大な背景知識をもっていると知っても、当然驚かないだろう。しかし、それ以外にも熟達者の頭脳には一般人より優れたところがある。

熟達者の長期記憶にはたくさんの情報が詰まっているだけではなく、長期記憶の構成方法が、熟達者と初心者では異なるのだ。

熟達者は初心者のように表層構造で考えるのではない。機能、つまり深層構造で考える。たとえば、熟達者と初心者のチェスを比較した実験がある。

被験者は試合中の駒が配置されたチェスボードを短時間見せられた。次に、何も載っていないチェスボードを与えられ、今見た配置を再現するよう言われた。

この実験は、被験者が駒を置く順序に特に注意が払われた。観察していると、駒が塊で戻されていった。つまり、4個か5個の駒がすばやく置かれ、一度止まって、また3個か4個が置かれ、また止まり、といった具合だった。止まっているのは、次の駒の塊を思い出そうとするときだった。

実験でわかったのは、初心者が並べる塊が〝位置〟に基づくということだった。たとえば、

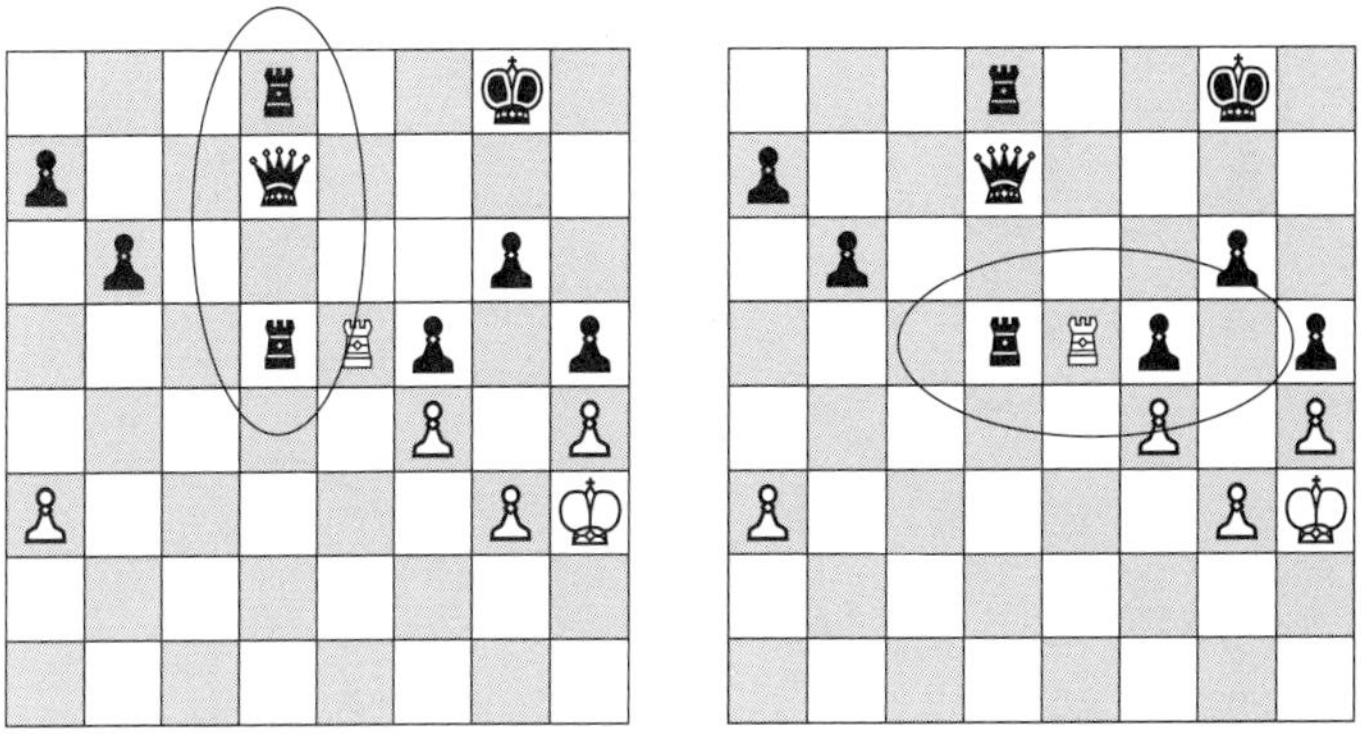

図２：この実験では、被験者はチェスボードを短時間見て、何も置かれていないボードに駒の配置を再現しなければならない。熟達者も初心者も塊ごとに再現していくが、いくつかの駒をボードに置き、次の塊を思い出すために止まり、次のいくつかの駒を置き、という具合になる。初心者は近接性に基づいてグループ化する傾向がある。つまり、右側のボードに示すように近くにある駒を同じ塊に入れる。それに対して、熟達者は機能ごとに駒をグループ化する。左のボードに示すように、ゲームで戦略的に関連している駒を同じ塊に入れる。

初心者は最初にボードの一角にあるすべての駒を置き、次に別の一角にある駒を置き、という具合だった。

それに対して、熟達者は〝機能〟に基づいて塊を使っていた。つまり、駒を同じ塊にするのは、互いに隣りあっているからではなく、ある駒が別の駒に圧力をかけていたり、ある駒が別の駒を護っていたりするからだった（図2）。

要するに、熟達者は抽象的に考えることができるということだ。

思い出してほしい。第4章で述べたように、初心者が抽象概念の理解が難しいと感じるのは、深層構造ではなく、表層構造に目を向けるからだった。熟達者は難なく抽象概念を理解することができる。問題の深層構造に目を向けるからだ。

この概念を証明するため、物理学の初心者（一つの講座を受講した学部生）と物理学の熟達者（後期課程の大学院生と教授）に24個の物理の問題を与え、カテゴリー別に分類するよう求めるという研究が行われた。

初心者は問題に出てくる器具に基づいて分類した。たとえば、バネを使用するものを一つのカテゴリーに分類し、斜面を使用するものを別のカテゴリーに分類した。

それに対して熟達者は問題を解くのに重要な物理的原理に基づいて問題を分類した。たとえば、エネルギー保存則に基づく問題は、バネを使用するものでも斜面を使用するものでも、すべて同じグループに分類した（図3）。

この一般化——熟達者は問題の種類に関する抽象的な知識を備えているが、初心者は備えていない——は、教師にも当てはまるように思われる。

学級経営の問題に直面すると、新米教師はすぐに問題の解決に取り組もうとするのが普通だが、ベテラン教師はまず問題をきちんと把握することに努め、必要に応じて情報を収集する。

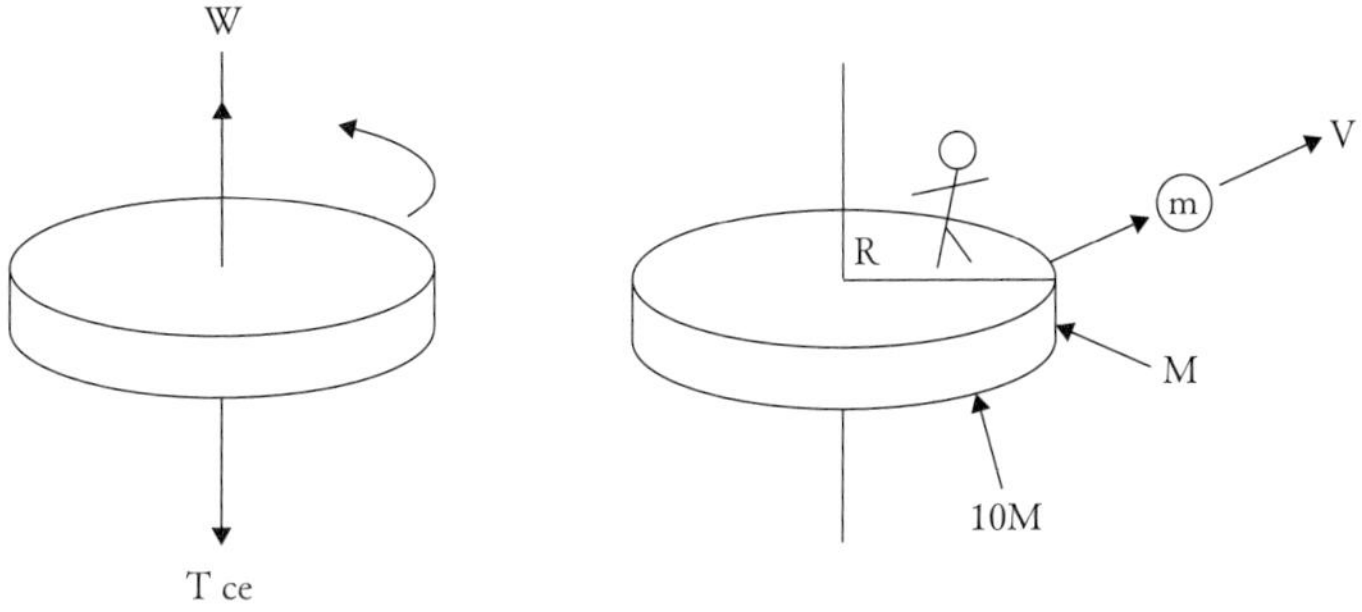

初心者２：「角速度、モーメント、円盤」
初心者３：「回転運動学、回転速度、角速度」
初心者６：「回転体、角速度を持つ問題」

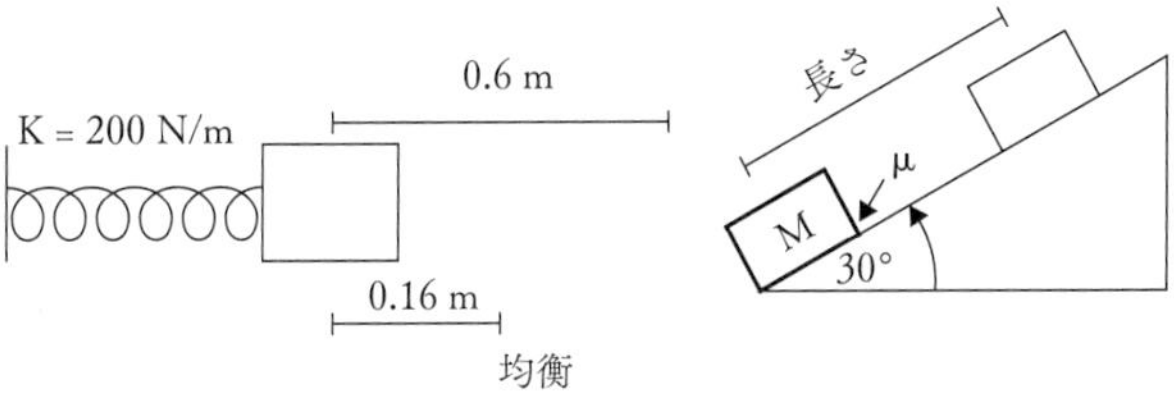

熟達者２：「エネルギー保存則」
熟達者３：「仕事・エネルギー定理。すべて直接的な問題だ」
熟達者４：「エネルギーを考察することで解ける。エネルギー保存の法則を知っていなければならない。でないと、作業がどこかでうまくいかなくなる」

図３：初心者は上の２つの図に円盤が含まれるため、同じグループに分類する傾向がある。熟達者は下の２つの図の解答にエネルギー保存の法則が使用されるため、同じグループに分類する傾向がある。

そのため、ベテラン教師は学級経営の問題に関して種類別の知識を備えていると言える。特別なことではないが、ベテラン教師はよくこの問題を解決するにあたって、単に行動上の問題ではなく、根本原因に取り組む。たとえば、ベテラン教師は新米教師よりも大がかりな席替えをする。

第4章で述べたように、転移が非常に難しいのは、初心者が表面的な特徴にばかり着目し、解くための鍵となる抽象的で機能的な問題の構造に目を向けるのが苦手だからだ。熟達者の優れているのはまさにその点なのだ。

熟達者は問題やその状況を示す表現を長期記憶に保持しているのだが、これらの表現は抽象的である。そのため、細々として重要でない部分は無視し、有益な情報に狙いを定めることができる。機能的に考えることで重要な部分が見えてくるのだ。新しい問題への転移が巧みに行えるのもそのためだ。

新しい問題は表層構造が違っているが、熟達者は抽象的な深層構造に目を向けられる。彼らの判断が完全な正解でなかったとしても、それが理にかなっているのはそのためだ。

たとえば、ベテランの医師は基礎的な生理学の観点から考えることができる。身体の組織をよく理解しているため、表面的な症状からその組織がどう機能するかを直観的に理解している。また、組織について十分な知識があるため、自己矛盾していることや不合理なことはめったに言わない。

それに対して、初学者の医学生は記憶している症状のパターンを識別することはできるが、機能的に考えることができないため、馴染みのないパターンに出くわすと、どう解釈してよいかわからなくなる。


ワーキングメモリの容量制限を回避する二番目の方法は、無意識にできるようになるまで何度も練習することだ。練習を重ねることで、ワーキングメモリの容量はあまり必要としなくなる。何百回も靴ひもを結んでいるうちに何も考えなくてもできるようになるように。これは、ワーキングメモリを使い果たす要因である思考プロセスからの指示なく、ルーティンにより指が勝手に動いてくれるからだ。

熟達者は多数のルーティン、つまり、よく使う手続きが無意識にできるようになっているが、これは初心者のころは頭を使わないとできなかったものだ。熟達したブリッジのプレイヤーは、頭を使わずに手を使って点数を数えることができる。ベテランの外科医は意識しないで縫合することができる。ベテラン教師は授業の開始と終了を伝えたり、子どもの注意を向けさせたり、混乱を鎮めたりするルーティンを用意している。

新米教師が授業の原稿を用意し、話す内容を前もってきっちり決めていることは注目に値する。ベテラン教師は普通、そんなことはしない。概念を話し合ったり実演する別の方法を練ることはあるが、原稿を書いたりはしない。

つまりベテラン教師は、抽象概念を子どもが理解できる言葉に置き換えるというプロセスを無意識に行っているのだ。

熟達者は機能的な背景知識を広く獲得し、知能的な手続きを無意識に処理できるようにすることでワーキングメモリの容量を節約している。では、ワーキングメモリにできた余裕で彼らは何をするのだろうか。

その一つは、自分との対話（セルフトーク）である。

自分とどんな対話をするのかというと、取り組んでいる問題について話をする。それは、前述のように抽象的なレベルで行われる。ベテランの物理学者であれば、「これはおそらく、エネルギー保存則の問題だな。位置エネルギーが運動エネルギーに変換されるんだ」というような対話を自分としているのだ。

このセルフトークで興味深いのは、熟達者がそこから新たな示唆を引き出せることだ。ベテラン物理学者はすぐに問題の特徴について仮説を立て、問題を読みながら、仮説が正しいかどうか評価している。

実際、次にこう言う。「間違いない。バネを収縮して、これで位置エネルギーが大きくなるんだから」。このように、熟達者は自分の行為を物語るだけではないのだ。仮説を立て、自分の理解をテストし、頭の中で進めている解法の意義をじっくりと考えている。

しかし、セルフトークにはワーキングメモリが必要となるため、初心者には難しい。対話しているとしても、その内容はおそらく熟達者よりも浅い。問題を復唱したり、問題を馴染みのある公式に当てはめたりすることだろう。

初心者のセルフトークでは、話すのは自分のしていることであり、その言葉には熟達者のように有益な自己診断の性質は含まれていない。

子どもに熟達者のように考えさせるにはどうすればよいか

ここまで、科学者、歴史学者、数学者、その他の分野の熟達者の能力について述べてきた。彼らは専門分野の問題や状況を表層的なレベルではなく、機能的なレベルで見る。そのように物事を見ることで、あふれる情報の中から重要なものだけに狙いを定め、（いつも正しいわけではないとしても）つねに思慮深く一貫した答えを導きだす。

そして、知識を関連領域へと転移させることができるのだ。また、熟達者が行うルーティン

図4：ニューヨーク市にあるカーネギー・ホールは有名なコンサート・ホールである。こんな古いジョークがある。ある若者がマンハッタンの路上で年輩の女性を呼び止めて「ちょっとお尋ねしますが、カーネギー・ホールに行くにはどうすればいいですか」と訊く。女性はまじめに「ひたすら練習しなさい」と答える。カーネギー・ホールのウェブ・サイトの案内ページにこのジョークが紹介されているが、心理学の研究もこれが真実であることを示している。熟達するにはたくさんの練習が必要だ。

作業の多くは、練習を通して無意識に行えるようになっている。

すばらしい。では、どうすれば子どもにこれを実践するよう教えることができるだろうか。

残念ながら、この質問に対する答えは身も蓋もないものだ。初心者に「自分と対話しろ」とか「機能的に考えろ」と助言したところで効き目がないのは明らかだ。熟達者にそれができるのは頭の中にそのための道具箱が用意されているからだ。となると、熟達への道は、誰もが知っているように練習あるのみなのだ（図4）。

多くの研究者が熟達について解明

するため、熟達者の生活を調べ、準熟達者とでも呼ぶべき人たちと比較してきた。たとえばある研究グループは、複数のバイオリニストを対象に、幼少時からの累積の練習時間を年齢別に計算するという研究を行った。

被験者の一部（プロ）はすでに世界的に有名な交響楽団に入団していた。それ以外は二十代前半の音楽専攻の学生だった。

学生の一部（最優秀のバイオリニスト）は教授によって将来は世界的なソリストとしてのキャリアを築くことを嘱望されていたが、それ以外（〝優秀な〟バイオリニスト）は同じ目標をもって勉強していたものの、教授には望みが薄いと思われていた。

四番目のグループの被験者はプロの演奏家になるためではなく、音楽の教師になるために勉強していた。

図5に、四つのそれぞれのグループのバイオリニストが5歳から20歳までの間にバイオリンの練習をした平均累積時間を示す。

優秀なバイオリニストと最優秀のバイオリニストは全員が同じ音楽アカデミーで勉強していたが、二つのグループによって報告された子ども時代からの練習量には大きな違いがあった。

また、別の研究ではより詳しい伝記的なアプローチを試みている。50年以上にわたって、研究者が10人以上の著名な科学者に長時間のインタビューを行い、性格検査や知能検査などを受

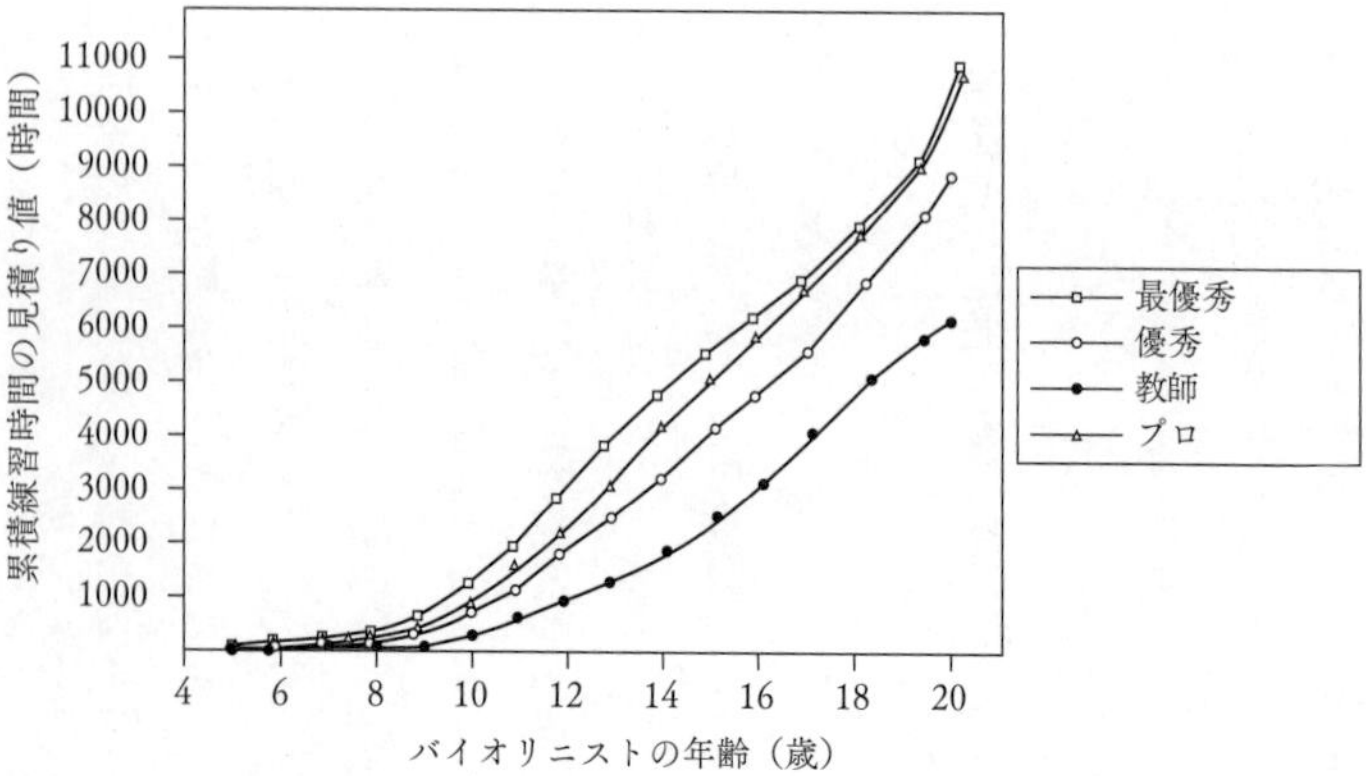

図５：実験者はバイオリニストに幼少時から年齢別に１週間あたり（平均）何時間練習していたかを尋ねた。このグラフには傾向をつかみやすくするため、年齢ごとに累積した合計時間数を示す。最優秀の学生の報告によると、練習時間は中年の演奏家と同程度（20歳まで）で、これは優秀な学生の練習時間よりも長い。実際、20歳までに最優秀のバイオリニストの累積時間は優秀なバイオリニストよりも約50％長くなっていた。当然ながら、音楽教師を目指している学生の練習時間はずっと短かった（とはいえ、もちろん多くの基準から見て、十分に能力のあるバイオリニストである）。

けてもらうというものだ。

研究者はこの偉大な科学者たちの背景、関心、能力の類似点を探った。そして、これらの研究結果は、ある驚くべき知見でかなり一致しているということがわかった。

科学界の偉大な頭脳は、標準的な知能検査で測定したところ、並外れて優秀というわけではなかったのだ。

非常に賢明であったことは確かだが、その分野での名声が示しているほど傑出したものではなかった。むしろ並外れていたのは作業を長時間続ける能力だった。偉大な科学者は決まって仕事中毒だったのだ。

私たちは誰でも自分の限界を知っている。ある時点で仕事をやめ、気楽なテレビ番組を見たり、ピープル誌を読んだりする必要がある。偉大な科学者は信じられないほどの粘り強さを備えていて、精神的疲労のしきい値が非常に高いのだ（図6）。

練習の重要性が示唆するもう一つの意味は、一定の時間を費やすまでは何かに熟達できないことだ。

たくさんの研究者が〝10年ルール〟として知られるルールを支持している。物理学でも、チェスでも、ゴルフでも、数学でも、どんな分野でも10年以上かけないと熟達することはできないというものだ。このルールは広く、作曲、数学、詩、競泳、自動車販売などの分野にも適

図6：トーマス・アルバ・エジソンは電球、X線透視装置（初期のX線装置）、蓄音機、映画を発明し、大きく発展させたことで知られる。エジソンは仕事の習慣についてもよく知られている。週の労働時間が100時間を超えることも珍しくなく、家に帰って寝る代わりに研究室で仮眠を取ることもたびたびあった。「天才とは1％のひらめきと99％の汗である」という言葉もうなずける。

用されてきた。

5歳で作曲をはじめたモーツァルトのような神童も、10年ルールの例外ではないと言われている。初期の作品は多くが模倣的なもので、仲間からも傑作とみなされていないからだ。世紀ごとに数人の神童が出るとしても、10年ルールの威力は揺るがない。

10年という歳月に何か魔法があるわけではない。背景知識を習得し、この章で述べているように無意識にできるようになるには、単にそれだけ長い時間がかかるということだろう。

実際、練習時間の短い人は10年以上かかることもわかっているし、学ぶことがそれほど多くない分野——短距離走、重

図7：ジャズ界の巨匠ハンク・ジョーンズは1989年に全米芸術基金ジャズ・マスター賞を受賞した。2005年、87歳のときのインタビューで、今でも練習するのかと聞かれた。そのときの答えは「そりゃもちろんさ。あたりまえだろ。練習しないで、どうやって演奏できるっていうんだい。音階も練習するし、練習曲もやるし……」というものだった。

量挙げなど――では数年の練習だけで偉業を達成することもできる。しかし、ほとんどの分野で10年というのは経験則として妥当である。

そして、一度《ひとたび》熟達の域に達したら勉強や練習はおしまいというものではない。その状態を維持したければ、努力を続けるしかない（図7）。

教室への応用

熟達者は初心者よりも自分の専門分野での思考に長けているというだけでなく、実際、質的にも異なる考え方をすることができる。子どもは熟達者ではなく、初心者である。

これは、あなたの教えかたにどう影響してくるだろうか。

子どもは理解する用意ができているが、知識を創造する用意はできていない

この章を読んで、数学者、科学者、歴史学者が初心者とどう違うかをよく理解できたと思う。

彼らは長年自分の分野で努力を続け、積み重ねてきた知識と経験により、凡人には思いも寄らない考えかたを身につけてきた。そのため、子どもにすぐに彼らのように考えさせようとすることは現実的な目標ではない。

あなたはこう答えるだろう。

「たしかにそうだ。自分の生徒にノーベル賞を取らせようと思っているわけではない。ただ、科学について少しでも理解してほしいだけだ」と。

これは価値のある目標であり、子どもに科学者のように考えさせるという目標とは大きく異なる。

ここでは、〝知識の理解〟と〝知識の創造〟を区別することが役に立つだろう。

熟達者は創造することができる。たとえば、科学者は自然現象の理論を生みだしてテストし、歴史学者は歴史的事象の物語解釈を生みだし、数学者は複雑なパターンの証明と説明を生みだす。熟達者は自分の専門分野を理解するだけでなく、そこに新しい知識を付け加えるのだ。

子どもにとって、より適切で現実的な目標は〝知識の理解〟である。子どもは独自の科学的理論を打ち立てることはできないかもしれないが、既存の理論を深く理解することはできる。歴史的事実の新しい物語を書くことはできないかもしれないが、別の人が書いた物語を読み、理解することはできる。

ただし、子どもの学習はそこで止まる必要はない。子どもは科学者がどう取り組み、進歩を遂げるかも理解することができる。たとえ、今はまだその過程をうまく、あるいはまったく利用することができないとしてもだ。たとえば、子どもは科学を理解して、頭の中で理論を構築していくために、科学における画期的な発見を学ぶ。それは、不変の科学法則を〝新発見〟するためではないのだ。歴史学者が歴史を発展させる方法を学ぶために、憲法制定会議のさまざまな記録を読むこともできる。

繰り返すが、目標は子どもに知識創造の活動に携わらせることではなく、知識がどう創造されるかを理解させることである。

熟達者にとって適切な活動が子どもにも適切な場合もあるが、

それは子どもの認知に役立つからではない

前述のように、熟達者と情報通のアマチュアの大きな違いは、熟達者が新しい知識を創造できるのに対して、アマチュアは人が創造した概念を理解できるという点である。

では、子どもに新しい知識を創造させようとすると、どうなるだろうか。

理科の実験を計画させたり、歴史の史料を分析させたりしようとすると、結果はどうなるだろうか。ひどいことにはならないだろう。ただ、すばらしい結果になることもないだろう。本章と第2章で述べた理由により、それにはたくさんの背景知識と経験が必要となるからだ。

しかし、教師が子どもにそうさせるのには、別の理由がある。

たとえば、子どもに実験の結果を解釈させるのは、科学者のように考えることを教えようとするためではない。特定の現象に注目させたり、実験結果をよく観察する必要があることに注意を向けさせたいからだ。

創造性が求められる課題であれば、やる気を引き出すこともある。

音楽の授業で練習や正しいテクニックの習得を重視するのはもっともだが、子どもに楽しませ、興味をもたせるためだけに、自分で作曲させることもある。

では、このような練習は、子どもが作曲家のように考えるために必要、または有益なのだろうか。

おそらく、そうではない。第一に、子どもはまだ作曲するための認知的技能が備わっていないのだが、だからといってそれを楽しめないわけではなく、楽しむこと自体が十分な理由になるだろう。

学習発表会についても同じことが言える。私はこれまでに科学の学習発表会で審査員を務めたことが何度もあるが、プロジェクトの大部分は――率直に言えば――お粗末なものだ。子どもが解こうとしている問いがおもしろいものではない。子どもたちがその分野の基本をあまり理解していないからだ。

また、実験の計画がいい加減で、データが精密に分析されていないことから考えて、科学的な研究方法があまり身についていないように見える。

しかし、子どもたちは自分のしたことに強い誇りをもち、科学や工学への関心はより大きくなっていた。つまり、プロジェクトの創造的な側面では一般的に成功していると言えなくても、やる気を引き出すという意味では学習発表会は有効な機会だと思われる。

肝心なのは、豊かな創造性が求められる課題が子どもの手に余るからといって、そのような課題を与えるべきでないということにはならないことだ。

子どもがそこから何を得られるか、何を得られないかという点をつねに意識していなければならない。

初心者に熟達者の学習方法を求めない

子どもによりよく技能を習得させる方法を考えるとき、すでにそれを習得している人を手本とし、見習わせるのはごく自然なことだと思われる。たとえば、地図の読みかたを子どもに教えたい場合、地図を読むのが上手な人を探して、その人の方法で練習をはじめるのだ。

これは理にかなった方法に聞こえるが、前述のように、熟達者と初心者の考えかたには大きな違いがあるため、間違っている可能性もある。

次の例を考えてみよう。「読解」を教えるにはどうしたらいいのだろうか。読解に熟達した人を見ると、そうでない人に比べて、読むときの目の動きが少ないことがわかっている。つまり、上手な読みかたは単語全体を一度に認識することであり、それが読解に熟達した人の読みかたなので、子どもには最初からその読みかたを教えるべきだと言うこともできる。

実際に、私の本棚にある古い教育心理学の教科書には図8に示す目の動きのデータが記載されていて、まさにそのように論じられている。

このような理論には疑いの目を向けなければならない。

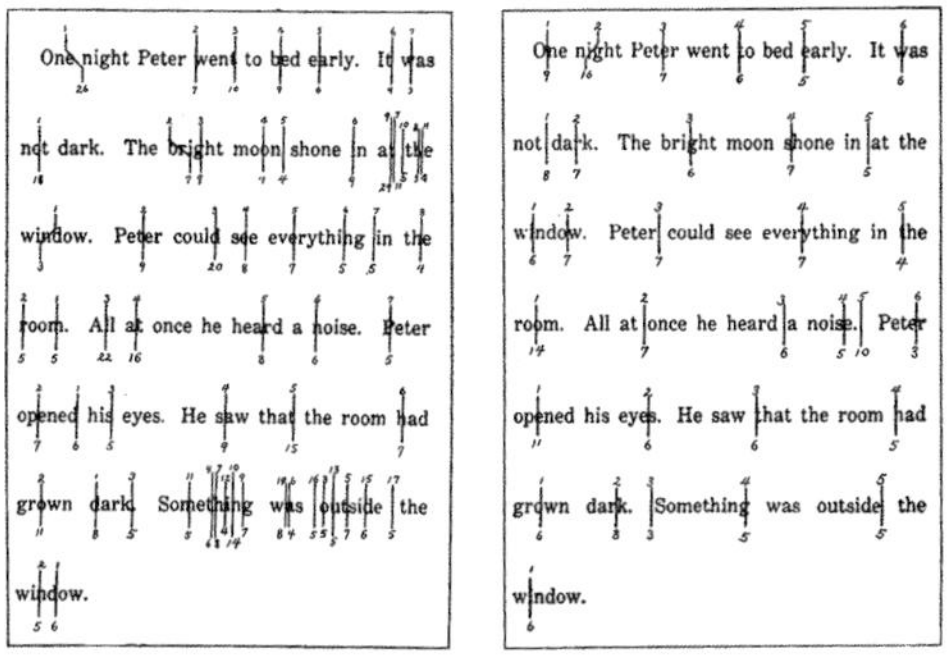

図8：それぞれの行は、読む人がパラグラフを読みながらどこで目を止めたかを示している。左側は一般的に読みの初心者の結果で、右側は読みの熟達者の結果である。読みの熟達者が読みの初心者と比べて目の止まる回数が少ないのは間違いないが（したことがなければ、文を読んでいる人の目の動きを見てみるといい。きっとおもしろい）、だからと言って熟達者の方法は初心者がまねできるものではない。

ほかの研究からからわかっていることだが、読解に熟達した人は単語全体を一度に把握できるが、彼らも最初からそのように読んでいたわけではないのだ。

同様に、ベテランのテニス選手は相手の考えを読み、戦略を練ることに試合中のほとんどの時間を費やしている。

しかし、初心者には戦略について考えるように指導すべきではない。初心者は足の運びやストロークの基本について考える必要があるからだ。

熟達者が初心者と違う方法で何かをしていたとしても、熟達者もかつては初心者の方法でしていて、それが熟練に必要なステップだったということだ。

ラルフ・ウォルドー・エマソンはこれを巧妙に表現した。

「どんな芸術家もはじめは素人だった」。

第7章

子どもの学習スタイルによって教えかたをどう変えるか？

Question

子どもは一人ひとり違う。

視覚による学習が得意なタイプ（学習するには目で見る必要がある）もいれば、聴覚による学習が得意なタイプ（学習するには耳で聞く必要がある）もいるというのは本当だろうか。

直線的思考タイプと包括的思考タイプについてはどうだろうか。

一見、子どもの学習スタイルに応じて指示を変えるのは非常に重要だと考えられる。成績が悪い子どもでも指導方法を変えることで大きく改善することだろう。だが同時に、教室内にいるさまざまな学習スタイルに対応するのは教師にとっても大きな負担になる。

では、どのような学習スタイルの違いが教師にとって重要なのだろうか。

Answer

〝学習スタイル〟の背後にどんな仮説があるか留意することが重要である。

それぞれの学習スタイル理論で予想されるのは、学習方法1がサムにとって良くてもドナにとっては良くないのに対し、学習方法2がドナにとって良くてもサムにとっては良くないというものだ。さらに、このサムとドナの違いはどこまでも続く。つまり、サムは一貫して一方の教育方法を好み、ドナは他方の教育方法を好む。

過去50年にわたって、この概念についての研究が盛んに行われ、このパターンに一致するサムとドナの違いを発見することが教育研究の至高の目標となっているが、このような違いを説明する理論を裏づける一貫した根拠はまだ見つかっていない。

この章の核となる認知的原理は次のとおりである。

Principle

子どもの思考方法と学習スタイルには、相違点よりも類似点のほうが多い。

これは、すべての子どもが似ているということでも、教師が子どもを一律に扱うべきであるということでもない。当然、数学が好きな子どももいれば、国語が得意な子どもいる。内気な子どももいれば、社交的な子どももいる。教師も、友人に接するときに相手によって違う接しかたをするように、子どもにも違う接しかたをするだろう。

しかし、教師が知っておかなければならないのは、科学者が明らかにしてきた限り、明確に異なる学習スタイルの子どもがいるわけではないということだ。

スタイルと能力

最初にいくつかの質問をしよう。

あなたが高校1年生に生物を教えている教師だとする。キャシーはまったく成績が振るわない生徒だ。彼女は精いっぱい努力しているようだし、あなたも空き時間を彼女のために費やしているが、成績は落ちる一方だ。あなたは問題点を仲間の教師と話しあったところ、キャシーには特に詩の才能があることを知る。

では、キャシーが理解しづらい概念をうまくつかめるように、国語の教師に協力を依頼して、詩と生物の授業を関連づけるというのはどうだろうか。

もう一つのケースを紹介しよう。キャシーと同様、リーも生物の成績が振るわない。理科は好きだが、クエン酸回路の単元で、理解にひどく手こずっていた。小テストの点数が悪かったため、両親を学校に呼んで面談をしたところ、両親は、題材の提示方法に問題があったと考えているようだ。

クエン酸回路は「逐次的」に提示したが、リーは「包括的」に考える傾向があったからだ。両親から、リーに新しい題材を提示するときは逐次的にではなく、包括的に提示してもらえないかと丁寧に頼まれ、できる限りの手助けをするとの申し出も受けた。
では、彼らには何と言えばよいだろうか。

子どもが一人ひとりそれぞれ違うのは明らかだ。このたとえ話は、これに基づくある希望を裏づけている。つまり、教師は子どもたちの違いに応じて子どもに手を差し伸べることができるという希望だ。たとえば、教師は子どもの強みを利用して弱点に対応することができる。キャシーの場合であれば、詩の知識を利用して理科の理解を促すことである。

もう一つの可能性として、教師は子どもの学習スタイルに応じた個別の指導方法を使うこともできる。たとえば、リーがある概念の理解を苦手としているなら、彼の学習スタイルと題材の提示方法がうまく適合していないからかもしれない。提示方法を少し変えるだけで、難しかった題材が理解しやすくなることもある。

これは可能性としては確かにすばらしいが、教師にとっては仕事を増やすことでもあると言わざるを得ない。キャシーのように子どもの強みを生かしたり、リーのように題材の提示方法を変えたりするのは、教師の指示を変えることである。これでは、クラスの子どもごとに異なる対応をすることにもなり、教師の仕事が大幅に増えることになる。

学習スタイルに応じて教えかたを変えるというのは、それだけの価値はあるのだろうか。

認知科学者が行ってきた子ども同士の違いに関する研究は、まさしくこの違いに光を当てるものだが、その研究を取り上げる前に〝認知能力〟の違いを話題にするのか〝認知スタイル〟の違いを話題にするのかを明確にしておくことが重要である。[*]

認知能力の定義は直接的で、ある種の考えができること、またはある種の考えがうまくできることを意味する。たとえばサラは数学の能力が高いということは、彼女が新しい数学的概念を速く学べる傾向があるということになる。

能力に対して〝認知スタイル〟とは、特定の方法で考える偏りや傾向のことである。たとえば逐次的に（一度に一つずつ）考える方法や、包括的に（全部を同時に）考える方法などがある。

能力とスタイルにはいくつかの重要な違いがある。能力とは内容（数学、言語科目など）に対処する方法のことで、これには私たちの知識やできることのレベル（量）が反映される。スタイルとは考えかたや学びかたの好みのことである。私たちは能力が高いことを能力が低いよりも良いことだと考えるが、あるスタイルを別のスタイルよりも良いという考えかたはしない。あるスタイルは特定の問題には効果的かもしれないが、定義上はどのスタイルも全体的に等しく有益である。（そうでなければ、それはスタイルではなく、能力を指すことになる。）

スポーツを例に挙げると、二人のフットボール選手はフィールドでの戦いのスタイルが大き

図1：クォーターバックのブレット・ファーヴ（左側）とペイトン・マニング（右側）は2人とも、過去20年で最高の選手と考えられている。能力については、誰もが互角だと言うだろう。しかし、スタイルについては違っていて、ファーヴがリスクを好むのに対し、マニングは堅実なゲームを好む。

く異なっても、等しい能力をもっていると言うことができる。たとえば、一人はリスクを好む選手で、もう一人は堅実な選手の場合もある（図1）。

この章のはじめに、子どもの学習方法は相違点よりも類似点のほうが多いと述べたが、それは正しいだろうか。子ども同士のスタイルが明確に、大きく異なる場合もあるが、そのこととの関係はどうなのか。

ここからは、スタイルと能力について順に述べ、子ども同士の違いを調整するよう努めつつ、これらの違いは教師にとってあまり重要ではないという結論につなげていこう。

認知スタイル

意思決定を衝動的に行う人もいれば、ゆっくり時間をかけて行う人もいる。状況を複雑にして楽しんでいるような人もいれば、単純さを楽しんでいる人もいる。物事を具体的に考えるのが好きな人もいれば、抽象概念を好む人もいる。

思考スタイルについては誰もが直感がある。1940年代のはじめから、実験心理学者はこのような直感をテストすることに強い関心を寄せている。彼らがテストした特徴は通常は対義語（広い／狭い、逐次的／包括的、など）として構成されたが、実際のところスタイルは連続的であり、大部分の人が両極の中間のどこかに位置すると理解されていた。表1に、心理学者が分類したいくつかの特徴を示す。

表に示したのは数多く提案されているの分類体系のごく一部だが、この表を見ると、多くの体系がもっともらしく見えるだろう。このうちのどれが正しいのか、どうしたらわかるだろうか。

心理学者はこれらの提案を検証してきた。まずは、認知スタイルは個人の中で変わらないと

表１：心理学者によって提案され、テストされた認知スタイルの数ある特徴の一部

認知スタイル	説明
広い／狭い	多くの項目をもつ少ないカテゴリーについて考えるのが好きか、少ない項目をもつ多くのカテゴリーについて考えるのが好きか
分析的／非分析的	物の大きな属性の中で区別する傾向か、物の中でテーマと類似性を追求する傾向か
平準化／先鋭化	細部に目を向けない傾向か、細部に注意を払い、違いに着目する傾向か
場依存型／場独立型	周辺の環境を考慮して何かを解釈するか、環境の影響に左右されずに解釈するか
衝動的／思慮深さ	すばやく反応する傾向か、慎重に反応する傾向か
無意識化／再構成	単純な反復作業を好むか、再構成と新しい思考が必要な作業を好むか
収束／分散	論理的で演繹的な思考か、広い連想思考か
逐次的／包括的	付加的な作業を好むか、全体的に考えることを好むか
適応型／革新型	確立された手続きを好むか、新しい視点を好むか
合理的思考型／直感型	合理的思考による学習を好むか、洞察力による学習を好むか
視覚型／言語型	問題を解くときに視覚的に想像することを好むか、自分との対話を好むか
視覚／聴覚／運動感覚	情報を知覚し、理解するための様式

いうことを示そうとした。つまり、あなたが特定の認知スタイルをもっているということは、そのスタイルが別の状況や別の日であっても表れるはずであり、あなたの認知的性質における安定した部分でなければならないということだ。

また、認知スタイルは首尾一貫したものである必要もある。つまり、認知スタイルがどのタイプかということは、私たちが行うことと密接に関係しているはずだ。ある人は逐次的に考え、ある人は包括的に考えるという場合、この二つのタイプの人は、たとえば、数学や歴史を学ぶ方法、または文学を理解する方法に違いがあるはずだ。

最後に、認知スタイルが能力の評価基準でないことを確認しておく必要がある。繰り返すように、スタイルは思考の好みの偏りを表すものであり、思考の能力の評価基準となるものではない。これは明らかにも思われるが、表1内の一部の特徴では問題となっている。

たとえば、物事と物事との関係に左右されずに、見ている対象を評価する傾向が強い人は〝場独立型〟と呼ばれるが、〝場依存型〟の人は物事をほかの物事との関係で見る傾向がある(図2)。

あまり認知的だとは思えないが、場依存型か場独立型かの分類は、視覚検査だけに基づいて

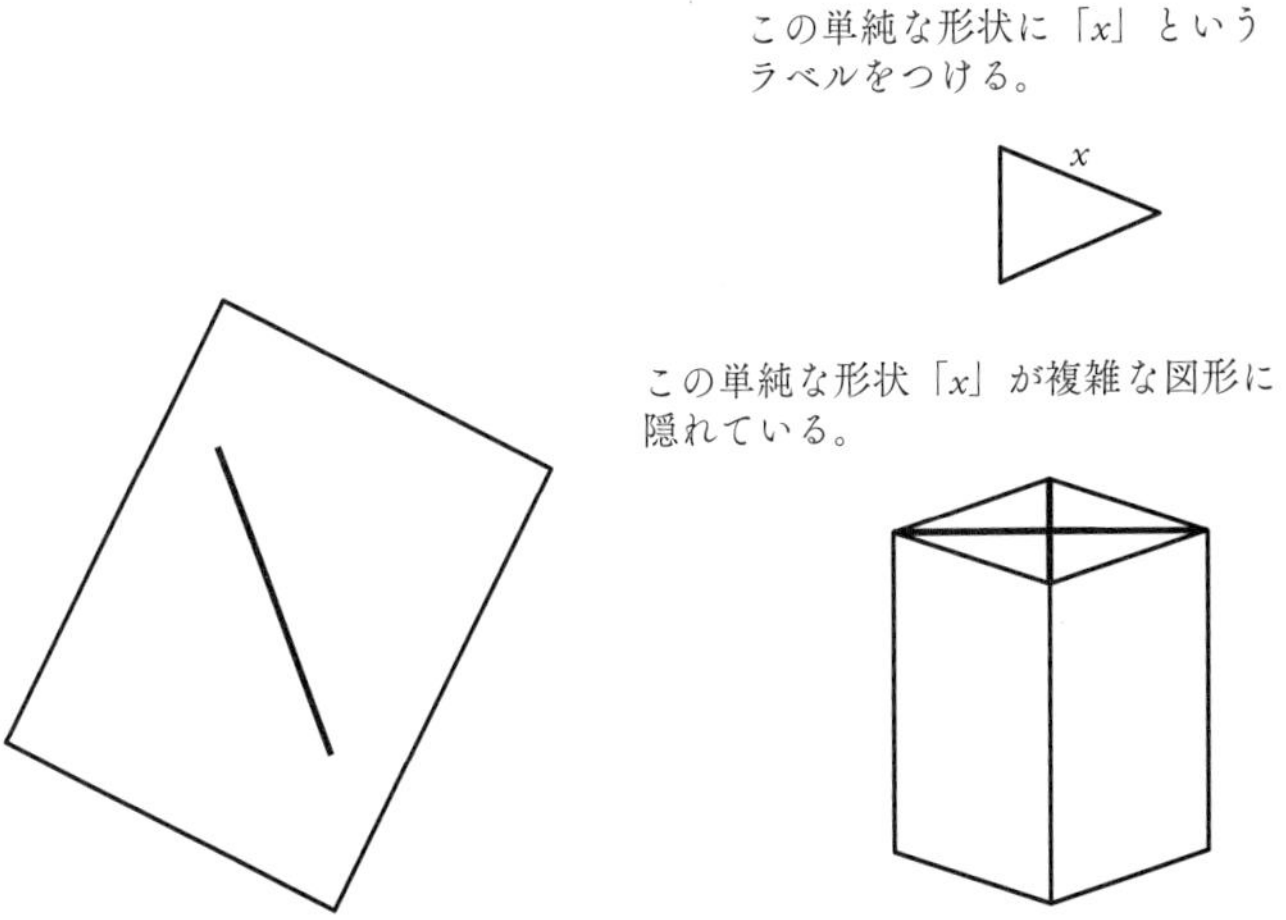
この単純な形状に「x」というラベルをつける。
x
この単純な形状「x」が複雑な図形に隠れている。

図2：場依存型か場独立型かを判断する2つの方法。左側に示すのは棒 - 枠組み検査である。棒と枠組みは光るようにできていて、暗室で使用する。被験者は棒が垂直になるように調節する。調節が周りの枠組みに強く影響される場合、その被験者は場依存型であり、影響されない場合は場独立型である。右側に示すのは埋没図形検査の1つであり、被験者はここで複雑な図形に隠された単純な図形を探す。このような作業がうまくできれば、場独立型であることがわかる。棒 - 枠組み検査と同様、目で見ている経験の一部を、目に見えるその他すべてのものから分離する能力を示しているように見える。

行われている。しかし、視覚に当てはまること（視覚でわかること）——場依存型の人が関係に目を向けるのに対して、場独立型の人が個々の細部に目を向ける——があらゆるタイプの認知的作業にも当てはまる可能性があるというのは、もっともらしくも思えるだろう。

これは理路整然とした概念だが、問題になるのは、場独立型の人のほうが場依存型の人よりも多くの認知の評価基準において高い能力を示す傾向があることだ。

ここで思い出してほしい。

場依存型というのは認知スタイルの一つであって、一般的にはスタイルごとに人の能力に違いがあるわけではないとされている。だが事実として能力に違いがあり、図2に示したテストではメカニズムはともかく、どうやらスタイルではなく能力が測定されているということを示している。

先ほど述べたように、認知スタイルの理論は次の三つの条件を備えていなければならない。

・人は一貫して同じスタイルをもつと考える必要がある。
・異なるスタイルをもつ人は考えかたや学びかたも異なることを示す必要がある。
・異なるスタイルをもつ人は一般的に能力に違いがないことを示す必要がある。

現時点でこれらの特徴を説明した理論はない。しかし、だからといって認知スタイルが存在しないということではない。確かに存在する可能性があり、何十年にもわたって努力を重ねてきたが、心理学者はそれを見つけ出すに至っていないのだ。

この研究についてより深く理解するため、一つの理論をくわしく見てみよう。視覚・聴覚・運動感覚学習者の理論だ。

視覚・聴覚・運動感覚学習者

視覚・聴覚・運動感覚学習者の概念は馴染みがある人もいるだろう。この概念は、誰でも三つのうちのいずれかの感覚のうち、好みの方法により新しい情報を受け取ることを示している。

視覚（見ること）と聴覚（聞くこと）は説明するまでもないだろうが、運動感覚については説明が必要かもしれない。

運動感覚は自分の身体の特定部位がどこにあるかを伝える感覚である。あなたが目を閉じ、自分で手を振っているかのように私があなたの手を動かしたとすると、見えなくてもあなたは自分の腕のある場所がわかるだろう。その情報は、関節、筋肉、皮膚の特定の受容体から得られている。それが運動感覚だ。

視覚・聴覚・運動感覚理論では、誰でも三つのうちのいずれかの感覚を通して新しい情報を取り込むことができるが、人には好みの感覚があると考えられている。新しいことを学ぶとき、視覚優位タイプの人は図を見たり、教師の話す内容を印刷物で確認できたりすることを好む。聴覚優位タイプの人は通常は耳で聞くことができる口頭での説明を好む。運動感覚優位の学習者は物を物理的に操作することを好む。彼らは自分の身体を動かして学ぶのだ（図3）。

この理論を評価する際に必要な情報を示すため、認知科学者が解明した記憶に関する研究結果を最初に紹介しよう。

それは、「人によって視覚と聴覚の記憶の能力は異なる」というものである。[†] つまり、私たちの記憶体系には物の見えかたと聞こえかたの両方を保持しておくことができるということだ。

私たちは、頭の中の目でイメージを視覚化するとき、視覚的記憶のイメージを利用する。たとえば、「ジャーマン・シェパードの耳はどんな形ですか」とか「あなたの教室には窓がいくつありますか」と尋ねられたとする。多くの人は視覚的イメージを作り、それを確認して、これらの質問に答えるのだ。

1970年代に実験心理学者が明らかにしたことだが、このようなイメージと実際の視覚に

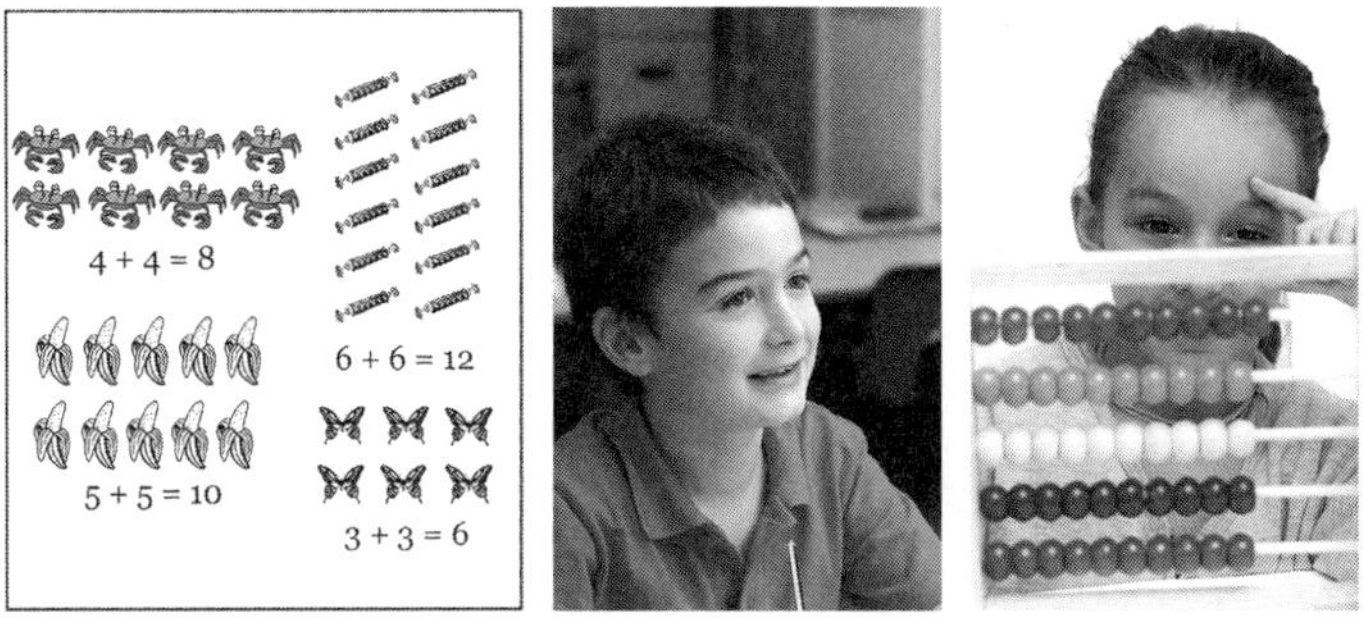

図３：学習者のスタイルにより、効果の高い題材の提示方法は異なる。たとえば、足し算の学習では、視覚優位の学習者は物のグループを目で見て、聴覚優位の学習者は一連のリズムを耳で聞き、運動感覚優位の学習者は物をグループとして配置することがある。

は多くの共通点がある。すなわち、〃頭の中の目〃と実際の目には、使用する脳の部位にも共通する部分が多いのだ。

また、人はある種の記憶を音として保持することもできる。たとえば、ニュースキャスターの声や、テレビ番組の最初に流れるライオンの吠える声、携帯電話の着信音などだ。また、「声が低いのは主任か、管理者か」と尋ねられれば、それぞれの声を想像し、比較しようとするだろう。

人は視覚記憶と聴覚記憶の両方を保持することができるが、ほかの認知機能と同様に、どれを効果的に使えるかは各人で異なっている。非常に緻密で鮮明な視覚記憶や聴覚記憶をもつ人もいれば、そうでない人もいる。

しかし、認知科学が明らかにしたのは、私たちは記憶のすべてを見たものや聴いた音として保持しているとは限らないということだ。自分にとってどんな意味があるかという観点でも記憶を保持している。

たとえば、同僚に関するうわさ話（アダルト・ショップから出てきたところを目撃されたという話）を友人から聞いたとすると、話の視覚的・聴覚的な細部（話している人の表情や声の調子など）を保持することもあるが、話されたときの聴覚的・視覚的な面は思い出さずに、話の内容（アダルト・ショップに関すること）だけを思い出すこともある。〝意味〟は感覚とは関係なく、それだけで生命をもつのだ（図4）。

では、視覚・聴覚・運動感覚理論の核心に迫っていこう。

確かに、視覚記憶や聴覚記憶が特に優れている人もいる。そういう意味で、視覚優位学習者（視覚による学習に優れている者）や聴覚優位学習者（聴覚による学習に優れているもの）は存在すると言える。しかし、それはこの理論の主旨ではない。この理論から導かれる重要なポイントは、指示が本人の認知スタイルに合致している場合に、子どもはよりよく学ぶことができるということだ。

もう少しわかりやすく示そう。

アンが聴覚学習者で、ヴィクターが視覚学習者だとする。そして、アンとヴィクターに学習

図４：「足湯」という言葉は何を意味するだろうか。湯に足をつけることで、足に痛みがあるときだけでなく、満足を得る方法としても用いられる。「足湯」という言葉の知識は意味として保持されている。ここでは、最初に人がしているのを見て知ったか、その説明を聞いて知ったか、実際に自分の足を湯につけて知ったかは関係ない。教師が生徒に知ってほしいことの大部分は、意味として保持される。

すべき二つの新しい単語リストを渡すとする。リスト1を学習するときは、単語とその定義を収録したテープを何度か聴き、リスト2を学習するときは、単語を絵で示したスライド・ショーを見る。

この理論に基づくと、アンはリスト2よりもリスト1の単語をたくさん覚えて、ヴィクターはリスト1よりもリスト2の単語をたくさん覚えるはずだ。

この方針に沿って、教室で使用される題材を用いた研究を含め、多数の研究が行われた。ところが、全体的にこの理論は支持されていない。子どもの〝好みの〟様式に合わせたからといって、その子どもの学習が有利になるわけではないのだ。

どうしてだろうか。アンが聴覚学習者であるなら、なぜ聴覚的な方法で提示されたときによく覚えられなかったのだろう。

それは、テストされるのが聴覚情報ではなかったからだ。聴覚情報はテープに録音された音声であり、テストされるのは単語の意味だ。

視覚よりも聴覚記憶が優れているとしても、「意味」が重要な状況では役に立たない。同じように、ヴィクターはスライド内にある単語を表す絵を視覚的に細かいところまで記憶するのは得意かもしれないが、ここでも視覚の能力はテストされていない。

この実験で示されている状況は、たいていの授業で当てはまるだろう。ほぼすべての場合、子どもが習得しなければならないのは物事の意味であり、何かの音や見た目ではない。もちろん、その情報が重視されることもある。視覚記憶の優れた人は地図で特定の国の形を記憶するのが得意であり、聴覚記憶の優れた人は外国語のアクセントを正しく把握するのが得意だろう。しかし、学校教育の大部分は物事の意味に関することであって、物の音や見た目に関することではない。

では、視覚・聴覚・運動感覚理論が当てはまるのは、子どもが外国語のアクセントや地図上の国を学ぶときのような、限られた場合だけなのだろうか。

もちろんそういうわけではない。この理論のポイントは、あくまでも同じ題材をそれぞれの子どもの好みに合った方法で提示できるというものだ。となると、(この理論によると、)教師がしなければならないことは次のようになる。

地図で国を学ぶとき、視覚学習者には国の形を目で見せるべきだが、聴覚学習者には各国の形の説明を耳で聴かせるべきである。また、外国語のアクセントを学ぶとき、聴覚学習者にはネイティブ・スピーカーの発音を聴かせるべきだが、視覚学習者は音を視覚的に表現したものを見せると、速く覚えられる。

ところが、このアプローチがうまくいかないのは明らかだ。

視覚・聴覚・運動感覚理論が間違っているとするなら、なぜこれほど正しく思えるのだろうか。教師の90%は、視覚、聴覚、運動感覚が優位の子どもがいると信じていて、(私が教えている)ヴァージニア大学でも同じ割合の学生がそう考えているのだ。

この理論がもっともらしく感じられるのは、いくつかの要因が考えられる。

第一に、これがすでに広く受け入れられた常識になっていることだ。誰もが信じているから正しいはずだと考えられている事実の一つだ。

もう一つの大きな要因は、この理論に類似したものは事実であることだ。

視覚記憶と聴覚記憶は子どもによって違っている。たとえば、子どもがクラスの遠足の思い出をもとに生き生きとした絵を描いたのを見て驚き、「レイシーは視覚学習者に違いない」と思ったとする。前述のように、レイシーは本当に優れた視覚的記憶の持ち主かもしれないが、この理論でいうところの〝視覚学習者〟であるとは限らないのだ。

視覚・聴覚・運動感覚理論が正しく見える最後の要因は、〝確証バイアス〟と呼ばれる心理学的現象である。

私たちは何かを信じると、曖昧な状況を、信じていることに一致するものとして無意識に解釈してしまうのだ。

たとえば、子どもがニュートンの第一法則をなかなか理解できずに苦労しているとする。あなたはさまざまな方法でそれを説明し、一つの例として、マジシャンがテーブルに載っている皿や銀食器を乱すことなくテーブルクロスを引き抜く話をする。

突然、子どもが概念をつかむ。あなたは「そうか。あの視覚的イメージが理解を助けたんだな。彼は視覚学習者に違いない」と思う。

ただそれは、例が適切だったために理解できたのかもしれないし、別の例を聞いた後だったために、視覚的なものかどうかは関係なく、その子どもが概念を理解できたのかもしれない。

その子どもがその例でなぜニュートンの第一法則を理解できたのかはよくわからない。しか

図５：長女が生まれたとき、看護師の１人が私に言った。「あと何日かしたら、すごく忙しくなるわ。満月が近づいてるから」。満月にはいろいろとおかしなことが起きると多くの人が信じている。殺人の発生率が上がり、緊急入院が増え、警察や消防署への通報が増え、とりわけ出産件数が増える、と。実際、この仮説は徹底的に検証され、正しくないことがわかっている。なぜ人々はこれを信じているのだろうか。１つの要因が確証バイアスである。満月で出産が多ければ、看護師はそのことに気づいて記憶に留める。出産が多くても、満月でなければ、そのことを気にとめない。

し、あなたが子どもを視覚学習者だとみなしたのは、その曖昧な状況を解釈するために、すでに信じている事柄を確認しようとする傾向があったにすぎないのだ（図５）。

文豪のトルストイはこんなふうに表現している。「非常に複雑な問題にも臆することなく立ち向かう人を含め、ほとんどの人が、誇りに思って人に教え、糸の一本一本から人生という布を織り上げてきた判断が間違っていたと認めざるを得ないような場合、もっとも単純明快な真理でもなかなか受け入れられないことを私は知っている」。

視覚・聴覚・運動感覚理論についての説明が長くなってしまった。心理学者にはこの理論が正しくないことが知られているものの、一般にはこの理論が広く信じられているからだ。この理論についていま述べたことは、そのほかの認知スタイルの理論にも当てはまる。そのどれについても言えるのは、証拠が入り混じっていることだ。

前のセクションではスタイルと能力の重要な特徴について述べ、このセクションでは認知スタイル、つまりそれぞれの考えかたや学びかたの偏りや傾向について考察した。次のセクションでは能力について、また子ども同士の能力の違いを考える方法について述べる。

能力と多重（マルチ）知能

知能とは何だろうか。

知能の高い人の特徴はどういうものだろうか。頭を使う作業は無数にあり、ほとんどの人が得意なこともあれば苦手なこともあることなど考えるまでもなくわかる。つまり、知能について考えるときは、一つではなく複数の能力を考えなければならない。

言語の能力は高いのに、小切手帳の収支の計算は苦手な人や、どんな楽器でも見よう見まねるだろう。

で弾きこなしてしまうのに、体育となるとまるでダメという人をみなさんもたくさん知ってい

知能の基礎となる論理は次のようなものだ。

さまざまな知的活動の基礎となる一つの能力——知性とも呼ぶ——があるとすれば、一つのタイプの知的活動（数学など）が得意な人はすべての知的活動が得意なはずである。しかし、一つの知的活動（数学）が得意で、別の知的活動（読解）が苦手であるとすると、それらの活動は異なる知的機能によって支えられていることになる。

１００年以上にわたり、心理学者はこの論理に基づいて思考の構造を研究してきた。そのよくある例は、実験者が１００人の被験者を集めて代数のテスト、幾何学のテスト、文法のテスト、語彙のテスト、読解のテストなどを行うというものだ。

結果として予測されるのは、各人の国語のテスト（文法、語彙、読解力）の点数が相関性を示すことだ。つまり、国語の一つのテストで点数が高い人は、国語が得意ということになり、ほかの国語のテストでも点数が高くなる傾向があるということだ。

同様に、数学の一つのテストで点数が高い人は、高い数学の能力を反映して、別の数学のテストの点数も高くなる。しかし、数学のテストと国語のテストの点数には高い相関性はないと

も考えられる。教師であれば、多かれ少なかれ、経験したことがあるはずだ。[‡]

これは当たり前のことにも思える。

私が大学院生だったころ、ある教授が常識と合致する研究成果のことを〝バッピーの心理学〟と呼んでいた。〝バッピー〟とは〝祖母〟を指すイディッシュ語である。バッピーの心理学というのは、おばあさんが教えてくれたようなことに対して洒落た名前をつけたものだ（図6）。

一言でいうと、私たちにとっては、当たり前のことだ。詳しく言おうと思えば（統計的な技法はとても複雑だから）、いくらでも複雑にできる。しかし、大雑把に言うと、大学院生時代に気づいたことは間違っていない。数学の才能のある子もいれば、音楽の才能、体育の才能のある子もいる。そして、それは必ずしも同じ子ではない。

1980年代の中頃にハーバードの教授のハワード・ガードナーが多重知能（MI）理論を発表すると、教育者たちはこのテーマに大きな関心を寄せるようになった。ガードナーは七つの知能があることを提唱し、後に八つめを追加した。これを表2に示す。

前にも述べたように、人間の能力リストを作ったのはガードナーがはじめてではない。彼のリストも過去に作成されたものと根本的に違うようには見えない。

図６：著者のバッビー。多くの祖母と同様、
人の心理をよくわかっていた。

表２：ガードナーが提唱した８つの知能

知能	説明	この知能に高いレベルが求められる職業
言語的知能	言葉と言語の能力	弁護士、小説家
論理数学的知能	論理、帰納的・演繹的推論、数字の能力	コンピューター・プログラマー、科学者
身体運動的知能	スポーツやダンスのような身体の動きの能力	スポーツ選手、ダンサー、パントマイム師
対人的知能	他人の感情や、欲求、視点を理解する能力	販売員、政治家
内省的知能	自分自身の動機や感情を理解する能力	小説家
音楽的知能	作曲し、演奏し、音楽を鑑賞する能力	演奏家、作曲家
博物的知能	植物相や動物相を識別し、分類する能力	博物学者、料理人
空間的知能	空間を使用し、操作する能力	建築家、彫刻家

しかし多くの心理学者は、ガードナーが人間の知能を正確には解明できていなかったと考えている。彼は多くの先人の業績を軽視していたが、ほかの研究者からはその軽視した理由が正当とはみなされず、当時から間違いだと考えられていたようだ。たとえば、知能同士は相関性が低いというものだ。（これは後に本人も重視しなくなった。）

教育者は、この理論の個々の項目にはあまり関心をもっていなかった（現在ももっていない）が、この理論に関する三つの主張だけには関心をもっていた（現在ももっている）。

主張1　表2のリストは能力や才能ではなく、知能の一つである。
主張2　学校では八つのすべての知能を教育するべきである。
主張3　八つのうち、多くの、またはすべての知能は新しい題材を学習するための手段として使用する必要がある。そうすることで、子どもは自分がもつ最高の知能を通して題材を経験し、それぞれの子どもの理解を最大まで高めることができる。

ガードナーの主張は「主張1」である。これは興味深く、議論の余地のある主張だ。その他の二つの主張はガードナーの業績に基づいてほかの研究者が行ったもので、ガードナーはこれらに異を唱えている。

これから、それぞれの主張がなぜ興味深いのかについて述べ、教師にとってどんな意味があるのかを評価してみようと思う。

まず、主張1を見てみよう。

主張1は、表2のリストが能力や才能ではなく、知能を示しているというものである。ガードナーはこれについては数多くの説明をしている。

彼は一部の能力――論理数学的知能と言語的知能――に過大なステータスが与えられていると言う。なぜこれらの能力が〝知能〟という特別な称号を受け、それ以外は〝素質〟という一段低い称号を受けなければならないのか。たとえば「音楽の能力は音楽的知能と呼ぶべきだ」という主張は、この理論をアピールするのに十分だ。

ガードナー自身、もし七つの知能ではなく、七つの素質という言葉を使っていたら、この理論はこれほど注目を集めなかっただろうと繰り返し語っている。

それで？　それは知能だろうか、それとも素質だろうか。

私は認知科学者としてガードナーに賛成している。頭脳には多くの能力があり、この二つだけを〝知能〟と呼び、そのほかの知的機能は別の名前で呼ぶ明確な理由はない。

その一方で、〝知能（intelligence）〟という用語には少なくとも西洋では定着した意味があり、突然、意味を変えれば悪影響が出かねない。私が思うに、〝知能（intelligence）〟をめぐってガードナーの定義と従来の定義の間に混乱があったために、別の研究者によってほかの二つの主張（ガードナーが異を唱えたもの）が行われたのではないだろうか。

主張2は、学校では八つのすべての知能を教育するべきであるという主張だ。

この主張に対する議論は、「学校は子どものすべての知能が称賛される場であるべきだ」というものだ。子どもの内省的知能が高い場合、その知能を助長し、伸ばすべきで、学校のカリキュラムで一般的に重視されている言語的知能や論理数学的知能が低くても、引け目を感じさせるべきではないという。

この主張は、表面的にはもっともらしく思える。すべての知能は同じ土台の上に立つべきだという、平等の精神に訴えるものがある。しかし、ガードナーはこれに反対し、カリキュラムの決定はまずコミュニティの価値基準に基づいて行うべきであり、彼の多重知能理論はカリキュラムの目標達成を推進するのに役立つと述べている。

私からすると、すべての知能を学校で教えるべきだという主張は、〝素質〟を〝知能〟と呼び変えたことを反映したものに見える。知能に対する私たちの理解は、知能の高い人は学校の成績が良いというものだ。[§] この前提のため、次のように考える人もいるのではないだろうか。


子どもが学校へ行くのは、本来の知能を伸ばすためだ。

新しい知能が発見されている。

だから、学校は新しい知能を伸ばすべきだ。


一部の教育者は、人には音楽的知能、空間的知能などがあることを〝発見〟したのがガードナーだと考えているようだが、当然、音楽的知能はあなたの〝バッビー〟が音楽的素質として認識していたものと同じである。

私は個人的には、音楽は学校のカリキュラムに含めるべきだと考えているが、音楽の立場を擁護するために認知科学者が何を言ってもいいというわけではない。

主張3では、多重知能の手段を通して新しい概念を導入するのが有益であると述べている。たとえば、子どもが読点の使いかたを学んでいるときは、読点の歌を作ったり（音楽的知能）、森の中で読点の形の生き物や植物を探したり（博物的知能）、発話ごとに姿勢を変え、自分の身体を使いながら文を作ったり（身体運動的知能）してもよい。

これにより、子ども一人ひとりの知能に合った方法で読点を理解できるようになると考えられる。博物的知能の高い子どもの場合なら、森の中を探索するエクササイズの中で概念が理解できるというのだ。

しかし、ガードナーはこの考えを否定している。彼の言うとおりだろう。それぞれの能力（知能と呼んでもよい）は置き換え可能なものではない。

数学的概念は数学的に学ぶ必要があり、音楽の技能は役に立たない。¶ゴルフのクラブが描くべき弧についての詩を書いてもスイングは上達しない。これらの能力は相互に完全に独立しているわけではないが、得意な一つの能力を利用して弱点を補強できるほど近いわけでもない。また、子どもの強みに働きかけることで、少なくとも教科に関心をもたせることができると提案している人もいる。理科の好きな子どもに楽しんで読める本を渡すとしたら、エミリー・ディキンソンの詩集ではなく、物理学者のリチャード・ファインマンの自叙伝だろう。

度を超すことがなければ、これは賢明な考えだと思う。でもそれだけではできることに限度があるとも思う。第1章で述べたように、個々の子どもの関心に働きかけようとすることによく似ているからだ。

結論

この章で述べた内容をまとめておこう。

子どもが一人ひとり異なることには疑う余地はない。それに対して、教師には何ができるだろうか（また、何をするべきか）。

一般的には、子どものタイプの違いを利用して指導を改善できると考えられている。具体的に二つの方法が挙げられる。一つは認知スタイルの違いに基づくもの、つまり、子ども独自の認知スタイルに合わせることでより容易に学習できるというものだ。しかし残念ながら、これまでに十分なエビデンスを示して学習スタイルを論じた研究はない。

二つめの子ども同士の違いを利用する方法は、能力の違いに基づくものである。子どものある認知能力が低い場合、ほかの分野の強い認知能力を利用して弱点を埋め合わせたり、補強したりできることが期待される。

しかしこちらも残念ながら、このような置き換えが不可能であることが十分に裏づけられている。

もう少しはっきり言うと、置き換えという考えかた自体が間違っている。認知能力は明確に異なるのだ（一般的にガードナーの多重知能理論の説明はほかの説明よりも精度が低いとみなされているが）。

教室への応用

私はこの章を書きながら、まるで子どもの違いについて人が述べた楽観的な考えに対して、顔をしかめて〝間違いだ、間違いだ、間違いだ〟と繰り返しているような、嫌な人間になったような気がしていた。

章のはじめに述べたように、「教師は指導法に違いをつけるべきでない」と言うつもりはない。違いをつけたほうがいいと思うし、実際そうなっているだろう。しかし、実践するにあたって、科学者がなんの助けにもなってくれないことを教師は知っていなければならない。

科学者がそれぞれの指導法に合わせて子どもをタイプ分けしてくれていればよいのだが、科学者たちの多大な尽力にもかかわらず、このようなタイプは発見されておらず、私も多くの研究者と同様、そのようなものが存在するとは思っていない。

教師に助言できることは、子どもとの関わりに基づいて子どもに個別に対応すること、そして、どのような指導が効果的なのか、つねに考えつづけることだ。子どもに個別に対応するときは、教師が手探りで手に入れた知識が科学にも勝るのだと思う。

とは言っても、この学習スタイル理論が教室で果たす役割について、私が抱いているのは否定的な考えばかりではない。

子どもの視点ではなく、内容の視点で考える

学習スタイル理論は、子どもに当てはめようとするとあまり役に立たないが、内容に当てはめれば有益だと思っている。

視覚・聴覚・運動感覚の特徴を例に考えてみよう。あなたは、授業で子どもに習得させたい内容に応じて、題材を別々の方法で経験させたいと考えるかもしれない。たとえば、フォート・ノックス基地の略図を見せるべきか、トルクメニスタンの国歌を聞かせるべきか、〃シュシュ〃ターバン(サハラ砂漠に住む部族が太陽と風から身を守るために使用するもの)を着用するべきかというようなことだ。

表1に示した認知スタイルの特徴は、授業計画を立案するときに有益な、興味深い方法を示している。授業中、子どもに演繹的に考えさせたいのか、創造的に自由に連想させたいのか、隣接する概念の類似点に着目させるべきか、それともこれらの概念を区別する細部に着目させるべきか。

表1は、子どもに授業から何を学んでほしいか、またそのためにどんな手助けができるかに

重点を置くのに役立つだろう。

変化が注意を呼びおこす

教師なら誰もが知っているとおり、授業中、子どもに気分転換させることで子どもが生き生きとし、再び注意を向けさせることができる。教師が長く話していたときは、視覚に訴えるもの（ビデオや地図）が気分転換に役立つ。

表1には、授業中の気分転換法についても、そのヒントが示されている。子どもの課題に論理的な演繹的思考が強く求められる場合は、広く連想的な思考の求められるエクササイズがふさわしいだろう。すばやい反応が頻繁に求められる課題だった場合は、じっくり考えて反応することが求められる作業をするべきだろう。

必要な認知機能を子どもによって個別に変えるよりも、すべての子どもにこれらの過程を経験させ、子どもたちが精神的エネルギーを取り戻し、再び集中するための機会としてこの切替えを利用するとよい。

明晰さはなくても、どの子どもにも価値がある

みなさんも、だれかが「どの子も何らかの点で利口だ」と言ったり、「君が得意なのは何か」

を子どもに答えさせたりするのを聞いたことがあるだろう。

教師がそう言うのは、みなが平等だという態度を子どもに伝えるためではないかと思う。誰にでも、何か得意なことがあると。

しかし、この態度を鵜呑みにできない理由がいくつかある。

第一に、このような言いかたは知能が価値をもたらすものだと暗に言っているようで、神経が逆なでされる。どの子どもも、知能の高さや知的能力の程度に関係なく、かけがえのない存在で、価値がある。

私がもし重度の知的障害のある子の父親であったとしたら、この問題に敏感になるに違いない。私の娘はどう見ても知的とは言えないが、元気で、周りの人を大いに楽しませている。

第二に、どの子どもも何らかの点で利口であるというのは必ずしも事実ではない。〝利口な子ども〟の正確な比率というのは、定義する知能の数や〝利口〟というのが〝上位10%〟を指すか〝上位50%〟を指すかなどによって変わってくる。それはあまり重要ではない。

実際に、どの知能にも恵まれていない子どもが必ずいる。私の経験では、実際に備わっていない技能があたかも備わっているかのように子どもに言ったとしても、ほとんど効果がない。(子どもが一時的にだまされたとしても、たちまちクラスメートたちに現実を思い知らされるだろう。)

第三に、次の章で述べる理由のために、子どもに利口だと言うのは賢明なことではない。信じるかどうかはともかく、そう言えば言うほど、その子はどんどん利口でなくなっていく。本当だ。

心配無用——そしてお金の節約

子どもの認知スタイルを見極められるほど、子ども一人ひとりをきちんと評価できていないという罪悪感をあなたがずっと抱えているなら、あるいは、子どもの認知スタイルがわかっていながら子どもに合わせて指導法を変えていないと思っているなら、心配はいらない。そうすることがよいという理由はないのだ。また、これらのテーマに関する本を買ったり、職能開発セミナーに人を誘ったりしようと考えているなら、お金の無駄だ。

では、〝認知スタイル〟や〝多重知能〟で子ども同士の違いを特徴づけられないのであれば、良い方法はあるのだろうか。なぜある子どもは数学を楽々とこなし、ある子どもは苦労するのだろうか。なぜある子どもは歴史や地理が好きなのだろうか。

背景知識の重要性については、本書で繰り返し述べてきた。第1章では、背景知識は何に興味をもつかに関する重要な決定要因だと述べた。たとえば、難しそうでも考えれば解ける問題や小テストは興味をひく。

第2章では、背景知識は学校で教師の成功の可否を決める重要な要因であると説明した。認知的処理（分析、統合、批評など）はそれ単体では機能しない。うまく働かせるには、背景知識が必要となる。

それでも、子ども同士で違っているのは背景知識だけではない。単純に一部の子どもが本当に賢いという考えにも一理ある。次の章では、この考えに一歩踏み込み、子どもの賢さの程度に関係なく、すべての子どもの可能性を最大限に高めるために何ができるかに焦点を当てる。

注

＊認知スタイル（考えかた）と学習スタイル（学習のしかた）を区別する人もいる。私はこの区別がそれほど重要だとは思わないので、この章全体を通して、学習について述べる場合でも〝認知スタイル〟という用語を使用する。

†私たちは運動感覚にも違いがあるが、これに関する文献は説明が複雑になるため、視覚と聴覚の例だけに留める。

‡実際に、数学と国語の点数は相関性が全くないわけではない。一方の点数が良ければもう一方の点数も良いことが予想されるが、数学の点数同士の関係に比べると相関性は低い。

§実際に、現代の知能検査は、学業の優秀な子どもとそうでない子どもを予測する方法として、19世紀の終わりにフランスで開始された。

¶音楽とリズムは数学の公式を含めて物事を記憶するのに役立つが、公式の意味を深く理解するための役には立たない。音楽が何かを記憶するのに役立つ理由は魅力的だが、それを議論しはじめたら切りがない。

第8章

スローラーナーを支援するにはどうすればよいか

Question

学業にまったく向いていないように見える子どもがいるというのは残酷な事実である。有益な技能を備えていないということではない。

たとえば、学校での成績は振るわなかったという実業界の大物の話は誰でも耳にしたことがあるだろう。とは言うものの、子どもには学校で得られるものは何でも習得してほしいと願うものだ。

ほかの子どものような知能を備えていない子どもが、学校でできるだけ多くのものを得られるようにするにはどうすればよいだろうか。

Answer

アメリカ人は、ほかの西洋人と同様、知能を瞳の色のように不変の特性だと考えている。遺伝のくじに当たれば賢くなるが、外れれば賢くならない。知能が遺伝によって決められているというこの考えが学校や成績に影響しているのだ。

ここに見え隠れしているのは、賢い人は何と言っても賢いのだから、良い成績を取るために一生懸命勉強する必要がないという考えだ。当然の結果として、一生懸命勉強するとすれば、賢くないからということになる。破壊的なサイクルに陥るのは明らかだ。

賢く見えるように良い成績を取りたいが、一生懸命勉強すれば自《みずか》ら頭が悪いと言っているようなものなので、それもできない。

中国や日本のような東洋の国では、知能は変えられるものと考えられることが多い。子どもがテストで悪い点を取ったり、ある概念を理解できなかったりしても、頭が悪いせいではなく、十分にがんばっていないだけだと考えられる。

この考え方は子どもにとって有利である。知能というのは自分でコントロールできるものだと示しているからだ。結果が悪ければ、自分でなんとかすればいい。

では、西洋と東洋のどちらの考えかたが正しいのだろうか。

どちらにも一理ある。確かに遺伝は知能に影響するが、主に環境を通して影響を及ぼしているように見える。知能に変化を及ぼせるのは間違いない。

この章の核となる認知的原理は次のとおりである。

Principle

子どもの知能には違いがあるが、たゆまず努力を重ねることで知能に変化を及ぼすことができる。

子どもの知能は柔軟に変化するという信念を具現化するのは良い考えだ。これを実現するには、ほめかたや、成功と失敗について子どもに話す方法を考える。

すべての子どもが等しい能力をもっていたら、つまり学校での成績の違いが努力の違いだけによるのであれば、どんなにすばらしいことだろう。それなら、学校が少し公平な場所に見える。

しかし、それがどんなに望ましいことだとしても、ほとんどの教師がそれは夢物語だと言うだろう。単純に賢い子もいれば、そうでない子もいるのだ。

優秀な子の扱いかたはわかりやすい。少し難しめの課題を与えればよい。

では、ついていくのに苦労している子どもの場合はどうすればよいか。どうすれば、そういう子どもに学校で得られるものをすべて習得させることができるのだろうか。

はじめに〝知能〟の意味を明確にしておく必要がある。

独自の定義を示す時間をもらえるなら、「知能の高い人とは複雑な概念を理解し、さまざまな形で論理的に考えることができる人のこと」だと答える。

知能の高い人はじっくり考えることで障害を乗り越えることができ、経験からも学ぶ。この定義は常識にも合致していると思う。

これは、米国心理学会特別委員会が作成した定義の一部である。[*] さらに細かく区別することはできるが、全体的な概念――一部の人は合理的に考えるのが得意で、新しい概念を速く理解できる――は私たちが〝知能〟という言葉で意味している内容の大部分を捉えている。

しかしこの定義には、注意すべき点が二つある。

第一に、ガードナーの多重知能理論に含まれる音楽、体育などの能力が含まれていないことだ。第7章で述べたように、多くの研究者はこれらの能力を知能とみなしているものと同程度に重要だと考えているが、これらを素質と呼ばずに知能と呼べば、研究者の意思疎通を混乱させ、科学の進歩を妨げることになる。

第二に、この定義に含まれているのが、実際は一つの知能だけに見えることだ。ここから示されるのは、知能の高い人は、数学と言語の両方が等しく得意でなければならないということだ。だが誰もが知るとおり、複数分野の能力に差のある人はいる。

では、なぜこの定義は正しいと言えるのか。

実は、一般的知能（つまり「あなたが賢いなら、賢い」）が存在するという確かな証拠がある。しかし、話はそれで終わりではない。

ここで、心理学者がこのテーマについて研究した一つの方法を示す。

一つのタイプの知能があると仮定する。これは普通、一般的知能（general intelligence）の頭文字を取ってgと呼ばれる。その一方で、二つのタイプの知能（言語的な知能と数学的な知能）があるという見解もある。

ここで、あなたと私が100人の子どもを集めて、四つのテストを受けてもらうとする。これは二つの数学のテスト（計算テストと文章題）と二つの言語のテスト（語彙テストと読解力テストなど）だ。

私は「あなたが賢いなら、賢い」と考えているため、一つのテストで良い点数を取った人は、ほかの三つのテストでも良い点数を取るはずだと考える（また、一つのテストで悪い点数を取った人は、ほかの三つのテストでも悪い点数を取るはずだと考える）。それに対して、あなたは言語と数学の知能は別であると考えているため、読解力テストで良い点数を取った人は語彙力テストでも良い点数を取るが、その点数からは数学のテストの結果は予測できないと考える（図1）。

では、この二つのうち、どちらのモデルが正しいのだろうか。

答えは、どちらも正しくない。しかし、何万人ものデータを評価したところ、それぞれのモデルに共通するパターンがあるということが示されたのだ。

図1の左側のモデルは言語のテストと数学のテストの点数が相互に関連していることを予測したもので、右側のモデルは関連していないことを予測したものだ。

データが示すように、言語のテストの点数は実際に数学のテストの点数と関連しているが、言語のテストの点数同士の関連性は、数学のテストとの関連性よりも高い。そのパターンは図

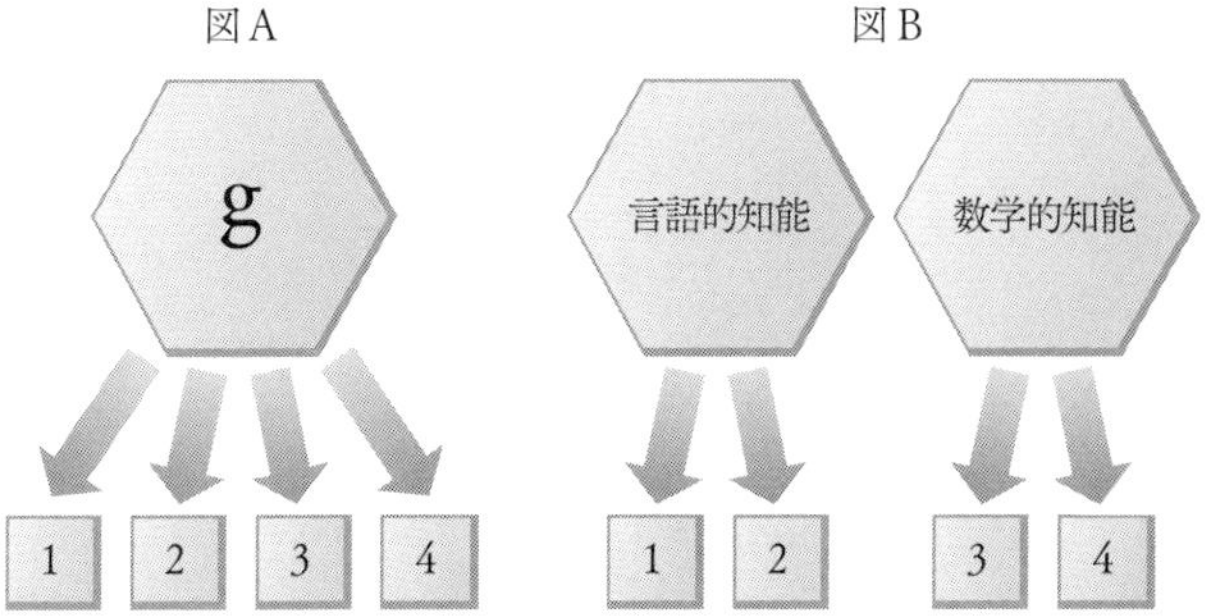

図１：知能に関する２つの見解。左の見解によると、１つのタイプの知能がすべての知的作業の基礎となっている。そのため、語彙力テストで良い点を取ると、gが高いことになり、他の３つのテストでも良い点を取ることになる。右のモデルでは、語彙力テストで良い点を取ると、高い言語的知能を持つことになるが、別の知能である数学的知能のことについては何もわからない。数百人の生徒のデータは、どちらのモデルも正しくないことを示している。一般的には図２のモデルが受け入れられている。

2に示すモデルと一致する。別々の認知的処理が言語的知能と数学的知能に作用するが、gからもそれらの両方に何らかの作用を及ぼしているのだ。

gとは何だろうか。正確に言うと、それはわからない。ワーキングメモリの速度や容量に関係しているのではないかとも言われているし、脳内の神経細胞がどれだけすばやく神経インパルスを発することができるかを反映しているとも言われている。

だが、基礎となるgが何かを知ることは、私たちにとって重要なことではない。

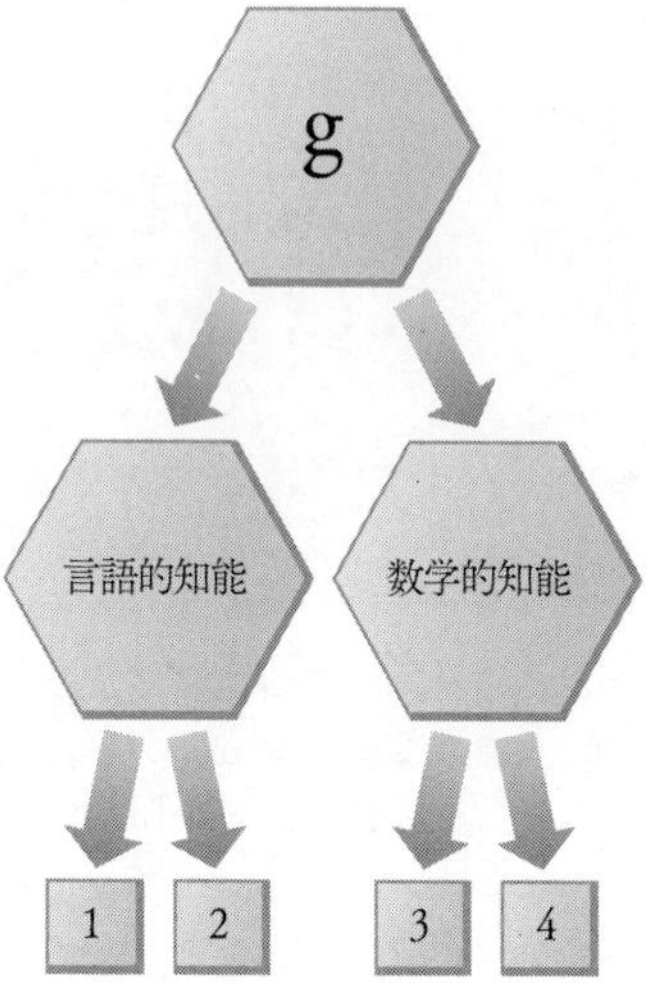

図２：知能の有力な見解。多くの異なるタイプの知的作業に作用する一般的知能が存在するが、一般的知能の処理によって支持される特定のタイプの知能も存在する。ほとんどすべての人が言語的知能と数学的知能があることに合意するが、これらをさらに分類するべきだと考える人もいる。

重要なのは、gが実在するということである。gが高ければ学校でも職場でも好成績が期待できることがわかっている。

多くの研究者が（図2から明らかなように）知能に関してはgですべての説明がつくとは考えていないが、知能の高い人もいれば、そうでない人もいるのはなぜかを考えるときに、gがよく引きあいに出される。

さて、知能についてよくわかったところで、次の質問に目を向けてみよう。知能の高さを左右するものは何だろうか。

人の知能を高めるもの

第5章と第6章では、熟達には練習と懸命な努力が重要であることを強調した。

おそらく、知能の高い人というのは、知能が形成される作業をして、たくさんの練習を積んだ人である。理由は何であれ、たくさんの複雑な概念（とこれらの概念の説明）に触れたり、支持的環境で論理的に考える機会をたくさん得たりしたのだ。

別の考えかたでは、知能は努力や練習の問題ではなく、いかに両親を選択するかという問題になる。要するに、知能はほとんど遺伝で決まるということだ。

図３：知能に関する２つの見解。左側はチャールズ・ダーウィンで、主任建築士、進化論の提唱者として広く知られている。博識家として知られるいとこのフランシス・ゴルトンへの手紙に、ダーウィンは「私は常々、よほど出来の悪い人を除いて、人の知能に大きな違いはなく、違うのは熱情と努力だけだと主張してきた」と書いている。これには誰もが合意するわけではない。右側は俳優のキアヌ・リーブスだ。「僕は頭が悪い。しょうがないよ。人には頭のいいのも悪いのもいて、自分がたまたま悪いほうだったってだけだ」

一部の人は生まれながら賢く、練習を通してこの能力をさらに発展させることもあるが、たとえ知能を伸ばすためにほとんど、あるいはまったく努力しなくても、とても賢い（図3）。

〝知能はどこから来るか〟という問いに私は二つの答えを用意しているが、どちらの答えもかなり極端なものだ。すべて自然から（遺伝）。あるいは、すべて育成（経験）によるもの。〝自然か、それとも育成か〟と問われるたびに、必ずと

図4：一卵性双生児のジェイムズとオリバー・フェルプス（ハリー・ポッターの映画でフレッドとジョージ・ウィーズリーを演じた）は同じ家庭で育ち、遺伝子は100％同じである。二卵性双生児（それでも似ている）のメアリー＝ケイトとアシュレー・オルセンは同じ家庭で育ったが、双子でないきょうだいのように、遺伝子は50％だけが同じである。一卵性双生児の知能の類似性と二卵性双生児の知能の類似性の比較は、知能に対する遺伝の重要性を評価するのに役立つ。

言っていいほど〝両方〟と答えるが、遺伝子と経験の相互作用の度合を特定するのは絶対と言っていいほど難しいのだ。

同じ答えは知能に関する問いにも当てはまるが、この20年で研究者の視点は「両方だが、おそらくほとんどは遺伝」という考えかたから、「両方だが、おそらくほとんどは環境」という考えかたに大きく移ってきている。

両者の根拠を示してみよう。知能の高さの理由がよく理解できれば、知能が不足しているように見える子どもを手助けする方法がよく理解できるはずだ。

先ほど述べたとおり、知能は遺伝と

関係	遺伝子を共有する割合	環境
一卵性双生児、一緒に育つ	100	同じ
二卵性双生児、一緒に育つ	50	同じ
一卵性双生児、別々に育つ	100	異なる
二卵性双生児、別々に育つ	50	異なる
養子のきょうだい	0	同じ

表１：この表は、きょうだいのそれぞれの関係と、それぞれのペアの遺伝および環境の類似性を示している。カテゴリー別に数百のきょうだいのペアがテストされ、研究者は知能やその他の特性に関する双子の類似性を評価した。一卵性双生児および二卵性双生児は１人ずつ別々の家族に引き取られると、別々に育てられることがある。一部の研究室（特にミネソタ大学の研究室）が別々に育てられた数百組の双子に連絡を取り、双子の多くはこの研究の中ではじめて会った。

環境的要因が複雑に絡み合ってできたものである可能性が高い。では、そのもつれを解くにはどうすればよいだろうか。

一般的な方法は、双子の知能が同程度かどうかを検査することである。たとえば、一卵性双生児は遺伝子が１００％同じで、二卵性双生児はきょうだい（兄弟姉妹）と同様に遺伝子が50％同じである。そのため、一卵性双生児が二卵性双生児よりも二人の知能の程度が近いかどうかを検査すれば、遺伝子の重要性を判断する助けになる（図4）。

また、同じ家庭で育てられたきょうだいの知能が、別々の家庭で育てられたきょうだい――つまり、出生時に引き離され、別々の家庭の養子になったきょうだい――の知能よりも互いに近いかどうかを検査することができる。同じ家庭で育てられたきょうだいの環境がまったく同じというわけではないが、両親は同じで、文学やテレビなどの文化にも同様に触れ、同じ学校に通ったりする可能性も高い。

表1ではいくつかのタイプの関係を比較しているが、ここから遺伝と育ちの重要性の関係がよくわかる。

これらの研究の結果は衝撃的だ。

遺伝は一般的知能において大きな役割を果たしているようだ。つまり、私たちの賢さの責任の約50%は遺伝子にある。割合は年齢とともに変化するため、50%という数字は実際には平均値である。幼少時は20%程度で、子どもの年齢が上がるにつれて40%まで上昇し、生涯のうちに60%以上になる。

この上がりかたは、一般の予想に反するものだ。あなたは幼少時ほど遺伝的要素が重要だと思っているのではないだろうか。環境が違っていても幼児はまだ長くその環境にいないが、大人はその環境で何十年も生きているため、環境の影響を大きく受けているはずだからだ。

しかし、データはこのパターンに適合せず、環境は知能にあまり影響を及ぼしていないと考えざるを得ないようだ。ただ、双子研究から得られたデータを別の側面からみると、環境が明らかに何かに作用していることを示している。

子どもが比較的貧しい家庭で育ち、裕福な家庭の養子になった場合、子どもの知能は上昇する。この上昇の原因についていくつか挙げてみると、裕福な家庭の環境、より良い学校教育、より良い栄養、親の高い期待などが考えられる。

別の方法を用いた研究でも、環境が何かに作用することが示されている。就学前の幼児向けの優れた教育プログラムは知能をある程度高める効果があるようだが、この研究での環境の影響は、遺伝の影響に比べて通常は小さい（ＩＱで10ポイント程度）。

しかしこれは20年ほど前までの話だ。それまでは、大部分の研究者は知能の範囲がほとんど遺伝子によって決まり、環境の善し悪しにかかわらず、それによる知能の上下はその範囲内のわずかなものだと感じていたようだ。

この研究に本当に転機が訪れたのは、１９８０年代に、過去の半世紀でＩＱスコアが大幅に上昇したことが確認されたときだ。たとえば、オランダの徴兵時のテストの点数によると、オランダではわずか30年（１９５２~１９８２年）でスコアが21ポイントも上昇した。これは唯一のケースではない。同様の影響は、アメリカを含む世界の10カ国以上で確認された（図5）。すべての国のデータが利用できるわけではない――これが特殊なケースでないことを確認するには多数の人のデータが必要だ――が、データが利用できる国では影響が確認されている。この発見は十分に重要度が高かったため、最初にこれを説明したジェームズ・フリ

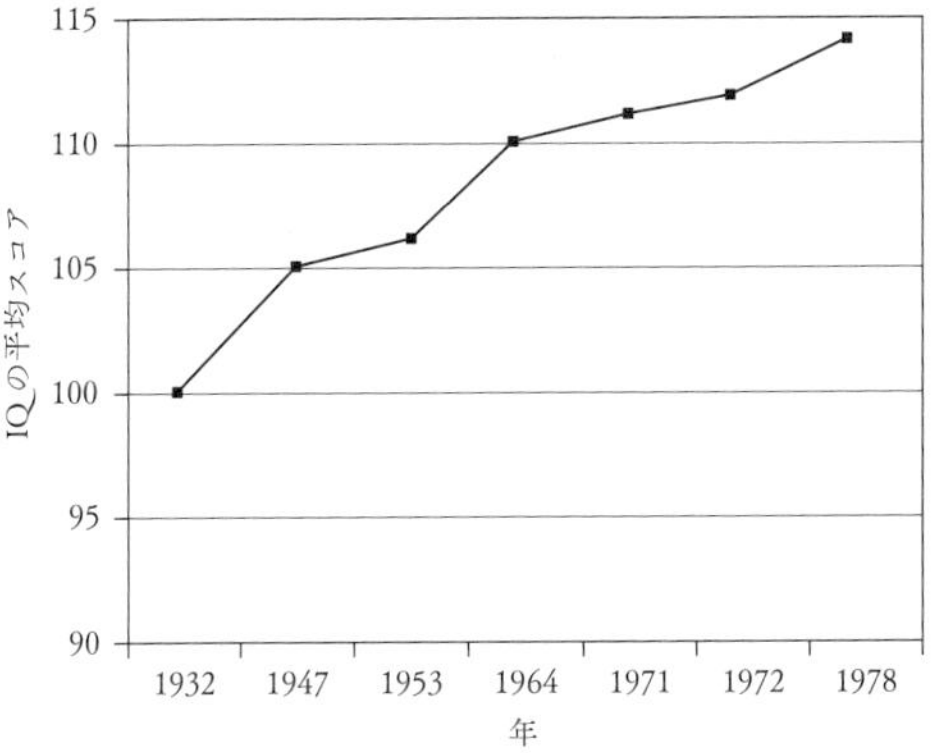

図5：このグラフはアメリカでの1932年から1978年までのIQスコアの伸びを示している。「フリン効果」は環境が知能に対して大きな影響を及ぼした強力な根拠となっている。遺伝学者は遺伝子プールがこのIQの変化をもたらすほど急速に変化することはあり得ないことを認めているのだ。

ンの名前にちなんで「フリン効果」という名前がつけられている。

この結果がそれほど驚異的である理由を示そう。

知能が遺伝子によって決まる部分が大きければ、遺伝子プール全体の変化は非常にゆっくりであるため、IQのスコアが時間とともに国全体でこれほど変化することはない。

しかし、実際は違った。IQのスコアが大きく上昇した。

それは遺伝子の変化によるものとは考えられないほど大きな上昇だった。栄養や医療の向上もその一因だったかもしれない。環境がより複雑になり、抽象的な思考を駆使して、馴染みのない問題を考えなければならなかったことも一因だったかもしれない。まさにそれが、ＩＱテストで求められることだ。原因はともかく、環境によるものであることに違いはない。

この評価は双子の研究にどのように適合しているのだろうか。双子の研究――その研究は多い――は一貫して遺伝が大きく作用していることを示している。しかし、短期間での急速なＩＱの上昇は遺伝的要因によるものではありえない。

この矛盾はどのように説明できるだろうか。

誰にも確かなことはわからないが、フリンが（よく共同で研究していたビル・ディケンズとともに）適切な提言をしている。

それは、遺伝の影響は実際にはかなり少ないというものだ。大きく見えるとすれば、それは遺伝の影響により人が特定の環境を求めるようになるからだという。

ディケンズは次のような例を挙げる。

一卵性双生児が出生時に引き離されて別々の家庭に引き取られたとする。遺伝子により二人は成長期に非常に背が高くなり、その後も成長を続ける。背が高いことで、二人とも地元のバスケットボールの試合で活躍する（図６）。そのために、両親に頼んで自宅にバスケットボールのゴールを取りつけてもらう。二人は練習によりどんどん上達し、中学のバスケットボー

図6：あなたなら、チームのためにどちらを選ぶだろうか

ル・チームに加わる。練習すればするほど上達し、高校を卒業するころには、どちらもかなりの腕前になる。プロ選手を目指すほどではなくても、全人口の上位2％に入るといったところだ。

ここで、何が起きたかを考えてみよう。

ここにいるのは、別々に育てられた一卵性双生児だ。だから研究者がその双子たちを見つけ出してバスケットボールの技能のテストを行えば、どちらもかなり上手であることがわかる。すると、二人が別々に育てられたため、研究者はこれが遺伝の影響であり、バスケットボールの技能は大きく遺伝子によって決まると結論づけるだろう。

しかし、その研究者は間違っている。

実際に起きたことは、遺伝子によって二人の背が高くなったことであり、背の高いことがバスケットボールの練習をたくさんする環境へと導いたのだ。バスケットボールが上達したのは練習によるもの――環境の影響――であり、遺伝子によるものではない。遺伝の影響により別の環境を求めたり、選んだりするようになることはあり得るのだ。

では、この考えかたを知能にどう応用できるかについて考えてみよう。

おそらく、遺伝はあなたの知能に何らかの影響を及ぼしている。物事の理解が少し速くなっているだろうし、記憶力が少し良くなっているだろうし、認知的作業に対して少し忍耐強くなっただろうし、単純に好奇心が強くなっただろう。

あなたの両親はこのことに気づき、あなたの興味を引き出そうとした。自覚はしていなくても、励ましてくれた。そのことに気づいていなかった場合と比べると、高尚なテーマについて話し、幅広い語彙を使用したかもしれない。大きくなるにつれて、あなたはだんだん自分のことを〝賢い子ども〟だと考えるようになった。別の賢い子どもと友達になり、成績を競いあう良きライバルとなった。

また、遺伝的特徴によりほかのことに対する努力から遠ざかったかもしれない。

認知的には優れていても、運動面では人よりも少し鈍く、不器用である可能性もある。そのために、運動能力を伸ばすような状況（仲間うちのバスケットボールの試合など）を避け、代わりに部屋に閉じこもって読書をするようになっている。

ここで鍵となるのは、遺伝と環境の相互作用である。遺伝による小さな違いから、人はそれぞれの環境で異なる経験を求めるようになる。そして、長期的にそこでどんな経験をしたかという違いが、認知能力に大きな違いをもたらすのだ。

そのため、双子は異なる家庭で育てられたとしても、異なる環境を経験したと仮定すべきではない。彼らの遺伝子が同じであったため、同じ環境を求めるようになったと考えられるのだ。

さて、なぜ私は知能についての話題にここまで踏み込んでいるのだろうか。

それは、知能の性質によって、知能が低い子どものためにどうしたらよいのかが変わるからだ。知能の差がすべて遺伝によるものだとしたら、子どもを賢くしようとしても意味がない。その代わりに私たちは遺伝的に決められた知能を前提として、彼らにできる最大のことをさせようとするだろう。

または、賢いとは言えない子どもを、結局はレベルの低い仕事につくしかないと判断して、学校では高い知能を必要としない課題へと導くように真剣に考えるだろう。

しかし、実際はそうではない。知能は変えられるのだ。高めることができるのだ。

すばらしい。では、どうやって知能を高めるのか。

第一段階は、子どもに知能が高められることを納得させることだ。

知能に対する考えの重要性

二人の架空の子どもについて考えてみよう。

フェリシアは自分が知的に見えるかどうかばかり気にしている。課題を選択できるときは、失敗しないように簡単なものを選ぶ。難しい課題に直面し、ちょっとつまずくとすぐやめてしまい、もう嫌だと大声で抗議したり、別の口実を持ち出したりするのだ。

それに対してモリーは、失敗をものともしない。一筋縄でいかないとしても、自分にとって新鮮で、楽しく学べそうな課題を選ぶ。課題が難しいときは、あきらめず、新しい方法を試そうとする（図7）。

あなたのクラスにもフェリシアやモリーのようなタイプがいるだろう。この二人の違いはどこから来ているのだろうか。一つの重要な要因は、知能をどう考えているかだ。

フェリシアのような子どもは知能が生まれつき決まっていて〝変えられないもの〟と思い込んでいる。知能が変えられないものであるからこそ自分に貼られる〝レッテル〟を気にし、簡単な課題を選ぶ。

フェリシアはその思い込みのために本当に窮地に追い込まれている。賢い人は懸命に努力する必要はなく、秀でた知能で成功するものだから、懸命に努力することは頭の悪い証拠だと考

図7：このトリビア・クイズで難しい問題と簡単な問題のどちらかを選べるとすると、フェリシアは正解して賢く見せられる可能性の高い簡単な問題を選ぶが、モリーは何かを学べることを期待して、難しい問題を選ぶ。あなたなら、どちらのタイプの問題を選ぶだろうか。

えているのだ。フェリシアにとって賢く見えることは非常に重要であるが、成功するために懸命に努力し、わざわざ頭を悪く見せることなど考えられない。

一方のモリーは知能は変えられるものと考えている。新しい事柄を学ぶことで賢くなれると考えている。フェリシアとは違い、失敗が自分の能力を後々まで傷つけるものだとは考えていないため、モリーにとって失敗は恐れるに足りないものだ。

失敗したときは、「努力が不十分だった」「このテーマはまだ勉強していなかった」と考える。失敗すればその分努力できるので、成功や失敗を自分でコントロールできると感じている。知らないことを認めたり、間違えたりすることを恥ずかしいこととは考えていない。

そのため、簡単な課題を選ぼうとは思わない。代わりに、勉強になると考えて、少し難しい課題を選ぶ傾向がある。また、懸命に努力することを頭の悪さの証拠だと考えるのではなく、人がより賢くなろうとしていることの証拠だと考える。

このように見ると、モリーのほうがフェリシアよりもずっと学校でうまくやれそうに思われる。実際にそうであることを示す十分な証拠もある。

知能は努力次第で伸ばすことができると考えている子どもは、知能は変えられないと考えている子どもよりも成績が良い。教師にとっても、フェリシアのような子だらけの教室よりもモリーのような子だらけの教室のほうがいいだろう。

そもそも、子どもは知能と能力の関係について、どうやって知見を得ているのだろうか。また、知能に関する子どもの知識には別の側面もある。子どもは、能力によって物事の出来不出来が変わることを理解しなければならないし、自分の能力をよりよく理解し、物事の種類によって能力が違うことも知っておかなければならないのだ。

子どもがどのように知能と能力への理解を深めるのか、簡単に説明することはできない。さまざまな要因が関係しているのだが、その中に一つ、特に集中的に研究されてきたものがあ

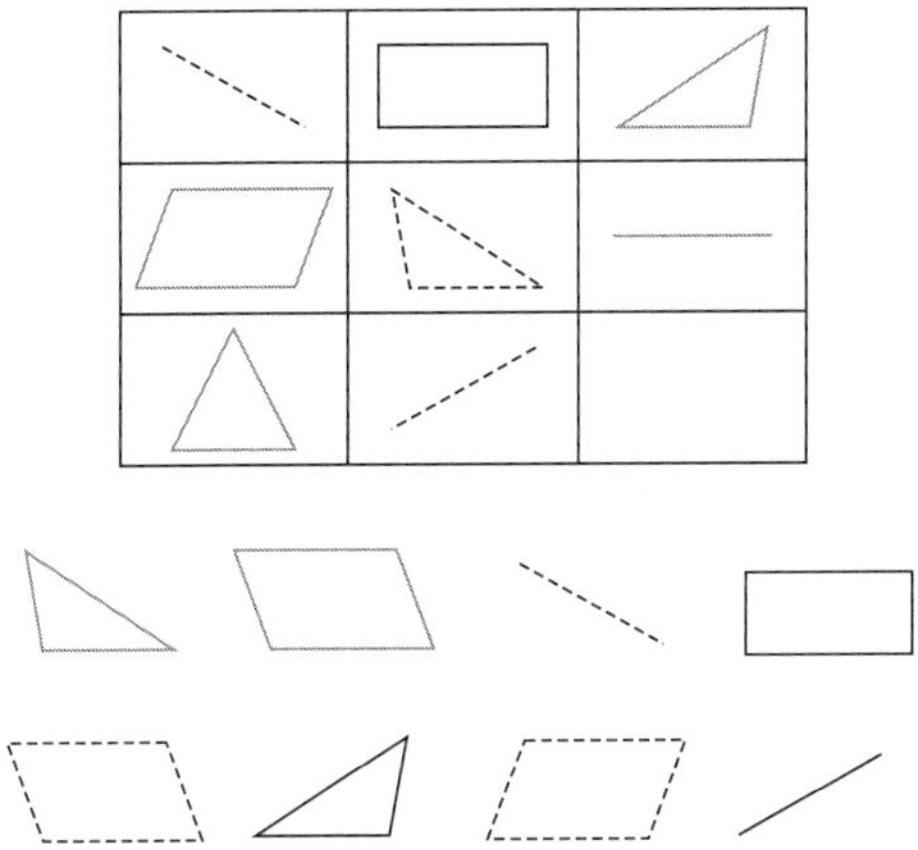

図８：一部の知能検査ではこのパターン完成の形式を使う。被験者は上の図形の配列からパターンを見つけ出し、配列を完成するために必要なのは下の８個のうちでどの図形かを推測する。

る。子どもをどうほめるかだ。

「ほめる」ことの古典的な研究で、5年生に図形を見つけるいくつかの問題に取り組んでもらったものがある(図8)。最初の問題はごく簡単で、子どもたちがほとんどの問題を解くことができた。

そして、子どもたちはうまく解けたことをほめられた。

研究者は全員に「とてもよくできたね。○問正解だ。本当に高得点だよ」と言ったのだ。

その後、一部の子どもには「この問題が解けたんだね、賢いね」と言い、〝能力〟をほめた。そして、それ以外の子どもには「この問題が解けたんだね、がんばったね」と〝努力〟をほめた。

その後、子どもたちに個別にインタビューを行い、知能についての考えを聞いた。すると、能力をほめられた子ども（「賢いね」）は、知能を不変のものとして捉える傾向が強く、努力をほめられた子ども（「がんばったね」）は知能を変えられるものとして捉える傾向が強いことがわかったのだ。4歳児の研究を含め、多くの研究で同様の影響が見られている。

当然、一度きりの見知らぬ研究者との会話で、知能に関する子どもの考えが永久に形づくられることはないだろう。しかし、ほめかたのわずかな違い——能力をほめるか努力をほめるか——は、少なくともこの実験の間、子どもたちの考えに影響を及ぼしたのである。子どもたちの考えが、長期的には両親、教師、仲間との会話や行動によって形づくられるというのは妥当な推測だろう。

この研究の特に興味深いことは、「ほめる」ことに関係している点だ。子どもに「賢い」と言うのがいかに不適切なことであるか。子どもの知能をほめるということは、問題を正しく解けたのはその子が賢いからで、一生懸命がんばったからではないと教えることになる。

そこから子どもたちは、問題を間違えるのは頭が悪い証拠だという推測に簡単に飛びついてしまうのだ。

教室への応用

私たちはスローラーナーに対して何ができるだろうか。

この章のポイントは、スローラーナーは頭が悪いのではないことを強調することだ。[†] 潜在能力ではほかの子どもとほとんど変わらないだろう。知能は変えることができるのだから。

誤解しないでもらいたいが、スローラーナーでも簡単にほかの子に追いつくことができるという意味ではない。スローラーナーもファストラーナーと同じ潜在能力をもっているが、違いもある。たとえば、知識の内容、やる気、学業でつまずいたときの粘り強さ、子どもの自己イメージなどである。

スローラーナーも追いつくことができると私は強く信じているが、彼らが大きく遅れていて、追いつくには並々ならぬ努力が必要であることは認めなければならない。

では、どうすれば手助けすることができるか。

スローラーナーがファストラーナーに追いつくには、まず、自分が成長できるということを信じさせ、次に、挑戦する価値があることを納得させなければならない。

能力ではなく、努力をほめる

これは今述べた研究からも明らかだろう。

あなたは、子どもに知能を自分でコントロールできるものだと思わせたい。特に、一生懸命努力すれば知能は高められるものなのだと考えさせたい。

そのためには能力ではなく〝過程〟をほめる必要がある。

努力をほめる（適切であれば）だけでなく、困難に直面したときに粘り強くがんばったことや、仕事に対する責任感もほめてもいい。

ただし、無責任にほめていいわけではない。いい加減なほめかたをすれば、すべてが台なしになる。がんばっていないことを自分でもよくわかっている子どもに対して「すごい、本当によくがんばったね」と言えば、信頼を失う。

努力は報われることを子どもに伝える

能力よりも過程をほめると、知能は自分でコントロールできるという暗黙のメッセージを子どもに送ることができる。特に子どもが小学校の高学年くらいであれば、そのメッセージを明確にしない手はない。

有名な科学者や発明家、作家、その他の〝天才〟がそれほど賢くなるためにどれだけの懸命な努力が必要だったのかを子どもに伝えるとよい。ただ、それ以上に重要なのは、その教訓を子どもの行動に当てはめることだ。勉強しないことを自慢する子どもがいたら、その誤りを正し、成績の良い子どもはみな懸命に努力していることを伝える。

これを子どもに納得させるのは容易ではないかもしれない。かつての教え子に、フットボールのチームに所属し、練習に明け暮れていて学業に回す時間がほとんどないという子どもがいた。成績が悪いのを〝頭の悪い運動選手〟だからということにしていた。

私は彼と次のような会話をした。

私　才能に恵まれているのにあまり努力しなくて、練習中も怠けている、というような選手はチームにいるかな。

子ども　もちろん、います。そんなやつは、どのチームにもいます。

私　ほかの選手からは尊敬されているかな。

子ども　もちろん、されていません。才能があるのに、伸ばそうとしていないから、ばかだと思われています。

私　最高の選手なのに、尊敬されないのかい。

子ども　最高の選手じゃありません。うまいけど、ほかのやつらのほうが上です。

私　学業だって同じだよ。みんな、精いっぱい努力しなきゃいけない。中にはあまり努力をしなくてもやっていける子どももいるけど、多くはない。そういう子どもは誰からも好かれないし、尊敬もされない。

学業は必ずしもスポーツと同じではないが、この場合は類似性があり、理由はともあれ、運動選手でない子どもにもだいたい効果があった。

学習の中で失敗は当然のこととして扱う

知能を高めたいなら、自分に挑戦する必要がある。それは、今の能力を少し超えた課題に挑戦することであり、少なくともはじめのうちは失敗する可能性が高いということだ。失敗を恐れることは難しい課題に立ち向かう上での大きな障害となる可能性があるが、失敗など恐れるに足りないのである。

大学卒業後に最初に私が勤務したのは国会議員の事務所だった。上司の上司にはあまり会う機会がなく、私は彼をとても恐れていた。私がはじめて何かミスをし（どんなミスだったかは覚えていない）、話がその上司まで伝わったときのことを今でもよく覚えている。私は小声で謝った。その上司はしばらく私を見てから言った。

「いいかい、失敗を恐れていたら何もできないよ」

その言葉を聞いて、すっかり緊張がほぐれた。

叱責を免れたからではない。何かを成し遂げようと思ったら失敗を受け入れる術を学ばなければならないことが、はじめてよく理解できたからだ。

マイケル・ジョーダンはこんなことを言った。「選手時代には9000回以上もシュートを外した。300近くの試合に負けた。確実に決めると思われていた決勝ゴールを26回も外した。人生で何度も何度も失敗してきた。それがあったからこそ、成功することができた」

失敗が（望ましいことではなくても）恥ずかしいことでも、完全に悪いことでもないというクラスの雰囲気を作り出すことが重要だ。

失敗するということは、何かを学ぼうとしているということだ。やりかたがわからない、理解できていない事柄があることを知ろうとしているということなのだ。

もっとも重要なのは、子どものために自分がこの姿勢を具現化することだ。失敗したら――失敗しない人間などいない――前向きな学ぶ姿勢を自《みず》ら《か》子どもに示せばいい。

勉強のスキルは当たり前ではない

子どもが家庭で行うことのリストを作成することをおすすめする。

そのリストのどれにどんな課題が組み込まれているかを考え、スローラーナーにその解きかたがわかるか自問する。ファストラーナーについては、小テストを予告しておけばそれに備えて勉強してくると考えてよいだろう。

では、スローラーナーは本当に勉強のしかたがわかるだろうか。読んだこと、見聞きしたことの中で重要なことをどう判断すればよいかわかるだろうか。小テストのためにどれくらいの時間勉強するべきかわかるだろうか。(教えている大学で成績の悪い学生は低い点数によく抗議し、「でも、このテストのために3、4時間も勉強したんです」と言う。だが私は高得点を取った学生が20時間も勉強していることを知っている。)あなたのクラスのスローラーナーは時間の予定を立て、うまく管理するのに役立つ簡単なコツを知っているだろうか。

こうした配慮が特に必要なのは、難しい宿題を出されるようになったばかり、おそらく中学1年生ぐらいの子どもである。宿題が「家の庭や公園から石ころを3個持ってくる」というようなものから「第4章を読んで、後ろの偶数番号の質問に答える」というものに変わるときに、ほとんどの子には調整期間が必要となる。

子どもは、宿題での要求が高くなり、自己鍛錬、時間管理、要領の良さ(たとえば、困ったときの対処法を知ること)などが求められるようになると、新しい技能を習得しなければならない。すでに遅れを取っている子どもは宿題をするときに、より大きな困難が伴うだろうし、これらの技能を習得するのにより時間がかかるかもしれない。前の学年でこれらの技能を習得していなければならないとしても、当然身についていると考えてはならない。

追いつくことは長期的な目標

スローラーナーの子がほかの子に追いつくには何が必要なのだろうか。まずは、現実的に考えることが重要である。

第2章で、知識が増えるほど新しい事柄を学ぶのが容易になることを示した。つまり、スローラーナーの子どもがファストラーナーの子どもよりも知識が少ないとすると、ファストラーナーの子どもと同じ速度で課題に取り組むことはできず、さらに遅れが進んでいくだけなのだ。追いつこうと思ったら、ファストラーナーの子どもよりも懸命に努力する必要がある。

この状況はダイエットに似ている。

目標体重に到達するためには意志が必要だが、意志を長く持続することは難しい。ダイエットの成功には厳しい選択を何度もしなければならず、正しい選択をしたからといって、そのたびにすぐに報酬という形でそれに見合う体重減少が得られるわけではないのだ。だから、ダイエット中の人は、間違った選択を一、二回すると、失敗の感覚にとらわれてダイエットをあきらめてしまう傾向がある。

多くの研究によれば、成功した多くのダイエットは、いわゆるダイエットではない。むしろ、毎日、何年でも続けられそうな方法でライフスタイルを変えることなのだ。たとえば、普通の牛乳からスキムミルクに変えたり、朝、犬を外に出すだけでなく、一緒に散歩したり、カフェ・ラテをブラック・コーヒーに変えたりといったことだ。

スローラーナーの子どもが追いつくための支援を考えるときも同様に、達成可能で具体的な中間目標を設定することが有益な場合がある。たとえば、毎日決まった時間に宿題をする、ニュース週刊誌を読む、理科に関する教育用DVDを毎週一枚ずつ見るというような方法が考えられる。言うまでもなく、可能であれば両親にも協力してもらうことが大きな助けになる。

子どもに信頼していることを示す

10人の知りあいに「あなたの人生でもっとも重要な先生は誰でしたか」と尋ねてみてほしい。私も何十人という相手にこの質問をしてみて、二つの興味深いことに気づいた。

第一に、ほとんどの人が即座に答えたこと、第二に、一人の教師が強く印象に残っている理由が、ほとんどいつも感情によるものであることだ。

その理由は、「数学について多くのことを教えてくれたから」ではない。「自分自身の力を信じさせてくれた」とか「知ることの喜びを教えてくれた」というものだった。

またよくある答えは、恩師が高い基準を設け、この基準を子どもがクリアできると信じてくれたというものだ。

この信頼を子どもに伝える方法について考えるとき、「ほめる」という話に戻ってくる。スローラーナーの子の課題の出来が不十分であるときは、ほめかたに気をつける必要がある。いつも課題を完成させられない子どもがいるとする。今回は、出来はともかく期限までになんとか課題を提出する。その子どもをほめたくなる。結局、何かを提出したということだけでも、これまでのことを考えると進歩である。

しかし、出来のよくない課題をほめることで送られるメッセージについても考えなければならない。あなたは「よくできた」と言うが、その本当の意味は「〝きみのような子どもにしては〟よくできた」ということになる。子どもは自分の課題の出来が本当に良かったと思うほど無邪気ではないだろう。不十分な出来のものをほめれば、この子どもにあまり期待していないというメッセージを送ることになる。

この場合にかけるべき言葉は、「課題を期限までに終わらせたことはすばらしいと思う。それに、最初のパラグラフはよく書けていると思ったよ。でも、構成については改善の余地があると思う。どうしたらいいか、一緒に考えてみよう」というものだ。

ここまで、私はひたすら子どもの頭に注目していて、教師の認知体系にはほとんど言及してこなかった。しかし、教師の頭も子どもの頭も質的には違いがない。子どもの頭に合わせて指導法を調整するだけでなく、ここで説明したさまざまな原理に基づいて教師側の指導の改善を行うことはできるだろうか。

注

＊『The Bell Curve』の刊行後、特別委員会が発足した。記憶にあるかもしれないが、これは特に、人種間で観察されたＩＱテストのスコアの差が主に遺伝によるものである、つまりある人種は別の人種よりも本質的に賢いと主張し、非常に物議をかもした本である。米国心理学会の首脳部の見解では、この本とこの本に応えて発表された論文には知能に関する誤情報が多く記載されている。特別委員会は、知能について実際に確認されていることを記述した要約報告を作成するために招集された。

†これは子どもに学習障害がないということではない。学習障害のある子どももいる。この章の結論はこのような子どもには当てはまらない。

第9章

教師の知能について
も考える

Question

本書の大部分は子どもの知能に重点を置いてきた。
では、教師の知能についてはどうだろうか。

Answer

第1章では、子どもが効果的に考えるために必要な認知的能力の概要を述べた。つまり、ワーキングメモリの容量、関連する背景知識、関連する知的手続きの経験を必要とするという点だ。

それ以降の章では、これらの要件がどう満たされるかを示す頭の原理について詳しく述べた。あなたの知能は子どもの知能と違うわけではない。

この章の核となる認知的原理は次のとおりである。

Principle

教えることも、ほかの複雑な認知的技能と同様、上達するには練習が必要である。

これまで、たくさんの認知科学の研究成果について述べてきた。ここまではすべて子どもの知能に重点を置いてきたが、あなたはどうだろうか。

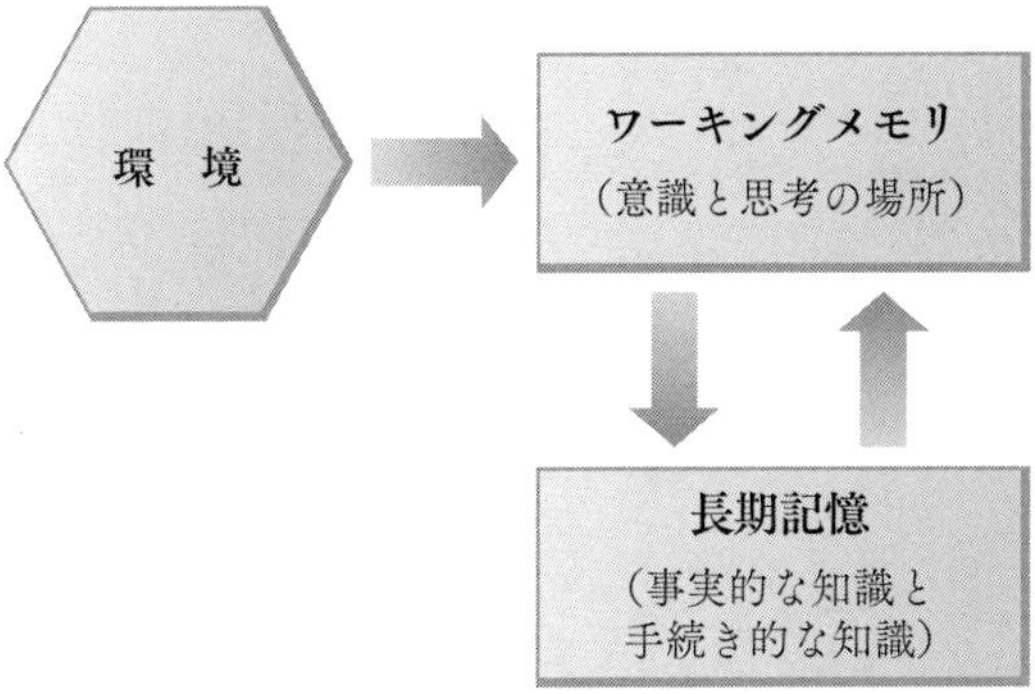

図１：できる限り単純化した頭脳のモデル

教えることも認知的技能ではないか。そうであるなら、この認知科学の研究成果をあなたの知能にも当てはめることができるのではないだろうか。

教えることは確かに認知的技能であり、子どもの知能について述べてきたことはすべて、そのままあなたの知能にも当てはめることができる。

まずは第1章で示した頭脳の図（図1）に戻り、効果的に教えることを含め、あらゆるタイプの効果的な思考を行うために備えておかなければならない認知体系を簡単に振り返ってみたい。

思考とは新しい方法で情報を結合することだ。たとえば、ソーラーシステムの構造と原子の構造を比較して、この二つに類似性があることを認識することである。

このような情報の操作は、よく〝思考の足場〟と呼ばれるワーキングメモリの内部で行われる。

ワーキングメモリで操作される情報は環境（見聞きした事柄、たとえば原子の構造についての教師の説明）または長期記憶（すでに知っている事柄、たとえばソーラーシステムの構造）から取得されることがある。

情報を操作するには〝手続き〟（たとえば、ソーラーシステムや原子など、対象物の特徴を比較する手続き）を使用する。

私たちの長期記憶には、「これらの二つの対象物の特徴を比較する」というような単純な手続きも、多くの中間段階をもつ作業に対応するための多段階の複雑な手続きも保持することができる。たとえば、パンケーキを焼くための手続き、車のオイル交換の手続き、優れた構成のパラグラフを書くための手続きなどが保持されていることがある。

効果的に考えるには、ワーキングメモリに十分な空きスペースが必要となるが、この容量は限られている。また、長期記憶に正しい事実的な知識と手続き的な知識が保持されていなければならない。

では、教えるということが、この枠組みにどのように適合するかを考えてみよう。

認知的技能としての指導

「ワーキングメモリについて認知科学者はどのように考えているのか」を私はよく教師に説明してきた。認知科学者は、ワーキングメモリのことを「複数のことを並行して処理する頭の中の場所」と呼んでいる。処理する事柄が多すぎるといくつかが欠落するような頭の中の場所」と呼んでいる。教師の反応はいつも同じだ。「確かにそう。私の仕事は、いつもそんな感じ」。科学的な実験により、〝教えるにはワーキングメモリをたくさん使う〟という直感が裏づけられているのである。

教えるには事実的な知識が重要なのは言うまでもない。

この10年ほど、教師には教科に関する豊富な知識が必要だと頻繁に強調されてきた。知識の豊富な教師から教えを受けた子どもは、特に中学と高校の数学において確かな学力をつけているというデータもあるようだ。

あまり知られていないが、同様に重要なものとして、PCK（pedagogical content knowledge：教育内容や子どもの学習状況、学習者の特性、教授法なども含めた総合的な知識）も重要であることを示すデータがある。

つまり、教師にとっては、代数についてよく知っているだけでは不十分だということだ。代数を〝教える〟ことに関する特別な知識が必要なのだ。

PCKには、数学の「直線の傾き」について普通の子どもが概念的にどう理解するのかという知識や、習得するのに練習が必要となるのか、それとも不要なのか、といった知識も含まれる。もし、PCKが重要でないとするならば、代数の知識さえあれば誰でも上手に教えられるということになるのだが、そうではないのだ。

言うまでもないことだが、教師は長期記憶に保持した手続き的な知識を頻繁に使用している。これらの手続きでは日常的な作業、たとえば、プリントを配ったり、〝忠誠の誓い〟の文言を子どもに暗誦させたり、音読する子どもを途中で交代させせたり、といったことを処理する。

だが、このような長期記憶に保持された手続きも非常に複雑になることがある。たとえば、数学の「関数の極限」とは何か説明したり、カフェテリアではしゃぐ子どもたちの衝突に対処したりする場合だ。

では、教えることがほかのことと同様に認知的技能であるなら、ここまで述べてきたことを教えることに当てはめるにはどうすればよいだろうか。

つまり、次の三つを増やすにはどうすればよいだろうか。

①ワーキングメモリの空き容量
②関連する事実的な知識
③関連する手続き的な知識

第5章の核となる認知的原理が「十分な練習なくして知的活動をマスターすることはできない」であったことを覚えているだろうか。

教える力を伸ばす最良の方法は、教える練習をすることだ。

練習の重要性

ここまで、練習という言葉をやや不用意に使ってきた。「経験」と同義に聞こえたかもしれないが、実際はそうではない。経験というのは、単に活動に従事していることだ。練習というのは、能力を高めようとすることだ。

たとえば、私はもう30年ぐらい車の運転をしているが、運転が特別上手なわけではない。私の年代のほとんどの人と同様、経験は積んでいる――つまり、運転をたくさんしている――が、ほぼ30年にわたって能力を高めようとしていないため、あまり練習はしていないことにな

図２：私は運転の経験は多いが、練習した時間は短いため、この30年であまり上達していない。

る。

最初に乗りはじめたころは運転技能の習得に取り組んだ。50時間ほど練習すると、これくらいで十分だろうと思える運転レベルに達したため、能力を高める努力はそこでやめてしまった（図２）。

ほとんどの人は、運転でも、ゴルフでも、タイピングでも、だいたいの技能の習得に対してはそんな感じだろう。

このことは、教師の能力にも当てはめることができる。子どもの学習状況から教師の能力を調査したデータによると、教師の能力は現場での最初の5年間に高まることがわかっている。

しかし、5年後には曲線が横ばいになり、職歴20年の教師も職歴10年の教師も（平均すると）差がなくなる。ほとんどの教師は一定のレベルを超えるまで技能の向上に取り組むと、その上達に満足するのだ。*

そういう教師を批判し、「つねに能力向上に努めるべきだ」と腹を立てることはたやすい。確かに、教師の側もつねに上を目指して努力していると考えたいが、現実的に考える必要もある。練習というのは、これまで説明してきたように、きついものだからだ。莫大な作業が必要となるし、その作業は家族と過ごしたり趣味に費やしたりする時間をつぶしてしまう可能性も高い。

しかし、ここまで読んでくれた人なら、懸命な努力をする覚悟はできているに違いない。では、始めよう。

最初に〝練習〟という言葉を定義する必要がある。練習では、ただその活動に従事するだけでなく、能力を高める必要があるからだ。では、どうすればよいのか。

まず、練習には有識者からのフィードバックが必要である。作家は編集者からの批評を求める。バスケットボールのチームはコーチを雇う。私のような認知科学者は専門家仲間から実験研究に対するレビューを受ける。

そのように考えると、自分のやりかたに対する評価が得られない場合、自分の能力を高めるにはどうすればよいのだろうか。

フィードバックがなければ、どこをどう変えればより良い認知科学者、ゴルファー、教師になれるのかがわからないのだ（図3）。

図３：大部分の人はモノポリーを娯楽と考えているが、高い技能を身につけ、トーナメントで真剣に競うプレイヤーもいる。この技能は練習により培われるもので、練習には熟達者のフィードバックが必要だ。ケン・クーリー（写真）はアメリカのモノポリーのプレイヤーで、世界レベルのトーナメントでコーチを務めている。

確かに、教師は子どもからのフィードバックを得ることはできる。ただ、授業の善し悪し程度はわかるが、そのようなフィードバックはあまり具体的ではないため、十分ではない。

たとえば、子どもが退屈そうな顔をしていれば話を聴いていないことはわかるが、どこをどう変えればよいかまではわからない。それに、教室で起きていることは、自分で思うよりも把握できていないものだ。

〝教える〟ことに気を取られていて、教室で起きていることをじっくり〝見ている〟余裕はない。物事がうまく運ぶように努めている最中

図４：自動車事故の当事者はよく相手の運転手のせいにする。http://www.car-accidents.com を見ると、自分が関わった事故のことを書いている人の多くが自分には過失がないと主張している。たとえば、ある運転手は「現場に駆けつけた救急サービスは、私が道を譲らなかったからこちらのせいだと言っているが（厳密にはそのとおりだが)、こちらの言い分には耳を貸さなかった」と言っている。

に、そこで起きていることを考えるのは難しい。

自分が教えている状況を批判的に見ることが難しいもう一つの理由は、自分の行動を客観的に観察することができないからだ。自信がないために必要以上に自分に厳しい人もいれば、自分に都合のいいように自分の世界を解釈する人（実際には私たちのほとんど）もいる。

社会心理学者はこれを自己奉仕バイアスと呼んでいる。物事がうまくいったのは自分に能力があって自分でも努力したからであり、物事がうまくいかないのは運が悪いからか、別の人が失敗したからというわけだ（図４）。そのため、他人の目を通して教室を見ることで気づかさ

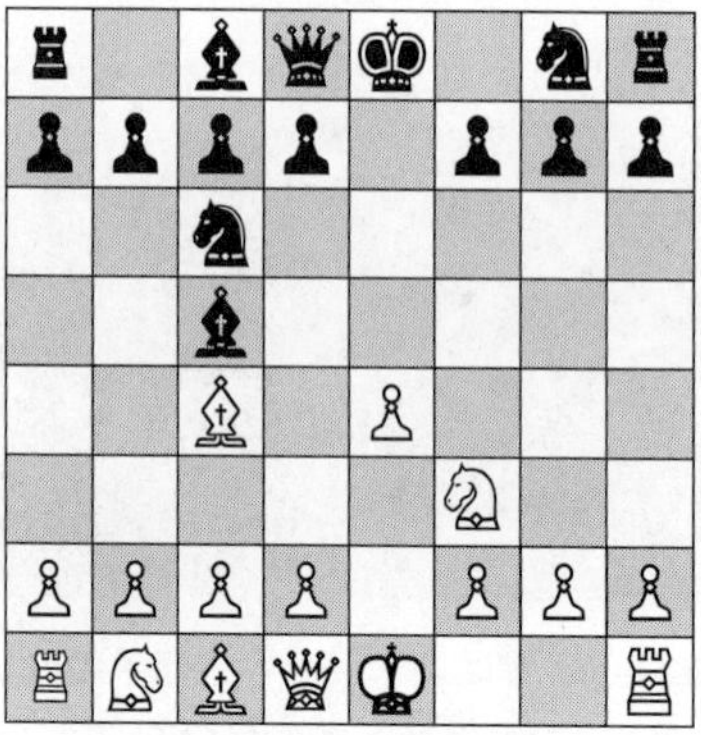

ジオッコ・ピアノ
（またはイタリアン・オープニング）

図5：チェスに熟達するには、単にチェスの対局をすればよいというものではない。対局を研究し、標準的なオープニング（定跡）を記憶する必要がある。相手がここに示すジオッコ・ピアノで指しはじめ、あなたがそれを知らなければ、罠にかかり、負ける。

れることは多い。

また、練習にはフィードバックが必要だが、それだけでない。

練習の意味は、それ自体が目的ではなくても、目的の作業を向上させるために必要な活動に、時間を投資することでもある。

たとえば、チェスのプレイヤーを目指すということは、チェスの試合をたくさんすることだけではない。チェスのオープニング（序盤戦の決まり手）を研究して記憶してしまい、ほかの手強いプレイヤーとの対局の分析に相当な時間を費やすことでもある（図5）。

あらゆるスポーツの選手も、持久

図6：タイガー・ウッズは、ランニングやウェイト・トレーニングなど、ゴルフに直接関係のない練習も含めて、ゴルフの試合のために最大限の努力をすることで知られている。2007年にオクラホマ州タルサで開かれたトーナメントでは、気温が38℃を上回った。ウッズは高温をものともしなかった。日ごろからの厳しいトレーニングの賜物だ。ウッズは「つねにハードなトレーニングを積み、がむしゃらにがんばらなければならない」とコメントした。

力を高めるためにウェイト・トレーニングや心血管系トレーニングを行うものだ（図6）。

ここまでの話をまとめると、優れた教師になりたければ、年数分の経験を積むことだけで満足していてはいけない。練習も必要だ。

練習とは、次のような活動だ。

①意識的に能力を高めるよう努める。

②指導に対するフィードバックを求める。

③仕事に直接反映されないとしても能力を高めるための活動を行う。

もちろん、それには多数の方法がある。以下に一つの方法を示す。

フィードバックを受け、与える方法

私の知る限り、効果100%という教師向けの練習方法はない。簡単にはじめられる方法を一つ提案するので、まずは試してみてほしい。そして、私が重要だと考えるこのような練習の特徴をよく考えてみてほしい。

一つめは、練習を二人以上で行うことだ。あなた以外のもう一人は、あなたよりも公平にものを見ることができるため、あなたには見えない教室内のものが見える。（もちろん、あなたとは背景も経験も異なり、それが役に立つということもある。）また、これまで何かの練習をした経験がある人なら知っているように、仲間がいれば困難な作業を続けやすくなるものだ（図7）。

二つめは、指導方法の改善に取り組むということは、自分の自尊心をも脅かすということを認識することだ。

教えるというのは非常に個人的なことであるため、冷静に見つめる（また別の人を誘って同じことをしてもらう）のは恐ろしいことだ。しかし、その懸念を軽くあしらう（「大丈夫！」）

図７：二つの頭は一つの頭に勝る（三人寄れば文殊の知恵）という諺がある。バディー・システムは一般的に生徒が遠足に行くときだけでなく、警察官やスキューバ・ダイバーや消防士にも採用されている。

のではなく、きちんと対処する手段を整えることが賢明なのだ。

ステップ１　一緒に作業を進めてくれる教師（一人または二人）を決める

当然、同学年を教えている教師であれば、助けになる。しかし、それ以上に重要なのは、互いに信頼しあい、パートナーがあなたと同じくらい真剣にこの計画に参加してくれることだ。

ステップ２　自分の授業を録画し、動画を一人で見る

指導の様子を録画することには大きな価値がある。前述のように、教えるだけで精いっぱいの状態でクラスに目を配るのは難しいが、空いた時間に映像で見ることができるようになるし、重要な部分を何度でも見返すことができる。ビデオカメラを持っていなければ、学校から借りてもよいだろう。

動画を撮る際は、子どもに両親宛の手紙を持たせて、子どもをビデオに録画すること、ビデオは専門的能力の向上のためだけに使用し、それ以外の目的では使用しないこと、テープは年度末に消去することを伝えるといいだろう。（これについては校長に相談する必要がある。）

教室の大部分が画面に収まる場所にカメラの三脚をセットし、授業開始時に録画を開始する。はじめの数本も見れば、この練習の進行に関する重要な情報が得られるだろう。授業の形態によっては録画できないものもあるかもしれない。

たとえば、カメラが一台しかなく、教室の一部しか写らないこともある。また、音声を適切に拾うのが難しく、雑音の多い参加型の授業には向かないこともある。

最初は、うまくいきそうな授業を録画することをおすすめする。

自分を見ることは（そして後から自分で批評することは）意外につらいものなので、最初はやりやすいように、少し手加減をしてもいい。うまくいかなそうな授業を検証する時間は、この先いくらでもある。

子どもが録画されることに慣れるまでに、授業一、二回はかかるだろうが、普通は長くかからない。また、何本か動画を見れば、録画された自分の声を聞いたり、自分の動く姿を見たり

図８：熱心なゴルファーは自分のストロークをよく知るために、自分を録画する。最初は奇妙に感じられるかもしれない。自分のしていることを知らないのだろうか。驚くほど、知らない。ゴルファーのストロークは練習によって染みついてしまっている。見れば悪いフォームだとわかっても、実際には背中が曲がっていたりする。

することにも慣れるだろう。[†]

　このような実務的な問題が解決したら、内容に集中することができるようになる。メモ帳を片手にこれらの動画を見てみよう。

　最初から授業の善し悪しを判断しようとしてはいけない。最初は、その授業で何か驚きを感じるようなことに着目する。

　子どもについて、これまで知らなかったことで、どんなことに気づくだろうか。もしくは自分自身について、どんなことに気づくだろうか。〝観察する〟ことに時間を費やす。最初から批評しようとしてはいけない（図８）。

ステップ3　パートナーと一緒に、別の教師の動画を見る

自分で動画を見るのに慣れてきたら、そろそろパートナーに加わってもらうとよい。とは言っても、まだ互いの動画を見てはいけない。別の教師の動画をよく見ることが大切だ。授業の動画は、インターネットでも探すことができる。

最初に別の教師の動画を見るのは、授業を観察し、前向きな意見を言う練習を積み、安心してこの練習を進めるためである。さらに、この練習を進めるにあたって、あなたとパートナーの相性を確かめることもできる。

では、これらの動画に何を求めているのか。

ただ座って、何かが起きるのを待ちながら映画のように見るだけでは生産的とは言えない。具体的な目的をもたなければならないのだ。

学級経営を観察するでも、教室の感情的な雰囲気を観察するでもいい。動画の多くは何らかの理由があってウェブサイトにアップされているのだから、投稿者がそれを興味深いと思った理由ははっきりしているのが普通だろう。

これは、授業を観察したり意見を言ったりする練習にもなる。

あなたが観察対象の教師に何と言うか想像してみよう。実際に、その教師があなたと一緒に部屋にいるところを想像するのだ。

一般的に、コメントは次の二つの性質を備えていなければならない。

①協力的でなければならない。

協力的であるとは、良い点だけを言うという意味ではない。悪い点を言うときでも、観察対象の教師の力になっているという意味である。このエクササイズのポイントは〝粗探し〟ではないということだ。良い点に関するコメントが悪い点に関するコメントの数を上回ることが望ましい。

この原則が空々しく聞こえるのはわかる。良い点に関するコメントを聞けば、相手の教師が「何か良いことを言わなきゃいけないと思ってるから、そう言ってるだけだ」と考えずにはいられないからだ。それでも、良いコメントを聞くと、教師はうまくできていることを自覚できる。そのことは認められ、さらに強化されるべきだ。

②具体的であること。また、観察した行動についてのコメントであり、あなたが感じた指導の質についてのコメントでないこと。

つまり、「彼女は説明のしかたをよくわかっているね」と言うだけでなく、「その三つめの例で子どもたちはその概念をしっかり理解できたね」と言ったほうがいい。「彼の学級経営はめちゃくちゃだ」と言うよりも、「彼が子どもに座るよう促したとき、多くの子どもは話を聴ける状態じゃなかったようだ」と言うほうがいい。

ステップ4　パートナーと一緒に、互いの動画を見て意見を言う

パートナーと一緒に気楽にほかの教師の動画を見られるようになるまでは、このステップ4に進むべきではない。気楽に発言し、パートナーが協力的に対応してくれていると感じられるようにならなければならない。

つまりパートナーの意見が、動画中の見ず知らずの教師ではなく、自分に向けられても平気だと思えなければならない。ほかの教師に意見を言うときの基本原則がここにも適用される。「協力的であること、具体的であること、行動に焦点を当てること」だ。

また、このプロセスはパートナー同士の相互作用が必要となるものであるから、ほかにも考えるべきことがある（図9）。

まずは、そのセッションの目的を定めるために、動画を見てもらう側の教師は相手教師に動画の中で観察してほしい点を説明しなければならない。動画を見る側の教師は、ほかに重要だと思う点があったとしても、この要望を尊重することが重要である。

たとえば、分数の授業で子どもを引き込むための良いアイディアが欲しくて動画を見せてい

図９：パートナーの授業風景の動画を見て意見を言うとき、非常に重要なのは話す内容と話しかたの両方に注意することである。批判するつもりでなくてもそう聞こえてしまうことがあり、そうなるとほとんどの人は耳を閉ざしてしまう。

るのに、パートナーから「おっと、ここが学級経営の本当の問題点だね」と言われたら、不意打ちを食らったように感じ、セッションを続ける気が失せるのではないだろうか。

パートナーが些細な点にばかりこだわっていて、大きな問題に目が向いていないことに気づいたら、あなたはどうするだろうか。

あなたとパートナーが日常的に授業を録画している場合、何か別のことを話し合っているときに、この問題が持ち上がることがあるだろう。その場合は、改善に取り組んでいるけれどもまだ取り上げられていない事柄について、たとえば10本の動画を見た後に、互いに提案するというように検討してもよい。

最後のポイントを示そう。

パートナーの授業を観察する目的は、相手

の実践を手助けし、相手の指導方法について考えるためである。だから、自分が見たことを説明するようにする。求められない限り、違う方法を提案しないことが重要である。

あなただって、差し出がましいと思われたくはないだろう。パートナーが問題への対処方法についての意見を求めているなら、そのように頼んでくるだろう。その場合は当然、意見を言ってあげるべきだ。

しかし、意見を求められるまでは慎重で協力的な観察者の姿勢を保ち、どんなに自分の解決策に自信があっても。ベテランの仲介者の役割を演じてはならないのだ。

ステップ5　教室に持ち帰ってフォローアップする

自分の授業を録画する目的は、教室で起きていることへの気づきを促し、自分や子どもの行動とその理由を新しい視点から見られるようになることだ。それに気づくことで、何かを変えるための解決策が得られるだろう。

その方法は次のとおりである。

ある授業で、子どもたちの関心のある問題に取り組むための計画を立てる。したいことが三つあったとしても、一つに絞る。シンプルなほうがいい。残りの二つを追加する機会はいくらでもある。そして当然、起きたことを確認できるように、授業を録画する。

ここまで概略を説明したプログラムは、私がこれまでに示した認知的原理に基づくものである。

たとえば、第1章では思考を大きく制限するのはワーキングメモリの容量であることを強調した。そのため、ビデオに録画することをおすすめした。実際に教えながら、自分の指導方法について深く考えるのは難しいからだ。

また、記憶に残るのは自分が考えていることであるため（第3章）、クラスで起きたことをそっくりそのまま後から思い出すことは期待できない。私たちが思い出すのは、授業中に注意を払ったことだけである。

第6章では、熟達者は初心者とは違った方法で世界を見ていて――熟達者は表層構造ではなく、深層構造に目を向ける――彼らがこのように見ることのできる主な理由は、その分野で広く深い経験を積んでいるからだと述べた。いろいろな授業を注意深く観察すると、授業のメカニズムがよりよく理解できるようになる。自分の授業を注意深く観察すると、自分の指導方法に特有のメカニズムが理解できるだろう。

第2章では、効果的に問題を解くためには背景知識が重要であることを強調した。背景知識というのは教科の知識だけを意味するではない。教師にとっては、子どもについて知ること、子どもとあなた、子ども同士、子どもとあなたが教える内容との相互作用を知ることも意味する。注意深く授業を観察することは、特に広い見識をもった別の教師と協力して行う場合、その背景知識を得るための最良の方法にもなる。

最後に第8章では、人間の知能は持続的で懸命な努力を通して変えることができるという希望に満ちた展望を示した。これは教えることの真実だ。そう信じるあらゆる理由があるのだ。

意識的に高めようと努める——自己管理

練習の三つの構成要素について説明した。その三つとは、有益なフィードバックを得ること、技能を高めるのに役立つ活動を探すこと（技能そのものの練習でない場合もある）、指導方法を意識的に高めようと努めることである。

この要素のうち、最後のものがもっとも実現できそうに聞こえるだろう。「もちろん、向上したい。やってみよう」と。

しかし、厳粛なる新年の誓いを立てても、1月の2週目には私たちのうちの何人がこう言っているだろうか。「2月4日が誕生日だから、本気でダイエットを始めるなら2月5日しかない」。

難しいことをする誓いを立てるのはたやすい。やり遂げるのはたやすくないのだ。

ここで、役に立ちそうな提案をいくつか示しておこう。

まず、必要となる分の作業を追加するとよい場合がある。第1章では、私たちの大部分がほとんどの時間、無意識的な作業をしていると述べた。今この瞬間にするべきことをじっくり考えるというよりも、過去にしたことを長期記憶から取り出すのだ。教えるときでも同じだ。

十分な経験を積んだら、少なくとも授業の一部は無意識的に教えることになるだろう。それ自体に問題はないのだが、指導方法を向上させるために真剣に努力するということは、無意識的な作業をする頻度を減らすことである。

これは疲れることだろうし、しないことやしたいことについて慎重に考えるのは感情的にも消耗するものだ。配偶者や家族から余分なサポートを受ける必要があるかもしれない。息抜きの時間を予定に組み込む必要があるかもしれない。

指導関係に費やす時間も多くなるだろう。

家で成績をつけたり授業の計画を立てたりするのに時間を費やすだけでなく、授業の良い点と良くない点を見なおしたり、これまでとは違った方法で指導を進める計画を立てたりすることに、普段よりも多く時間を費やすようになるのだから。

では、毎週、指導に5時間（3時間でも、1時間でも同じ）余分に費やそうと思ったら、どこから時間を捻出すればよいだろうか。あらかじめこの作業分の時間を多く予定しておけば、実行できる可能性をずっと高くすることはできるだろう。

最後に、すべてを一度にやる必要はないことを思い出してほしい。今の状態がどうであれ、そこから1年や2年でいきなり〝頂点〟に到達しようと考えるのは現実的でない。すべてを一度に解決しようとするわけではないのだから、優先順位を決める必要がある。取り組むべきもっとも重要なことを決め、具体的で管理しやすい手順に照準を合わせ、目標に向かって進むのだ。

スモール・ステップ

このプログラムは時間のかかるものだ。それは間違いない。

こう思っている教師もいるだろう。「理想を言えば、するべきなのはわかっている。でも、自分の子どもや家の世話もしなきゃいけないし、それ以外にもするべきこと、するべきでないことが山のようにある中で、そんな時間があるわけがない」。

その姿が目に浮かぶ。その考えを無視するわけにはいかない。だから、小さいことから始めよう。

ここで、時間をかけずに授業改善に取り組める方法をいくつか紹介したい。

指導日記をつける

しようとしたこと、どうなると考えたか、などを書き留めるとよいだろう。

授業は基本的にうまくいったか。そうでないなら、それはなぜだと思うか。ときどき時間を見つけて過去の記録を読み返してみる。うまくいった授業とうまくいかなかった授業のパターンを探したり、いらだった状況を探したり、本当に精力的に教えることができたときを探したりする。

日記をつけはじめても、多くの人はなかなか続けられないものだ。

そこで、役に立ちそうなヒントをいくつか紹介しよう。

一つめは、書けそうな時間帯を探し、その時間帯を日記の時間にすることだ。（たとえば、私は朝型の人間なので、就寝前に書くことにしたら続けられないことはわかっている。）

二つめは、何でもいいから、毎日書こうとすることだ。

「今日は平凡な一日だった」だけでもいい。欠かさず日記を取り出し、何かを書くことは、習慣化するのに役立つ（図10）。

図 10：内省は技能を伸ばすための努力の中で重要な部分を占める。
日記をつけることは、内省を促すための優れた方法である。

三つめは、この計画が自分だけのためのものであることを念頭に置くことだ。

文章の巧拙については気にせず、たくさん書かなくても罪悪感をもたず、書かない日があったり、それが数週間になったりしても、自分を責めないこと。抜けている日があっても、後から埋めようとしないこと。

思い出せるものではないし、書かなければと思うだけでまたはじめるのが億劫になってしまう。

最後に、批判も称賛も正直に書くことだ。

誇らしい瞬間のことをじっくり味わっていけない理由はない。

仲間の教師とディスカッション・グループをはじめる

たとえば、二週間に一回、教師のグループを集めて会議を開く。このようなグループには少なくとも二つの目的がある。

一つは互いに社会的支援をしあうことである。教師たちが問題について不平を言ったり、成功を共有したりする機会となる。この目的は、互いにつながりをもち、支えあっていると感じることである。

もう一つは、一つめと重なる部分もあるが、教師が直面している問題を提起し、グループが解決のためのアイディアを得るためのフォーラムとして機能することである。

おすすめしたいのは、あなたのグループが一つめの役割を果たすか、二つめの役割を果たすか、両方を果たすかを最初から明確にしておくことだ。グループの目的についての考えが参加者の間で食い違っていると、もめごとが起きやすい。目標指向のグループであれば、ディスカッションのために全員に専門誌（American Educator、Educational Leadership、Phi Delta Kappan など）の論文を読んでもらうこともできる。

観察する

教えている子どもたちを何が突き動かすのだろうか。何がやる気を引き出し、どうやって互いに話し、何に夢中になるのだろう。

あなたはおそらく、教室での子どものことはよく知っているだろうが、教室にいる彼らが本当の彼らなのだろうか。教室とは違う行動とる姿を見たり、違う子供のグループに囲まれている姿を見たりするのは役に立つだろうか。

あなたが教えているのと同じ年齢の子どもたちを観察できる場所を探してみよう。

就学前の子どもを観察するには、公園に行くとよい。ティーンエイジャーを観察するには、ショッピング・モールのフード・コートがいいだろう。別の地域や、場合によっては別の町まで出向かなければならないかもしれない。このエクササイズは、知りあいの多い場所ではできないからだ。

つまり、ただ子供たちを観察する。特別な計画や予定は立てないで行く。ひたすら観察するだけだ。

最初は退屈するかもしれない。「前に見たのと変わらない」と思えるだろう。

しかし、しばらく観察していると、よく観察していると、それまで気づかなかったことに気づきはじめる。社会的な相互作用、個性、子どもの考え方について、小さな手がかりに気づくようになる。単に観察するだけの時間と空間を確保することで、驚くべき発見がある。

注

＊当然、さまざまな教師がいる。つねに能力を高めるために努力している教師もいれば、時間とともに怠惰になっていく教師もいる。教師といえども、ほかの人と違いはない。あるいは、地域の方針や指導者が変わって、仕事が目標の定まらないものになったため、能力を高めることが難しくなったという教師もいるかもしれない。

†私の父は40歳ぐらいで髪が薄くなりはじめた。後頭部の毛がほとんど抜け、正面からはあまりわからなかったが、55歳になるまでには禿げた部分がかなり広がった。そのころ、父が一枚の群衆の写真を見ていた。そこにはカメラに背を向けた自分の姿も写っていたが、自分を指さして「この禿げ頭の紳士は誰だ」と言った。カメラには見えても、自分の目で見ることは容易ではない。

‡友人の妻は中学1年生を教えている。友人の話では、彼女と一緒に歩いていると有名人と一緒にいるような気分になるという。誰もが彼女を知っていて、しゃれた子も彼女に挨拶し、挨拶を返されて嬉しそうにしている。また、友人の話によると、権力を行使することも厭わないらしい。「行儀の悪い子どもを見かければ、教師の声に切り替えて一喝する。相手は必ず言われたとおりにする」のだそうだ。

まとめ

有名な作家レイノルズ・プライスは、1980年代に私が在籍していたデューク大学の教授陣の中で、数少ない著名人の一人だった。よく真っ赤な大きいスカーフを身につけて、キャンパスを闊歩していた。人から見られていることを気にもとめていないようだった。

私が創作のゼミを受講したとき、プライスは学生が芸術家に求めるようないくぶん気難しい雰囲気をたたえ、洗練された物腰で、交際のあった著名人の豊富なエピソードを披露してくれた。学生たちは尊敬するだけでなく、崇拝した。それにもかかわらず、彼は腰が低く、学生一人一人の話に真剣に耳を傾けてくれた。これほど人の話に耳を傾けられる人はほかにいなかっただろう。

プライスはかつて、こんなことを言った。「どんな作家であっても、読者が本当にしたいと思っているのは、本を投げ出してテレビをつけたり、ビールを飲んだり、ゴルフをしたりすることだという仮定のもとに進まなければならない」。

それを聞いたときの驚きを想像してほしい。まるで、彼が上品なパーティーで悪臭弾に火をつけたようだった。テレビを見る？ ビールを飲む？ 私たちは、教養があり、洗練された読者のために書いていると考えていた。まるで迎合しろと言われているように聞こえた。学期の後半でわかったのだが、プライスは自明の理をあえて明確にしていただけだった。

自分の書くものがおもしろくなければ、いったい誰が読むというのか。

それから歳月が流れ、私は文学よりもむしろ、認知心理学というレンズを通してこの言葉を見ている。読書は文字どおり、読者の思考過程に変化をもたらす知的活動である。そのため、どんな散文も詩も、次のように提案する。「あなたを精神の旅にお連れします。私を信じてついてきてください。道はところどころ、岩だらけのところや険しいところもあるかもしれませんが、実り多い冒険をお約束します」。

読者はあなたの招待を受け入れるかもしれないが、意思決定プロセスはそこに留まらない。読者はどの段階であっても、道が険しすぎるとか、景色が味気ないと結論づけ、精神の旅をやめてしまうかもしれない。

そのため、作家は読者が時間と労力を捧げたなら、それに見合うだけの見返りを得られるかどうか細心の注意を払っていなければならない。労力と見返りの開きが大きくなるほど、作家が道に一人で取り残される可能性も高くなる。

この比喩は教えることにも当てはまると思う。

教師は子どもの考えを導きながら道を進むか、より広く新しい場所を探検しようとする。そこは教師にとっても新しい国かもしれず、助けあいながら旅を進めていく。いつでも、教師は子どもが障害にぶつかったときにへこたれず、以前の旅の経験を生かして道を滑らかにし、景色が与えてくれる美と畏敬の念を受け止めるよう励ます。作家が本を投げ出さないように読者を説得しなければならないように、教師も旅を止めないよう子どもを説得しなければならない。教えることは説得の行為だ。[*]

では、自分についてくるよう、どうやって子どもを説得するか。最初に思いつく答えは、私たちがついていくのは自分が尊敬し、刺激を与えてくれる人であるということだ。確かにそのとおりだ。子どもから尊敬されているなら、子どもはあなたを喜ばせるため、そしてあなたを信頼しているという理由で、あなたに注意を払おうとする。あなたが何かに知る価値があると考えるなら、子どもたちは喜んであなたを信じる。

問題は、子ども（と教師）が自分の頭を部分的にしかコントロールできないことだ。私たちは注意を払う対象を自分で決めていると考えたいものだが、注意の向けかたについては、頭には独自の願望や欲求といったものがある。

たとえば、退屈なのはわかっているけれども、腰を落ち着けて注意深く読みたいもの――レポートなど――があるとする。読みたいという思いとは裏腹に、いつの間にか頭では別のことを考え、目は単語の上を滑っているだけという状態になっている。

同様に、人はいいけれども、有能とは思えなかった教師が誰にでもいただろう。その教師は親切で熱心であっても、手際が悪く、少し退屈な人だった。私は第1章で、内容がおもしろそうだからといって、注意を引くとは限らないと述べた。（中学1年生の教師から聞いた性教育の話を覚えているだろうか。）理解したい、または教師を喜ばせたいという子どもの欲求も、注意を引くには不十分だ。

では、どうすれば教師は子どもがついてくる可能性を最大に高めることができるだろうか。その質問への答えは、私の大学時代のもう一人の創作の教授の次の言葉にある。

「書くことの大部分は、読者の反応を予測することだ」

この精神の旅で読者を正しくガイドするには、それぞれの文が読者をどこへ導くかを知っていなければならない。読者はおもしろいと思うだろうか、混乱するだろうか、詩的だと思うだろうか、不快だと思うだろうか。読者の反応はあなたが書いたものだけでなく、読者がどんな人かによっても変わってくる。

「教えることは書くことに似ている」という簡単な文でも、幼稚園の先生と店の店員とでは受け止めかたも違う。読者の反応を予測するには、読者の個性、好み、偏見、背景知識を知らなければならない。

私たちは誰でも「読者を知れ」という助言を聞いたことがあるだろう。私の教授はこれが書くことにも当てはまる理由を説明してくれた。私はこれが教えることにも等しく当てはまると信じている。

そのため、子どもがついてくるようにするには、興味を持ちつづけさせる必要がある。興味をもたせるには反応を予測する必要があり、反応を予測するには子どもを知る必要がある。「子どもを知れ」というのは、本書の内容をまとめる言葉としてふさわしい。

この格言は〝バッビー〟の心理学のようにうさん臭く聞こえるだろう。子どもを知らなければならないことを知らないとしたら（きっと知っているはずだが）、おばあさんに、茶化されたかもしれない。

認知科学にできるのは、その程度のことだろうか。

認知科学が提供できるのは、必要最小限のスローガンに肉付けしたものだ。子どもについて知らなければならない事柄があり、それ以外のことは無視しても構わない。

子どもについて知ったからこそ可能になる行動があり、もっともらしく聞こえても実際には効果のない行動もある。表1に本書の各章の原理、その原理を実践するために知る必要のあること、私がもっとも重要だと考える教室への応用をまとめる。

認知科学者が把握している頭の原理はこれらの九つだけではない。この九つを選択したのは、次の四つの基準を満たしているからだ。

表1：本書で述べた9つの知能の原理、それを実践するために知る必要のあること、それぞれのもっとも重要な応用。

章	認知原理	子どもについて知る必要のあること	もっとも重要な教室への応用
1	人間は生まれながら好奇心が強いが、もともと考えることが得意なわけではない。	私の子どもが知っていること、できることを少し超えることは何か。	学習すべき事柄を「答え」と考え、子どもに「問い」を説明するのに必要な時間を設ける。
2	技能より先に事実的な知識が必要	私の子どもは何を知っているか。	テーマに関する事実的な知識がないと、テーマについてよく考えることはできない。
3	記憶は思考の残渣《ざんさ》である。	子どもはこの授業の間に何を考えるか。	すべての授業計画の最良のバロメーターは「子どもに何を考えさせるか」である。
4	私たちはすでに知っている事柄に結びつけて新しい事柄を理解する。	子どもはこの新しい事柄を理解する足がかりとして何を知っているか。	深い知識を明示的・黙示的な目標にするが、浅い知識が前提となることを認める。
5	十分な練習なくして知的活動をマスターすることはできない。	子どもを退屈させずに練習させるにはどうすればよいか。	子どもがどの事柄をすぐ使える状態にしておく必要があるかを慎重に考え、時間をかけて練習する。
6	初心者と熟達者の認知能力は根本的に異なる。	私の子どもと熟達者との違いは何か。	子どもに新しい知識を創造させようとするのではなく、深く理解させるよう努める。
7	子どもの思考方法と学習スタイルには、相違点よりも類似点のほうが多い。	子どもの学習スタイルの知識は必要でない。	教えかたに関する決定を進めながら、子どもの違いではなく、授業の内容について考える。
8	たゆまず努力を重ねることで知能に変化を及ぼすことができる。	私の子どもは知能について何を信じているか。	つねに能力ではなく、努力の観点から成功と失敗について話す。
9	教えることも、ほかの複雑な認知的技能と同様、上達するには練習が必要である。	私の教えかたのどの部分が子どもにとって有効で、どの部分に改善の必要があるか。	能力を高めるには経験だけでは不十分である。意識的な努力とフィードバックも必要となる。

①本書の「はじめに」で述べたように、それぞれの原理は場所が研究室でも教室でも、一人でもグループでも、つねに正しい。頭の仕組みは複雑で、その特性は状況に応じてしばしば変化する。この九つの原理はどんな場合も当てはまる。

②それぞれの原理は一つか二つの研究だけでなく、大量のデータに基づいている。いずれかの原理が間違っていたとしても、大きく間違っていることはないだろう。新しいデータが出現して結論がひっくり返されたために、5年後には本書を改訂し、一つの章を削るという状況にはならないと思う。

③この原理を採用するか排除するかでは、子どもの能力に大きな違いが出る可能性がある。認知科学者は頭に関してそれ以外にも多くの知識を備えていて、教室への応用が提案されているが、それらの原理を応用した効果はささやかであるため、労力に見合うかどうかが明確でない。

④原理を特定するにあたって、原理を利用して何をするかがわかるということが、明確でなければならなかった。たとえば、「学ぶには注意が必要」という原理は、教師がまだ着手していなくて、これからするかもしれないことについて教師に指示するものではないため、ほかの三つの基準を満たしているとしても、全体的な基準を満たしているとは考えなかった。

私はこれらの基準を満たす九つの原理を知っている。

これらの原理のうちの三つは、新しい問題に直面するとどうなるかということに関連している。私たちはこれが適度な難しさであるかどうかに関心があり、すでに知っていることとの関係で理解し、ほかの経験と同じで、考えていることが記憶に残る。

原理のうちの三つは熟達に関連している。熟達者の思考には事実的な知識と練習が必要で、初心者の思考とは異なる。

原理のうちの二つは子ども同士の違いに関連している。子どもの学習の基本的メカニズムは相違点よりも類似点が多く、（知能という言葉をどう定義するとしても）子どもの知能には違いがあるが、知能は懸命な努力によって変えることができる。

これらの八つの原理は教師の頭にも、子どもの頭にも当てはまる。九つめの原理では特に、教える能力を高めるには練習する必要がある点を強調した。

これらの原理は大きな効果を上げることができると述べたが、だからと言って原理が容易に応用できる（「私の秘密のヒントに従えば、あら不思議。あなたはたちまち立派な教師！」）ということではない。表1に示したすべての原理は、良識をもってゆっくり熟成させていく必要がある。やりかたを誤ると、思わぬ方向に進むこともあれば、ねじれて歪んでしまうこともある。

確かな処方箋を提示できないなら、教育実践における認知科学の役割とは何なのだろうか。教育はほかの研究分野と同様、科学的な研究成果が有益になるが、それで事足りるわけではない。建築家はオフィスビルを設計するときに物理の原理を利用するが、科学の領域とは別の美学の原理にも従う。同様に、教える内容と方法を計画するときに認知科学の知識が役に立つが、それでおしまいというわけにはいかない。

おしまいというわけにはいかないが、認知科学は二つの点で教師の役に立っている。第一に、認知科学の知識は教師が衝突しあう関心事のバランスを取るのに役立つ。結局のところ、教室は単なる認知の場ではない。感情の場でもあり、社会的な場でもあり、やる気が作用する場でもある。

このような多様な要素により教師のさまざまな関心事が増幅され、ときには衝突する。つまり、認知的には最良の実践であっても、やる気にさせるという点では不十分な実践であることもある。ここに示した認知科学の原理を知ることは、ときには衝突しあう、教室でのさまざまな関心事のバランスを取るのに役立つだろう。

第二に、私は認知科学の原理を教育実践の有益な境界線として捉えている。物理の原理は、土木技師が正確に橋を建設するための処方箋となるわけではないが、この原理に基づいて建設された橋がどんな性能をもつかを予測することができる。

同様に、認知科学の原理は教えかたの処方箋になるわけではないが、子どもがどの程度習得できそうかを予測するのに役立つ。これらの原理に従えば、子どもの能力が開花する可能性が大いに高まる。

教育とは何世代にもわたって蓄積されてきた英知を子どもたちに伝えることであり、私たちは教育が子供たち一人ひとり、そして私たち全員の生活をより良くする可能性を秘めていることを知っているため、その重要性を強く信じている。蓄積された科学の英知を、子どもの教育方法を伝えるために活用しなければ、恥ずべきことだ。それが本書の目的だった。教育が優秀な頭をつくる。そして、頭について知ることが教育をより良いものにする。

注

＊プライスは彼の助言が教育に応用されることに合意してくれるだろう。このことについて彼は後に「あなたの方法が熱心な子どもにしか届かないのであれば。新しい方法を発明するか、自分を敗者と呼ばなければならない」と書いている。Feasting of the heart. New York: Scribners, 81.

教師の勝算 勉強嫌いを好きにする９の法則

2019（令和元）年５月１日 初版第１刷発行

著　者　Daniel T. Willingham
訳　者　恒川正志
発行者　錦織圭之介
発行所　株式会社　東洋館出版社
〒113-0021　東京都文京区本駒込５丁目16番７号
営業部　電話 03-3823-9206 ／ FAX 03-3823-9208
編集部　電話 03-3823-9207 ／ FAX 03-3823-9209
振　替　00180-7-96823
U R L　http://www.toyokan.co.jp

［装丁］中濱健治
［本文デザイン］竹内宏和（藤原印刷株式会社）
印刷・製本：藤原印刷株式会社

ISBN 978-4-491-03682-3　Printed in Japan

著者紹介

Daniel T. Willingham
（ダニエル・T・ウィリンガム）

1983年にデューク大学で心理学の文学士号を取得、1990年にハーバード大学で認知心理学の博士号を取得する。1992年からはヴァージニア大学で教鞭を執り、現在は心理学の教授を務める。

2000年ごろまではもっぱら、学習と記憶の脳内基盤の研究に集中していた。現在の研究の関心は、K - 12（幼稚園から高校3年まで）の教育への認知心理学の応用に向いている。American Educator誌に「Ask the Cognitive Scientist」というコラムを書いている。本人のウェブサイトはhttp://www.danielwillingham.com。

訳者紹介

恒川　正志
（つねかわ　まさし）

愛知県生まれ。上智大学文学部社会福祉学科卒業。システム・エンジニアとして6年間勤務したあと、翻訳の世界へ。実務翻訳に携わるかたわら、文芸翻訳家の田村義進氏のもとで研鑽を積む。訳書に『問いかけ続ける——世界最強のオールブラックスが受け継いできた15の行動規範——』（東洋館出版社）がある。

注釈

【第 1 章】

1. Duncker, K. (1945). On problem - solving. *Psychological Monographs, 5,* 113.
2. Townsend, D. J., & Bever, T. G. (2001). *Sentence comprehension: The integration of habits and rules.* Cambridge, MA: MIT Press, p. 2.
3. Simon, H. A. (1996). *Sciences of the artificial,* 3rd ed. Cambridge, MA: MIT Press, p. 94.（邦訳／『システムの科学　第 3 版』稲葉元吉、吉原英樹訳、パーソナルメディア）

【第 2 章】

1. Deschanel, A. P. (1898) *Elementary treatise on natural philosophy.* New York: Appleton. の英語版への Everett による序言
2. Recht, D. R., & Leslie, L. (1988). Effect of prior knowledge on good and poor readers' memory of text. *Journal of Educational Psychology, 80,* 16–20.
3. Bransford, J. D., & Johnson, M. K. (1972). Contextual prerequisites for understanding: Some investigations of comprehension and recall. *Journal of Verbal Learning and Verbal Behavior, 11,* 717–726.
4. Wason, P. C. (1968). Reasoning about a rule. *Quarterly Journal of Experimental Psychology, 20,* 273–281.
5. Griggs, R. A., & Cox, J. R. (1982). The elusive thematic - materials effect in Wason's selection task. *British Journal of Psychology, 73,* 407–420.
6. Van Overschelde, J. P., & Healy, A. F. (2001). Learning of nondomain facts in high - and low-knowledge domains. *Journal of Experimental Psychology: Learning, Memory, and Cognition, 27,* 1160–1171.
7. Bischoff-Grethe, A., Goedert, K. M., Willingham, D. T., & Grafton, S. T. (2004). Neural substrates of response-based sequence learning using fMRI.*Journal of Cognitive Neuroscience, 16,* 127–138.

【第 3 章】

1. 笑わせようと努めているわけではないのだが、大学生は冗談や余談を本当によく覚えているものだ。 Kintsch, W., & Bates, E. Recognition memory for statements from a classroom lecture. *Journal of Experimental Psychology: Human Learning and Memory, 3,* 150–159.
2. Dinges, D. F., Whitehouse, W. G., Orne, E. C., Powell, J. W., Orne, M. T., & Erdelyi, M. H. (1992). Evaluating hypnotic memory enhancement (hypermnesia and reminiscence) using multitrial forced recall. *Journal of Experimental Psychology: Learning, Memory, and Cognition, 18,* 1139–1147.
3. Nickerson, R. S., & Adams, M. J. (1979). Long-term memory for a common object. *Cognitive Psychology, 11,* 287–307.
4. Hyde, T. S., & Jenkins, J. J. (1973). Recall for words as a function of semantic, graphic, and syntactic orienting tasks. *Journal of Verbal Learning and Verbal Behavior, 12,* 471–480.
5. Barclay, J. R., Bransford, J. D., Franks, J. J., McCarrel, N. S., & Nitsch, K. (1974). Comprehension and semantic flexibility. *Journal of Verbal Learning and Verbal Behavior, 13,* 471–481.
6. Dowd, M. (1990, June 2). Summit in Washington: Reporter's notebook; Masters of the sound bite cede match to Gorbachev. *New York Times.* http://query.nytimes.com/gst/fullpage.html?res=9C0CE6DE113AF931A35755C0A966958260 から 2008 年 6 月 20 日に取得。

【第 4 章】

1. Searle, J. (1980). Minds, brains and programs, *Behavioral and Brain Sciences, 3,* 417–457.
2. Gick, M. L., & Holyoak, K. J. (1980). Analogical problem solving. *Cognitive Psychology, 12,* 306–355.

【第 5 章】

1. Whitehead, A. N. (1911). *An introduction to mathematics*. New York: Holt, p.61.(邦訳 / 『数学入門』大出 晁訳、松籟社)
2. Ellis, J. A., Semb, G. B., & Cole, B. (1998). Very long-term memory for information taught in school. *Contemporary Educational Psychology, 23*, 419–433.
3. Bahrick, H. P., & Hall, L. K. (1991). Lifetime maintenance of high school mathematics content. *Journal of Experimental Psychology: General, 120*, 20–33.

【第 6 章】

1. Kaplow, L. (Writer), & O' Fallon, P. (Director). (2004). Paternity [Television series episode]. In D. Shore & B. Singer (Executive producers), *House, MD. New York: Fox.*
2. Chase, W. G., & Simon, H. A. (1973). Perception in chess. *Cognitive Psychology, 4*, 55–81.
3. Chi, M.T.H., Feltovich, P. J., & Glaser, R. (1981). Categorization and representation of physics problems by experts and novices. *Cognitive Science, 5*, 121–152.
4. Chi, Feltovich, & Glaser (1981), 146.
5. http://www.carnegiehall.org/article/the_basics/art_directions.html から 2008 年 6 月 19 日に取得。
6. Ericsson, K. A., Krampe, R. T., & Tesch - R ö mer, C. (1993). The role of deliberate practice in the acquisition of expert performance. *Psychological Review, 100*, 363–400.
7. Simon, H., & Chase, W. (1973). Skill in chess. *American Scientist, 61*, 394–403.
8. "Celebrating jazz pianist Hank Jones." (2005, June 20). Interview on *Fresh Air from WHYY*. http://www.npr.org/templates/story/story.php?storyId=4710791 で入手可能。
9. Cronbach, L. J. (1954). *Educational psychology*. New York: Harcourt, Brace, 14.
10. Emerson, R. W. (1883). *Works of Ralph Waldo Emerson*. London: Routledge, 478.

【第 7 章】

1. トルストイの『芸術とはなにか』の 14 章の冒頭から。
2. Armstrong, T. (2000). *Multiple intelligences in the classroom*, 2nd ed. Alexandria, VA: Association for Supervision and Curriculum Development.（邦訳／『「マルチ能力」が育む子どもの生きる力』吉田新一郎訳、小学館）

【第 8 章】

1. Flynn, J. R. (1987). Massive IQ gains in 14 nations: What IQ tests really measure. *Psychological Bulletin, 101*, 171–191.
2. Mueller, C. M., & Dweck, C. S. (1998). Praise for intelligence can undermine children's motivation and performance. *Journal of Personality and Social Psychology, 75*, 33–52.

参考文献

【第 1 章】

◦専門性の高くないもの

Csikszentmihalyi, M. (1990). Flow: The psychology of optimal experience. New York: Harper Perennial. 著者は興味の究極の状態、つまり時間さえ止まるほど自分のしていることに完全に没頭している状態について述べている。この状態に入る方法については述べられていないが、それでも十分におもしろい。

Pinker, S. (1997). How the mind works. New York: Basic Books（邦訳／『心の仕組み <上><下>』椋田直子訳、ちくま学芸文庫）。この本では思考だけでなく、感情、視覚イメージ、関連するその他のテーマも扱っている。ピンカーは優れた著述家で、多くの学術分野やポップ・カルチャーから題材を集めている。気が弱い人には向かないが、テーマに関心がもてるなら、大いに楽しめる。

◦専門性の高いもの

Baddeley, A. (2007). Working memory,

thought, and action. London: Oxford University Press（邦訳／『ワーキングメモリ思考と行為の心理学的基盤』井関龍太、齊藤智、川崎惠里子訳、誠信書房）。ワーキングメモリ理論の発案者によって書かれたこの本には、理論に適合する多くの研究がまとめられている。

Schultz, W. (2007) Behavioral dopamine signals. Trends in Neurosciences, 30, 203-210. 学習、問題への解答、報酬における、神経系統に影響を及ぼす物質ドーパミンの役割の考察。

Silvia, P. J. (2008). Interest: The curious emotion. Current Directions in Psychological Science,17, 57-60. 彼自身に焦点を当てて、ここに示すような「状況が新しく、複雑で、理解可能である場合に、私たちは興味深いと評価する」という興味の理論の概要が述べられている。

Willingham, D. T. (2007). Cognition: The thinking animal. Upper Saddle River, NJ: Prentice Hall. これは大学レベルの認知心理学の教科書で、この分野の入門書となっている。背景知識がなくても読めることが前提となっているが、教科書であるため、網羅的でありながら、必要以上に細部に踏み込んでいる箇所もある。

【第２章】

◦専門性の高くないもの

Chall, J. S., & Jacobs, V. A. (2003). Poor children's forth-grad slump. American Educator, Spring, 14. この論文には、恵まれない子どもたちの読解の得点の急激な低下が部分的には背景知識の不足によるものであることが論理的に記述されている。

Larean, A. (2003). Unequal childhoods. Berkeley: University of California Press. さまざまな社会経済的な状態の家庭での小児期についての魅力的な民族学的研究。

◦専門性の高いもの

Alexander, P. A., Kulikowich, J. M., & Schulze, S.K. (1994). How subject matter knowledge affects recall and interest. American Educational Research Journal, 31, 313-337. よく知っている領域については新しい情報をたくさん思い出せることを示す多くの論文の一つ。

Gobet, F., & Charness, N. (2006). Expertise in chess, In K. A. Ericsson, N. Charness, P. J. Feltovich, & R. R. Hoffman (Eds.). The Cambridge handbook of expertise and expert performance (pp. 523-539). Cambridge, UK: Cambridge University Press. この章では、知識がチェスの技能の基礎であることを示す重要な研究の多くが要約されている。

Rosenshine, B., Meister, C., & Chapman, S. (1996). Teaching students to generate questions: A review of the intervention studies. Review of Educational Research, 66, 181-221. 読解力の戦略の一つのタイプに関する研究の考察。結論が示しているのは、介入は有効だが、練習のいくつかのセッションは50のセッションと同様に効果的であり、読解力の戦略は練習を要する技能よりもすぐに習得できる（有益な）トリックに近いことを示している。

Stanovich, K. E., & Cunningham A. E. (1993). Where does knowledge come from? Specific associations between print exposure and information acquisition. Journal of Educational Psychology, 85, 211-229. この20年以上にわたって、カニンガムとスタノヴィッチは読書がほかの手段では手に入らない大きな認知的な利益をもたらすことを示す大量の証拠を蓄積してきた。

【第３章】

◦専門性の高くないもの

Druxman, M. B. (1997). The art of storytelling: How to write a story… any story. Westlake Village, CA: Center Press. 物語の構成方法について詳しく学びたいなら、これは読みやすい取扱説明書だ。

Schacter, D. L. (2002). The seven sins of memory: How the mind forgets and remembers. Boston: Houghton Mifflin.（邦訳／『なぜ「あれ」が思い出せなくなるのか—記憶と脳の７つの謎』春日井晶子訳、日本経済新聞社）。読者が共感できる多くの例を挙げながら記憶と忘却が

起きる理由について非常に読みやすく書かれている。脳の損傷を受けた人の記述的研究も紹介されている。
◦専門性の高いもの
Britton, B.K., Greasser, A. C., Glynn, S. M., Hamilton, T., & Penland, M. (1983). Use of cognitive capacity in reading: Effects of some content features of text. Discourse Processes, 6, 39-57. 同じような情報が記述されていても、別の種類の文書よりも物語をよりおもしろいと感じることを示す研究。
Kim, S-i. (1999). Causal bridging inference: A cause of story interestingness. British Journal of Psychology, 90, 57-71. この研究で実験者は、読者がテキストを理解するためにしなければならない推論の難しさを分類し、推論が適度に難しい場合にテキストが最もおもしろいと評価されることを発見した。
Markman, A. B. (2002). Knowledge representation. In H. D. Pashler & D. L. Medin (Eds.), Steven's handbook of experimental psychology, Vol. 2: Memory and cognitive processes. (3rd ed., pp. 165-208). Hoboken, NJ: Wiley. 記憶が頭の中でどのように表現されるか、どの表現に実際に意味があるかが詳細に記述されている。
Meredith, G. M. (1969). Dimensions of faculty-course evaluation. Journal of Psychology: Interdisciplinary and Applied, 73, 27-32. 大学の教授に対する学生の態度は、教授が手際が良く、良い人に見えるかどうかによってほとんど決まることを示す論文。このテーマのすべての研究が必ずこのように分類されるわけではないが、これが一般的な結果である。
【第４章】
◦専門性の高いもの
Gentner, D., Loewenstein, J., & Thompson, L. (2003). Learning and transfer: A general role for analogical reasoning. Journal of Educational Psychlogy, 95, 393-405. Dedre Gentner は子どもにさまざまな例を比較させることにより転移を向上させるという考えを推進していた。
Holyoak, K. J. (2005). Analogy. In K. J. Holyoak & R. G. Morrison (Eds.), The Cambridge handbook of thinking and reasoning (pp. 117-142). Cambridge, UK: Cambridge University Press. 新しい概念を理解し、論理的に考えることにおける例示の使用の概要。
Mayer, R. E. (2004). Teaching of subject matter. Annual Review of Psychology, 55, 715-744. 転移に特に着目した、特定の教科領域の包括的概要。
【第５章】
◦専門性の高くないもの
Rohrer, D., & Pashler, H. (2007). Increasing retention without increasing study time. Current Directions in Psychological Science, 16, 183-186. 配分した練習が記憶の長期的な保持につながり、一回にまとめた練習よりも必要となる時間が少ないことを示した研究のかなり読みやすく短い考察。
◦専門性の高いもの
Ackerman, P. L., Beier, M. E., & Boyle, M. O. (2005). Working memory and intelligence: The same or different constructs? Psycological Bulletin, 131, 30-60. この包括的な考察で、執筆者はワーキングメモリと知性の関係が一般的に考えられているよりも弱いと述べているが、それでも執筆者が〝弱い〟と言う見積りはかなり強い。三つの別の研究チームからの回答が続く。
Cepeda, N. J., Pashler, H., & Vul, E. (2006). Distributed practice in verbal recall tasks: A review and quantitative synthesis. Psychological Bulletin, 132, 354-380. 記憶に対する練習の配分の効果に関する包括的な考察。
Cumming. J., & Elkins, J. (1999). Lack of automaticity in the basic addition facts as a characteristic of arithmetic learning problems and instructional needs. Mathematical Cognition, 5, 149-180. 無意識に使用できるレベルまで算数の基本的な答えを記憶していない子どもがその先の算数でつまずくことを検証している多数の論文の一つ。

【第 6 章】

◦専門性の高くないもの

Bloom, B. S. (1985). Developing talent in young people. New York: Ballantine Books. この本はアスリート、科学者、音楽家など、それぞれの分野の世界的な熟達者 100 人を調査して書かれたものである。この本のメッセージは、熟達者はそのように生まれるものではなく、作られるものだということであり、ここには熟達者の訓練の方法が述べられている。

Feltovich. P. J., Prietula, M. J., & Ericson. K. A. (2006). Studies of expertise from psychological perspectives. In K. A. Ericsson, N. Charness, P. J. Feltovich, & R. R. Hoffman (Eds.), The Cambridge handbook of expertise and expert performance (pp. 41-68). Cambridge, UK: Cambridge University Press. この章は学術的な書籍に収められているが、熟達者の心理学的特徴の概要がわかりやすく述べられている。

◦専門性の高いもの

Glaser, R., & Chi, M.T.H. (1988). Overview. In M.T.H. Chi, R. Glaser, & M. J. Farr (Eds.). The nature of expertise (pp. xv-xxviii). Mahwah, NJ: Erlbaum. この章には熟達者と初心者の原則的な認知の違いが挙げられている。刊行から 20 年を経ても、価値は損なわれていない。

Hogan, T., Rabinowitz, M., & Craven, J. A. (2003). Representation in teaching: Inferences from research of expert and novice teachers. Educational Psychologist, 38, 235-247. この論文は、熟達の認知的視点から、新米教師とベテラン教師の違いに関する研究を考察している。

Simon, H. A., & Chase, W. G. (1973). Skill in chess. American Scientist, 61, 394-403. 10 年ルールの提案と、チェスの熟達者の頭には 5 万通りのゲームの配置が保持されているという見積りが記載された、熟達に関する古典的な論文。

Tittle, C. K. (2006). Assessment of teacher learning and development. In P. A. Alexander & P. H. Winne (Eds.) Handbook of educational Psychology (2nd ed., pp. 953-984). Mahwah. NJ: Erlbaum. 教師の知っていること、練習に及ぼすその影響を幅広く考察したもの。

【第 7 章】

◦専門性の高くないもの

Deary, I. J. (2001). Intelligence: A very short introduction. London: Oxford University Press. タイトルのとおり、知能に関する知見を述べた非常に短い紹介（152 ページ）と概要。

Kosslyn, S. M. (1983). Ghosts in the mind's machine. New York: Norton. 頭の中での視覚イメージのはたらきと、意味に基づく表現との違いについての非常にわかりやすい説明。

Willingham, D. T. (2004, Summer). Reframing the mind. Education Next, 19 – 24. この論文には、多重知能理論のより専門的な問題、つまり心理学者がガードナーの説明よりもほかの能力の説明を好む理由が記述されている。

◦専門性の高いもの

Coffield, F., Moseley, D., Hall, E., & Ecclestone, K. (2004). Should we be using learning styles? What research has to say about practice. London: Learning and Skills Research Center. http://www.lsda.org.uk/files/PDF/1540.pdf で入手可能。学習スタイルに関する文献の考察。大人の話が中心だが、有益である。

Gardner, H. (2006). Multiple intelligences: New horizons. New York: Basic Books. ガードナーの知能に関する見解の最新の説明。

Kavale, K. A., Hirshoren, A., & Forness, S. R. (1998). Meta-analytic validation of the Dunn and Dunn model of learning-style preferences: A critique of what was Dunn. Learning Disabilities Research & Practice , 13 , 75–80. 学習の視覚・聴覚・運動感覚理論の心理学的現実を調査した複数の研究の考察。

Nickerson, R. S. (1998). Confirmation bias: A ubiquitous phenomenon in many guises. Review of General Psychology, 2 , 175 – 220. 刊行から年数がたっているが、今でも有益な確証バイアスの考察。

Rayner, S., & Riding, R. (1997). Towards a categorization of cognitive styles and learning styles. Educational Psychology, 17 , 5–27. 複数の認知スタイル理論の包括的なまとめと分類。

Rotton, J., & Kelly, I. W. (1985). Much ado about the full moon: A meta-analysis of lunar-lunacy research. Psychological Bulletin, 97, 296–306. 太陰周期とさまざまな行動（精神障害、殺人、緊急電話）の関連を調査した 37 の研究の考察。関連性は見られない。

【第 8 章】

◦専門性の高くないもの

Dweck, C. (2006). Mindset: The new psychology of success. New York: Random House. キャロル・ドウェックの研究は、心理学者が学習と学校教育において知能に対する人の姿勢の役割を理解するのに非常に重要だった。この本には、彼女自身の情報に基づいて彼女の業績の概要が読みやすく記述されている。

Plucker, J. A. (Ed.) (2003). Human intelligence: Historical influences, current controversies, teaching resources. http://www.indiana.edu/~intell から入手可能。このウェブサイトはインディアナ大学の教育および認知心理学者によって管理され、知能、著名な研究者の経歴、よく尋ねられる質問のページなどの幅広い情報が掲載されている。

Segal, N. L. (1999). Entwined lives: Twins and what they tell us about human behavior. New York: Dutton. 双子の研究と、そこからわかる行動に対する遺伝の影響についての読みやすい考察。

◦専門性の高いもの

Carroll, J. B. (1993). Human cognitive abilities: A survey of factor-analytic studies. New York: Cambridge University Press. この本では、その結論が知能の階層ﾓﾃﾞﾙであり、頂点に g があって下方にいくほど特殊能力になる、キャロルの膨大なテストデータの考察結果が報告されている。

Dickens, W. T. (2008). Cognitive ability. In S. Durlauf & L. E. Blume (Eds.), The new Palgrave dictionary of economics. New York: Palgrave Macmillan. 知能に対する一見大きな遺伝の影響と大きな環境の影響を調和させる方法を短くわかりやすく説明した概要。

Dickens, W. T., & Flynn, J. R. (2001). Heritability estimates versus large environmental effects: The IQ paradox resolved. Psychological Review, 108 , 346 – 369. 遺伝的影響により個人が特定の環境を求めるのを促進されることがあると提案することにより、一見大きな遺伝の影響と一見大きな環境の影響を調和させるﾓﾃﾞﾙを提示する非常に重要な論文。

Lazar, I., & Darlington, R. (1982). Lasting effects of early education: A report from the Consortium for Longitudinal Studies. Monographs of the Society for Research in Child Development, 47 (2–3). 環境的な介入（学校教育の変化など）が認知能力に大きく影響する可能性があることを示す多くの研究の一つ。

Neisser, U., & others (1995). Intelligence: Knowns and unknowns . Washington, DC: American Psychological Association. http://www.lrainc.com/swtaboo/taboos/apa_01.html から入手可能。知能に関する米国心理学会の特別委員会の声明。特に、構成の妥当な定義を示す。

Schmidt, F. L., & Hunter, J. E. (1998). The validity and utility of selection methods: Practical and theoretical implications of eighty-five years of research findings. Psychological Bulletin, 124, 262–274.（準テストで測定した）知能が職務遂行能力に関係することを示す証拠の考察。

【第 9 章】

◦専門性の高くないもの

Bransford, J. D., Brown, A. L., & Cocking, R. R. (Eds.). (2002). How people learn: Brain, mind, experience, and school. Washington, DC: National Academy Press(邦訳／『授業を変える―認知心理学のさらなる挑戦』森敏昭、秋田喜代美監訳、北大路書房)。本書は人間学習を専門とする多数の一流の学者が参加する米国学術

研究推進会議によって組織された二つの委員会によって書かれた。見やすいスタイルで書かれ、同委員会が人間学習の科学に沿った授業であると考えたものの例が記載されている。
◦専門性の高いもの
Ericsson, K. A., Krampe, R. T., & Clemens, T-R. (1993). The role of deliberate practice in the acquisition of expert performance. Psychological Review, 100, 363–406. 練習について定義し、専門技能の発展にとって重要となる方法を概説する古典的な論文。
Feldon, D. F. (2007). Cognitive load and classroom teaching: The double-edged sword of automaticity. Educational Psychologist , 42, 123–137. この論文は、指導の練習における無意識化の役割と、それが発展した肯定的結果と否定的結果を検証している。
Floden, R. E., & Meniketti, M. (2005). Research on the effects of coursework in the arts and sciences and in the foundations of education. In M. Cochran-Smith & K. M. Zeichner, (Eds.), Studying teacher education (pp. 261–308). Mahwah, NJ: Erlbaum. 米国教育研究協会は教師の心構えについて知られていることを検証するために有識者を任命した。その結果、このテーマに関する研究で包括的かつ確かな調査が行われた。この章で筆者は、教師の側の教科に関する知識が多いほど子どもがよりよく学習できる証拠があるが、説得力の高い証拠があるのは特に中学と高校の数学の場合のみであると結論づけた。その他の分野では、確かと言える十分なデータはない。
Hanushek, E. A., Kain, J. F., O'Brien, D. M., & Rivkin, S. G. (2005). The market for teacher quality. National Bureau of Economic Research working paper no. 11154. Cambridge, MA: National Bureau of Economic Research. この研究では、子どもの学習の進歩を多くの要素の関数として評価している。教師の経験は子どもの学習に対する肯定的な要因となるが、最初の1、2年のみである。推定値は教師の能力が向上した（平均）期間によって変わるが、5年を超えることはめったにない。
http://www.myteachingpartner.net. My Teaching Partner は教師が練習についてより内省的になるのに役立つプロジェクトである。クラスを録画し、コンサルタントと話すことが含まれる。このプロジェクトは私が勤務するヴァージニア大学に基盤を置いている。プロジェクトのガイドラインにより、ここで説明されている方法の枠組みの多くが提供された。
Roese, N. J., & Olson, J. M. (2007). Better, stronger, faster: Self-serving judgment, affect regulation, and the optimal vigilance hypothesis. Perspectives on Psychological Science, 2 , 124–141. より広い感情の視点にさらす自己奉仕バイアスの考察。

クレジット

【第1章】
図1A：Alien cat © Fotolia
図1B：Baloncici © Fotolia
図2A：© Greg Adams
図2B：Eduard Stelmakh © Fotolia
図2C：© Ethan Bendheim
図3：© Daniel T. Willingham
図4：© Anne Carlyle Lindsay
図5：© Anne Carlyle Lindsay
図6：© Anne Carlyle Lindsay
図7：© Anne Carlyle Lindsay
図8：© Anne Carlyle Lindsay
図9：© Anne Carlyle Lindsay

【第2章】
図1A：Memo © Fotolia
図1B：Alexey Klementiev © Fotolia
図1C：jeanphilippe delisle © Fotolia
図2：© Anne Carlyle Lindsay

図 3：Pakhay Oleksandr © Fotolia
図 4：Monkey Business © Fotolia
図 5："Effect of prior knowledge on good and poor readers' memory of text" by D.R. Recht and L. Leslie in Journal of Educational Psychology：80：16-20 に基づく。Copyright ©1988 by the American Psychological Association.
図 6：© Anne Carlyle Lindsay
図 7：© Anne Carlyle Lindsay
図 8：Greywind © Fotolia
図 9：© Bernie Goldbach
図 10：© iStockphoto.com/mikeuk

【第 3 章】

図 1：© Anne Carlyle Lindsay
図 2："Evaluating hypnotic memory enhancement (Hypermnesia and Reminiscence) using multitrial forced recall" by David F. Dinges, et al in Journal of Experimental Psychology: Learning：Memory and Cognition：18, figure1, p. 1142 から。Copyright © 1992 by the American Psychological Association.
図 3：© Anne Carlyle Lindsay
図 4：© Anne Carlyle Lindsay
図 5 A：© iStockphoto.com/sjlocke
図 5 B：Alexander Inglessi © Fotolia
図 6："Long term memory for a common object" by R.S. Nickerson and M.J. Adams in Cognitive Psychology,11：287-307 から。Copyright © 1979. Elsevier の許可を得て複製。
図 7 A：Friday © Fotolia
図 7 B：© Kai Harth
図 8 A：© World Economic Forum, www.weforum.org
図 8 B：© Glenn Harris/PR Photos
図 9：© A. Gilbert/PR Photos
図 10：© Anne Carlyle Lindsay
図 11：© Anne Carlyle Lindsay
図 12：© Anne Carlyle Lindsay

【第 4 章】

図 1 A：© Michael E. Bishop
図 1 B：© Scott Barbour/Getty Images
図 2 A：Sergei Ivanov © Fotolia
図 2 B：© Eric R. Poole
図 2 C：Josef F. Stuefer © Fotolia
図 2 D：Stuart Monk © Fotolia
図 3 A：Brad Sauter © Fotolia
図 3 B：Marek © Fotolia
図 3 C：soleg © Fotolia
図 4：『Halleck's New English Literature』 by Reuben Post Halleck：American Book Company から。copyright 1913.
図 5：© Shawn Zehnder Lea
図 6：Millymanz © Fotolia

【第 5 章】

図 1：© Anne Carlyle Lindsay
図 2：© iStockphoto.com/HelpingHands-Photos
図 3：© Anne Carlyle Lindsay
図 4：© Anne Carlyle Lindsay
図 5："Very long-term memory for information taught in school" by J.A. Ellis：G.B. Semb：and B. Cole in Contemporary Educational Psychology, 23：419-433, Figure 1, p.428 から。Copyright © 1998. Elsevier の許可を得て複製。
図 6："Lifetime maintenance of high school mathematics content" by H.P. Bahrick and L.K. Hall in Journal of Experimental Psychology: General：120, 20-33, Figure1, p. 25 から。Copyright ©1991 by the American Psychological Association.
図 7：© Anne Carlyle Lindsay
図 8：© Dan Klimke

【第 6 章】

図 6.1：© Chris Hatcher/PR Photos
図 6.2：Visual Information Processing の "The mind's eye in chess" から、W.G. Chase and H.A. Simon。編集者：W.G. Chase. Copyright © 1973 Academic Press. Reprinted by permission of Elsevier.
図 6.3：M.T.H. Chi：P.J. Cognitive Science 5：121-152 の "Categorization and Representation of physics problems by experts and novices" の p. 126 図 1 から、Feltovich：and R. Glaser。Copyright © 1981 Lawrence Erlbaum Associates. 米国著作権料清算センターを通して Taylor & Francis Informa UK Ltd. の許可を得て複製。
図 6.4：© Mike Lee：Mikelee.org

図 6.5：“The role of deliberate practice in the acquisition of expert performance” by K.A. Ericsson：R.T. Krampe：and C. Tesch-Romer Psychological Review：100：363-400, Figure9, p. 379 から。Copyright © 1993 by the American Psychological Association.
図 6.6：Library of Congress Prints and Photographs Collection
図 6.7：© Ronald Weinstock
図 6.8：Guy T. Buswell 著の『Fundamental Reading Habits: A Study of Their Development』、1922 年 6 月 に The School Review、The Elementary School Journal：No. 21, と一緒に出版された Supplemental Educational Monographs から。Copyright © 1922 by The University of Chicago.

【第 7 章】

図 1 A：© Image of Sport/PR Photos
図 1 B：© Image of Sport/PR Photos
図 3 A：© Anne Carlyle Lindsay
図 3 B：© iStockphoto.com/Steve Stone
図 3 C：Photocreate © Fotolia
図 4：Duey © Fotolia
図 5：Cesar Andrade © Fotolia
図 6：© Daniel T. Willingham

【第 8 章】

図 1：© Anne Carlyle Lindsay
図 2：© Anne Carlyle Lindsay
図 3 A：Library of Congress Prints and Photographs Collection
図 3 B：© Caroline Bondarde Ucci
図 4 A：© Wild1/PR Photos
図 4 B：© Solarpix/PR Photos
図 5：“The mean IQ of Americans: Massive gains 1932 to 1978” by J.R. Flynn、Psychological Bulletin：95, pp. 29-51. データは p.33 の表 2 から取得。Copyright © 1984 by the American Psychological Association.
図 6：© Anne Carlyle Lindsay
図 7：© iStockphoto.com/bonniej
図 8：© Timothy Salthouse

【第 9 章】

図 1：© Anne Carlyle Lindsay
図 2：© Anne Carlyle Lindsay
図 3：© Ken Koury
図 4：Terrence Lee © Fotolia
図 5：© Anne Carlyle Lindsay
図 6：© Paul Gallegos/PR Photos
図 7：Duncan Noakes © Fotolia
図 8：© Anne Carlyle Lindsay
図 9：Ken Hurst © Fotolia
図 10：Darren Baker © Fotolia